KB207041

노자,
상생경영을
말하다

老板老子释义

作者 ： 相如

copyright ⓒ 2011 by 天津教育出版社

Korean Translation Copyright ⓒ 2013 by Pyongdan Munhwasa

Korean edition is published by arrangement with 天津教育出版社

through EntersKorea Co., Ltd, Seoul.

All rights reserved.

이 책의 한국어판 저작권은 (주)엔터스코리아를 통한

중국의 天津教育出版社와의 계약으로 평단문화사가 소유합니다.

신 저작권법에 의해 한국 내에서 보호를 받는 저작물이므로

무단전재와 무단복제를 금합니다.

철학에서 경영의 지혜를 배우다

노자, 상생경영을 말하다

샹루 지음 · 황보경 옮김

평 단

| 목차 |

제3장 안정적인 발전이 장기적인 발전을 위한 길이다

제4장 다스리지 않는 것이 최고의 다스림이다

제5장 리더의 정확한 판단력이 조직의 발전을 결정한다

제6장 취할 것과 버릴 것을 분명히 하는 것은 성공의 디딤돌이 된다

제7장 안정과 혁신은 기업을 지탱하는 두 기둥이다

제1장

근본이 튼튼해야
견실한 결과를 얻는다

'도'는 모든 일과 사물의 근원이자 본체이고, 천지 운행을 가능케 하는 기준이 된다. 이는 경영 활동도 예외가 될 수 없다. 기업 경영에서 전략이 '도'라면, 책략은 '덕'이라 할 수 있다. 도는 덕을, 전략은 책략을 결정짓는다. 기업의 이윤 규모와 장기적인 발전 가능성을 결정하는 것은 경영자가 어떠한 전략을 채택하느냐에 달려 있다. 이때 일시적인 이윤에 이끌려 장기적인 발전 목표를 상실해서는 안 된다.

만약 한 기업의 방침을 구성원들이 자발적으로 실천하게 하려면 기업문화가 확고해야 한다. 기업문화란 조직 내부에 형성된 독특한 문화 전통, 가치관, 행동 규범 등을 총괄하는 개념이다. 일반적으로 한 기업의 가장 기본적인 특징, 즉 기업의 생존 능력, 발전 동력, 행동 기준, 성공 비결 등은 기업문화의 핵심 내용이 된다. 공동의 가치관을 토대로 형성되는 기업문화는 보이지 않는 형식으로 구성원과 경영을 움직인다. 기업문화를 만들기 위해서는 먼저 기업정신을 배양해야 한다. 기업정신은 눈에 보이는 가시적인 것은 아니지만 정신적으로 느낄 수 있는 '경영 자산'이 되어 기업의 품격을 높이고, 시장 경쟁에서 살아남도록 하는 중요한 역량이 된다.

본질에 충실하면
일은 순조로워진다

도를 도라고 말할 수 있다면, 이는 항상 변함없는 참된 도가 아니다. 그 존재를 말로 표현할 수 있다면, 항상 변함없이 내면에 있는 참된 존재라 할 수 없다. 없음은 천지의 시작을 이름이요, 있음은 만물의 근원을 이름이다.

(道可道, 非常道, 名可名, 非常名. 無, 名天地之始, 有, 名萬物之母.)

- 《도덕경》 제1장

노자는 말로 표현될 수 있는 '도道'는 영원불변한 도가 아니며, 진정한 '도道'는 말로 할 수 없으며 영원히 존재하는 '상도常道'라 했다. 이름名은 실재하는 사물의 내용에 따라 명명한 것으로서 영원히 존재하는 실체가 아니다. 도는 형체가 없지만 천지, 즉 자연을 만들어 내는 근원이다. 이를 달리 말하면 '무無'는 천지의 시원始原이라는 뜻이된다. 도와는 다르게 천지는 형체가 있고, 만물을 만들어 내는 모체이므로 '유有'라는 표현을 사용할 수 있다.

'도'는 모든 일과 사물의 근원이자 본체이고, 천지 운행을 가능케 하는 기준이 된다. 이는 경영 활동도 예외가 될 수 없다. 특히 '무위無爲'는 도의 가장 기본적인 특성이다. 경영을 노자의 무위 사상에 비춰 보면 다음과 같이 요약할 수 있다.

　'경영자가 무위하면 직원들은 자연스레 스스로 성장하고 발전한다. 경영자가 조용하고 안정되어 있으면 직원들은 자연스레 행동이 방정해진다. 경영자가 쓸데없이 일을 벌이지 않으면 직원들은 자족하며 건강한 삶을 살게 된다. 경영자가 이기적이지 않고 탐욕을 부리지 않는다면 직원들은 자연스레 깨끗하고 소박한 삶을 살아간다.'

　노자가 주장한 '무위'를 기업의 입장에서 본다면, 경영자가 강압적인 태도를 지양하면서 아랫사람들의 자발성을 이끌어냄으로써 효율성 향상이라는 목적을 달성하는 것이다. 노자 사상의 관점에서 유능한 경영자란 '무위'의 원칙을 지키고, 이를 실천함으로써 직원들의 적극성과 창의력을 높여 기업을 성공으로 이끄는 사람이다. 달리 말하면, 경영자가 자신의 의견을 고집하지 않고 다양한 의견을 겸허하게 수용해야 실패라는 덫에 빠지지 않는다는 이야기다.

　경영의 정도正道 가운데 하나는 소비자를 최우선으로 하는 것이다. 1950년대부터 서구 국가들에서는 고도성장에 힘입은 소비자 주도의 시장이 형성되었다. 이로 말미암아 변화무쌍하고 치열해진 시장을 체감한 경영자들은 고객의 수요가 있어야만 기업이 생존하고 발전할 수 있다는 사실을 깨닫게 되었다. 이를 위해서는 고객의 현재 수요를 분석하고, 수요의 변화 추세를 이해하여 제품을 생산해야 한다. 그런 다음 효과적인 마케팅으로 고객의 욕구를 만족시켜야 기업은 이윤을 창출하면서 지속적으로 성장할 수 있다. 이러한 경영 마인드가 바로 소비자 중심 마케팅의 핵심 개념이다. 간단하게 요약하자면, 마케팅은 '수요를 찾아내서 만족시키는 것' 혹은 '판매할 수 있는 제품을 생산하는 것'이다. 따라서 '고객 지상주의' '고객은 언제나 옳다' '제품이 아닌 고객을 사랑하라'는 모든 기업이 선호하는 슬로건이 되었다.

또 하나의 경영의 정도는 고객 만족을 실현하는 것이다. 요즘 기업들은 날로 거세지는 시장 경쟁의 환경 속에서 고객을 확보하고 경쟁자를 제치기 위해 반드시 고객의 수요를 충족시키는 임무를 수행해야 한다. IBM의 CEO를 역임한 존 오펠은 "우리의 파트너인 고객에게 완벽한 서비스를 제공하지 못한다면 다른 회사들이 우리의 역할을 대신할 것이다. 이 사실을 절대로 잊어서는 안 된다"라고 말했다.

IBM은 '고객 만족'을 경영 이념으로 채택한 이래로 모든 업무의 목표를 고객의 수요를 충족시키는 데 두고 업무를 진행했다. 그 결과 IBM은 성장을 거듭할 수 있었다.

IBM의 성공 비결은 고객을 존중하는 것은 자사를 존중하는 것이고, 고객에게 피해를 주면 자사도 피해를 입는다는 자세에 있다. IBM의 모든 구성원은 한 명의 고객을 잃으면 매출에 타격을 받고, 한 명의 고객과 꾸준히 연계할수록 수익이 커진다는 인식을 갖고 있다. 그래서 고객의 의견을 진지하게 경청하는 자세를 고수하는 것이다.

실제로 고객의 만족도는 기업 경영에 중대한 영향을 미친다. 사회적 생산력의 향상, 사회적 수요 구조와 소비관념의 변화로 인해 시장 경쟁은 날로 극심해져 가고 있다. 이 시장 경쟁의 본질은 한마디로 말하면 고객 쟁탈전이다. 고객이 없으면 시장은 존재하지 않기 때문이다. 그래서 1980년대 이후, 선진 국가들은 고객의 수요와 기대를 만족시키는 데 주력하면서 기업에 대한 고객의 충성도를 높이기 위해 노력을 기울였다.

기업의 측면에서 보면 고객의 만족도는 경쟁력 우위를 확보하는 기본 요소다. 마케팅 연구의 대가로 '마케팅의 아버지'라 불리는 필립 코틀러 교수는 "기업은 고객을 만족시키는 것에 그쳐서는 안 된다. 기업은 고객을 기쁘게 해야 한다"라는 말로 고객 만족의 중요성을 강조했다.

이처럼 고객에게 좋은 서비스를 제공하기 위한 기업의 노력은 제품의 질을 향상시키는 데에만 머물러서는 안 된다. 고객은 스스로 수집한 정보에 근거해 어떤 제품이 최고의 가치가 있는지를 판단한다. 즉 제품의 원가, 관련 지식, 자신의 수입, 구매의 탄력성 등의 요인에 영향을 받으면서 최고의 가치가 있는 제품을 선택하는 것이다. 그리고 고객은 소비자로서 자신이 갖고 있는 지식, 감각, 경험을 바탕으로 제품이 자신의 기대치를 만족시킬 수 있는지 고민하는데, 이는 만족도와 재구매의 가능성을 결정짓는다.

고객의 만족감은 기업이 고객을 유치하고 지속적인 관계를 유지하는 관건이 된다. 하지만 요즘의 고객들은 하루가 다르게 까다로워지기 때문에 마음을 사로잡기가 매우 어렵다. 예전보다 훨씬 현명하고 가격에 민감하며, 요구 사항이 더 많아져서 신중하게 구매하기 때문이다. 경쟁사들이 유사한 제품을 생산하여 경쟁을 과열시키는 것도 한 요인이다. 이러한 상황에서 기업의 가장 시급한 과제는 충성스런 고객을 확보하는 것이다. 이때 고객과의 관계에서 핵심이 되는 것이 만족도이므로 결과적으로 기업이 쓸 수 있는 가장 효과적인 방법은 수시로 고객의 만족도를 파악하는 것이다. 예를 들어 전화로 고객의 만족도를 체크하는 방법이 있는데, 문항은 대단히 만족, 대체로 만족, 무의견, 약간 불만, 극도의 불만 등으로 세분화한다. 일반적으로 기업이 고객을 잃게 되는 비율은 극도의 불만의 경우 80퍼센트, 약간 불만은 40퍼센트, 무의견은 20퍼센트, 대체로 만족은 10퍼센트라고 한다. 상대적으로, 대단히 만족한다는 고객을 잃는 경우는 1~2퍼센트에 불과하다. 따라서 기업은 단순히 고객을 만족시키는 수준을 넘어서서 감동을 선사할 정도로 노력을 해야 한다.

고객을 CEO처럼 대접하는 것은 성공 경영의 한 비결이다. 미국의 세계적인 네트워크 통신회사인 시스코시스템스Cisco Systems, Inc는 직원들에게 '고객은 CEO다'라는 의식을 심어 주었다. 직원은 고객을 CEO처럼 대해야 한다는 이 모토는 고객과 직원의 이익은 떼려야 뗄 수 없는 관계이므로 최고의 제품과 서비스를 제공하는 것이 그들의 임무라는 사실을 각인시켰다.

CEO는 기업의 최고 결정권자이자 핵심 인물이므로 직원들에게 존재감이 클 수밖에 없다. '고객은 CEO'라는 표현을 처음으로 사용한 사람은 시스코시스템스의 존 챔버스 회장이다. 실제로 고객을 극진하게 대하는 것으로 알려진 그는 자사 제품의 사용자들을 만나 의견을 경청하고 소통하는 데 많은 시간을 할애했다. 사용자야말로 시장의 수요를 정확하게 이해하는 채널이라는 사실을 잘 알고 있었기 때문이다. 챔버스 회장은 고객을 통해 풍부한 정보를 얻어 시장 조사의 기초를 정책 결정의 자료로 삼았다. 그의 고객 제일주의 이념과 실천은 직원들로 하여금 고객의 요구를 철저히 이해하게 만드는 원동력이 되었다.

마케팅의 본질은
고객 만족에 있다

천하에 시작이 있었으니 이를 천하의 어머니라고 한다. 어머니의
근원은 원래부터 있었다. 그를 있게 한 근원인 어미를 얻으면 이로
써 그 자식인 천하를 알게 되는 것이다. 그러므로 그 나온 곳으로
되돌아가서 근원을 지키고 있으면 몸이 죽는다 하더라도 전혀 두
려울 것이 없다.

(天下有始, 以爲天下母. 旣得其母, 以知其子. 旣知其子, 復守其母, 沒身
不殆.)

– 《도덕경》 제52장

세상 만물은 도라는 근원에서 생겨났다. 이러한 이유로 도를 어머니
에 비유하는 것이다. 흔히 어머니를 통해 그 아들을 이해할 수 있고,
아들을 알면 그 어머니가 어떠한지 짐작할 수 있다.

소비자를 중시하는 것이 경영의 정도라 한다면, '고객 제일'은 비
즈니스의 출발점이다. 이른바 기업의 핵심 경쟁력은 고객에게 양질
의 서비스를 제공할 수 있는 능력이다.

16

마쓰시타 그룹의 창업자인 마쓰시타 고노스케 회장은 '판매는 딸을 혼인시키는 것'과 같다는 마케팅 철학을 피력했다. 첫째, 딸을 시집보낼 때 진지하고 정중한 자세로 임하는 친정 부모처럼 제품을 판매한다. 그다음으로는 거래를 시작한 고객과 사돈지간처럼 예를 갖추며 지내야 한다. 마지막으로 출가한 딸을 항상 마음에 두고 관심을 가지는 것처럼, 제품 판매 후에도 고객에게 관심을 가지고 관리해야 한다. 제품 판매 이전과 이후의 서비스를 모두 아우르는 마쓰시타 고노스케 회장의 마케팅 철학은 후일 정교한 마케팅 전략으로 발전했다.

1940년, 마쓰시타 고노스케는 우량 제품 생산을 위한 총동원령을 내리면서 고객 지향적인 개념을 몇 가지 제시했다. 마쓰시타 그룹의 품질 관리의 시발점이 된 이 개념들은 경영자들에게 깊은 인상을 심어 주었다.

마쓰시타의 고객 지상주의는 생산과 경영의 기본 원칙이 되었다. 마쓰시타 전기의 다비타 에이오는 "제품의 생산과 판매는 소비자의 신뢰 획득을 목표로 한다. 그러므로 우리가 생산하는 제품은 절대적으로 우수하다"라는 말로 고객 지상주의의 의미를 풀이했다. 특히 경영자는 '품질은 기업의 생명'이라는 위기의식을 가지고 소비자의 입장에서 품질 검사를 철저히 하여 불합격 제품은 절대로 출시해서는 안 된다. 기업은 제품 검사 전담부서를 두는 것은 물론 제품 검사실을 두어 생산 라인의 자율적인 책임제를 실천해야 한다.

마쓰시타 전기(현 파나소닉)는 고객 제일의 이념을 실현하기 위해 고객상담센터를 적극적으로 운용하고 있다. 일본 동부와 서부에 각각한 곳씩 있는 고객상담센터는 1년에 대략 147만 건의 상담을 처리한다. 상담 내용을 살펴보면 제품 사용과 관련된 것이 42퍼센트, 구입과 수리에 관한 것이 각기 20퍼센트, 28퍼센트를 차지한다. 상담에서 드러난 고객의 불만족 사항은 생산 부서와 행정 부서에 넘겨져 고객 만족도를 높이기 위한 자료로 활용된다.

이 밖에도 마쓰시타 전기는 '품질 연락원' 제도를 시행하고 있다. 이 제도를 통해 품질본부는 고객의 반응과 요구를 직접 수용하고, 연관 정보를 각 부서에 피드백 한다. 이 제도는 특히 신제품 출시 후에 시장 상황을 신속히 파악하여 최고 경영자가 후속 조치를 취할 수 있도록 돕는다.

마쓰시타 전기의 사례가 유일무이한 것은 아니다. 세계적 기업 소니사도 지구촌 소비자에게 질 높은 제품과 서비스를 제공하기 위해 많은 노력을 기울였다. 무엇보다 눈길을 끄는 것은 업계의 새로운 기준이 된 선진적인 서비스 정신과 관리 시스템이다. 소니의 전 CEO 안도 구니다케는 '고객 만족'을 기업 문화로 승화시켜야 한다고 강조하면서 그룹 차원에서 '21세기를 향한 고객 만족(CS21)'을 캐치프레이즈로 선정하고 고객 만족도 부문에서 세계 최고의 기업이 되기 위해 힘을 기울였다.

2000년대부터 소니사는 중국 시장 개척을 위해 최첨단의 서비스 시스템을 선보이고 있다. 표준화, 전산화, 과학화된 관리 방침에 따라 고객에게 다가가고 만족시키는 인간적인 서비스를 제공하는 것이다. 2003년에 소니는 고객의 소리(Voice of Customer)에 더욱 귀를

노자, 상생경영을 말하다

기울인다는 목표를 세우고 새로운 서비스 시스템을 출범시켰다. 고객과의 쌍방향 소통을 추구하는 서비스 품질 향상 프로젝트는 업계 최초로 '5성급' 서비스 제공을 지향점으로 삼았다.

같은 해에 소니는 다양한 고객층을 심층적으로 이해하기 위한 행사를 벌였다. 행사 중의 하나는 제품을 구입한 후에 서비스를 받은 적이 있다고 답한 고객 20퍼센트를 대상으로 전화방문과 설문 조사를 실시한 것이다. 전화방문은 1개월에 6,000가구를 돌파했고, 온라인 유저에게도 설문 조사를 진행했다. '고객의 목소리를 경청'하는 활동을 통해 소니사는 서비스에 대한 소비자의 진솔한 의견과 느낌을 이해함으로써 소비자가 원하는 방향으로 개선하고 발전한다는 목표를 달성했다.

2003년 8월 1일부터 소니는 고객의 편의를 위해 중국 전역에 있는 특약 서비스센터를 1년 365일 가동하는 파격적인 변화를 시도했다. 이뿐만 아니라 소니가 지정한 서비스센터들도 10월부터 연중무휴 영업에 들어갔다. 소니의 서비스센터 풀가동은 고객의 편의를 최대한 고려한다는 목표를 달성하여 기업과 고객의 거리를 한층 좁혔다는 평가를 받았다.

기업이 고객의 입장을 헤아릴수록
시장에서의 성공 확률은 높아진다

정성 들여 세운 것은 쉽게 뽑히지 않고, 힘들여 껴안은 것은 벗어
나기 어렵다. 이러한 도를 자손 대대로 잘 지키면 조상에 대한 제
사가 끊이지 않을 것이다. 도로 몸을 수양하면 그 덕은 진실하게
되고, 도로 집안을 다스리면 그 덕은 여유가 있게 되고, 도로 고을
을 다스리면 그 덕은 길게 이어지고, 도로 나라를 다스리면 그 덕
은 풍부해지고, 도로 천하를 다스리면 그 덕은 끝없이 넓어지게 된
다. 그러므로 한 개인을 통하여 다른 사람을 관찰할 수 있고, 한 가
정을 통하여 다른 가정을 관찰할 수 있으며, 한 고을을 통하여 다
른 고을을 관찰할 수 있으며, 한 나라를 통하여 다른 나라를 관찰
할 수 있고, 이 세상을 봄으로써 미래의 세상을 볼 수 있다.

(善建者不拔, 善抱者不脫, 子孫以祭祀不輟, 修之於身, 其德乃眞, 修
之於家, 其德乃餘, 修之於鄕, 其德乃長, 修之於國, 其德乃豊, 修之於
天下, 其德乃普, 故以身觀身, 以家觀家, 以鄕觀鄕, 以國觀國, 以天下
觀天下.)

-《도덕경》제54장

노자, 상생경영을 말하다

경영자는 자신의 마음으로 남의 마음을 헤아리는 역지사지의 미덕을 어떻게 실천할 수 있을까?

첫째, 협력 파트너의 이익을 고려해야 한다. 기업이 자신의 이익을 고객의 이익보다 우선시한다면 '착취, 탐욕, 이기적'과 같은 부정적인 단어로 평가되는 대상이 될 것이다. 기업이 자신의 이익을 위해 타인의 이익을 희생하게 하는 행동은 발판을 스스로 무너뜨리는 것이나 다름없다. 전통적으로 비즈니스 관계는 적대적인 성격을 띠고 있어서 자신의 이익을 극대화하기 위해서는 상대의 피해나 희생을 대수롭지 않게 여겼다. 이런 상황에서 협상의 목적은 상대를 이기는 것이고, 자신에게 최대한 유리한 거래를 하기 위해 상대의 손실은 전혀 개의치 않았다.

그러나 오늘날 성공한 많은 기업은 고객과 협력이나 공조 관계를 유지하며 그들을 협력 파트너라고 지칭한다. 따라서 기업과 고객 모두가 '윈윈'해야 한다는 의식이 보편화되었다. 그런데 진정으로 '윈윈'하기 위해서는 당사자들이 공동의 목표를 위해 함께 노력해야만 한다.

영국의 운송업체인 라인 그룹은 고객과의 끈끈한 파트너십으로 유명하다. 회사는 고객의 편의와 이익에 초점을 맞추어 일을 진행하며, 회계가 투명하고, 수익에 대한 어떠한 의혹도 없다. 이러한 협력 관계는 기업과 고객 사이의 믿음과 상호 의존도를 크게 높이고, 협력을 더욱 강화한다. 반면, 기업과 고객이 적대적인 관계를 해소하지 못하면 비밀이 많아지고, 불신감이 더해지는 악순환에서 벗어나지 못한다. 고객은 탐욕적이고 자신을 무시하는 기업에 저항하는 것이 일반적이다. 따라서 고객과 좋은 관계를 유지하지 못하는 기업은 신용과 명예를 잃을 수밖에 없다.

둘째, 고객을 핵심으로 하는 목표를 실현해야 한다. 시장경제 체제에서 고객 지상주의는 공기처럼 자연스러운 것이다. 상점 주인을 즐겁게 해 주기 위해 구매를 하는 소비자는 존재하지 않는다. 하지만 여전히 많은 상점들이 고객의 가치와 중요성을 제대로 인식하여 그에 걸맞은 대접을 하지 못한다. 이런 상점들은 고객을 왕처럼 모셔야 한다는 목표나 초심을 잃지 않았는지 반성해야 할 것이다.

셋째, 고객을 존중해야 한다. 고객을 존중하기 위해서는 솔직하게 대할 것인지, 체면을 살려 줄 것인지 선택해야 한다. 솔직함이 최선이라 생각해 고객에게 여과 없이 껄끄러운 소리를 하여 자존심에 상처를 입힌다면 고객을 진정으로 존중하는 태도라고 할 수 없기 때문이다. 뚱뚱한 고객에게 어떤 옷을 입어도 어울리지 않는다고 말할 수는 없지 않은가.

고객에게 진실을 말하는 것이 바람직하지만, 기업도 때로는 외교적 수사를 구사하여 매끄러운 관계를 유지할 필요가 있다. 진실을 이야기하면서도 고객과의 갈등이나 충돌을 일으키지 않는 가장 좋은 방법은 긍정적인 면을 찾아 소통하는 것이다.

고객에게 높은 신뢰감을 심어 주기 위해서는 무엇보다도 감정적인 유대를 우선으로 삼아야 한다. 고객은 기업으로부터 정서적으로나 감정적으로 좋은 인상을 받았을 때 자신이 존중받고 있다는 믿음이 생기기 때문이다. 화려한 언변 등 그 어떤 수단도 정성을 보이는 것보다 고객의 높은 신뢰감을 얻지 못한다. 감정의 교류가 없는 언어는 기업과 고객이 신뢰를 쌓는데 별 도움이 되지 않는다.

고객이 존중받고 있다는 느낌을 갖게 만드는 가장 좋은 방법은, 고객과의 약속을 이행하는 것이다. 기업의 약속은 전략적인 성격을 띠고 있고, 이행 과정에서 조정될 수 있지만 고객의 이익을 보장한다는 근본이 흔들려서는 안 된다. 성공한 기업은 고객과 감정적인 연대의식을 형성하여 '고객을 존중한다'는 사실을 전달한다. 그리고 이것은 고객의 만족감으로 이어진다.

상도덕은 백년기업을
이룩하는 초석이다

그러므로 귀히 여기는 것을 육신으로부터 천하에 이르게 하면 천
하를 내맡길 수 있고, 사랑하는 것을 몸으로부터 천하에 이르게 하
면 천하를 줄 수 있는 것이다.

(故貴以身爲天下, 若可寄天下, 愛以身爲天下, 若可託天下.)

- 《도덕경》 제13장

자신의 몸을 천하만큼이나 귀하게 여기고 아끼는 정신으로 기업을
경영하려면 윤리적 기준을 강화해야 한다. 마쓰시타 고노스케는 "회
사의 주역은 대부분 지식이 가장 많은 사람이 아니라 위기에 처했을
때 자신의 이해관계를 초월한 결정을 하는 사람"이라고 말했다.

한 기업의 최고경영자는 격류에서도 우뚝 버티고 있는 지주(砥柱,
격류 속에서 움직이지 않는다는 중국 황허黃河 강의 돌기둥)와 같아야 한다. 위
기의 상황에서 구성원들을 지휘하는 사람이 바로 최고경영자이기 때

노자, 상생경영을 말하다

문이다. 따라서 최고경영자는 흔들리지 않는 믿음으로 위기를 직시하면서 불가능해 보이는 일도 시도하는 용기를 지녀야 한다. 위기에서 교훈을 찾고, 최선을 다한 뒤 결과를 담담하게 기다릴 줄 알고, 스스로에게 부끄럽지 않을 정도의 도덕성을 지키는 것 역시 최고경영자의 사명인 것이다.

시장 경쟁의 목적은 이윤 추구이지만 비즈니스에 있어 역사, 문화, 사회적 가치와 같은 여러 요인의 영향을 받지 않을 수 없다. 따라서 기업이 발전하고 오래 생존하기 위해서는 상업적 윤리를 확립해야만 한다.

중국은 전통적으로 농업사회였지만 상업도 대단히 발달했다. 흔히 진상晋商이라 불리는 산시山西 상인들은 명청明淸 500년간의 전성기를 구가했다. 진상이 오랜 역사를 자랑할 수 있었던 배경에는 고유의 문화의 힘이 있었다. 강인하고 적극적인 태도로 상업 활동을 펼치는 것 이외에 예의를 숭상하고, 교육에 힘쓰며, 의리와 신용을 중시하고, 근검절약하는 생활태도 등이 바로 진상 문화의 근간이었던 것이다. 이로써 진상 문화는 상업적 성공을 이어 나갈 수 있는 원동력이 되었다.

19세기 말에 이르러 무능하고 부패한 청나라 정부는 청일전쟁, 열강의 침입 등으로 몰락의 길을 걸었다. 서구 자본주의 세력의 도전을 받은 상황에서 진상의 대표적 인물인 까오줴에高珏는 《대학》과 같은 고전을 읽고, '마음을 바로 하고 몸을 수양하자(正心修身)'는 정신적 가치 함양에 힘을 쏟았다. 또한 휘하의 상인과 직원들에게 사치와 불량한 습관에 물들지 않도록 당부했다. 그 결과 까오쮜에의 따더퉁大德通 표호(票號, 청나라 때 환업무를 담당한 일종의 금융기관)는 내우외환의 위기를 이겨내고 1950년대까지 명맥을 유지했다.

진상의 상업 윤리와 교육은 '가학(家學, 한 집안에 대대로 내려오는 학문)' '가규(家規, 한 집안의 규율, 규칙)' '표호의 규율' 속에 녹아들어 근대까지 이어졌다. 진상 조직의 사람들은 엄격한 규율과 윤리를 지키면서 근면하게 상업 활동을 했기에 지역 상인에서 출발하여 중국 전역으로 시장을 개척했다. 특히 차, 비단, 곡물, 약재, 피혁, 식염, 면직물, 잡화 등 다양한 품목의 전국적 유통망을 형성했다.

2005년 4월 26일 새벽, 광저우 바이윈白雲 공항의 대기실에서 한 여성 승객이 무릎을 꿇은 채 공항 직원에게 뜨거운 물을 달라고 애원하는 진풍경이 벌어졌다. 샤먼廈門항공의 정기 노선 출발 시각이 7시간이나 지연되는 바람에 이 여성은 탑승을 기다리는 상황이었다. 이때 탑승객 100명에게 제공되는 먹을거리는 과자와 죽 뿐이었다. 무릎을 꿇은 여성은 태어난 지 7개월 된 아기의 엄마였다. 배고픈 아기에게 분유를 타서 먹일 물을 구하지 못해 애원을 했던 것이지만, 대기실의 직원들은 눈 하나 깜빡하지 않았다.

이 사례에서 보면, '항공기가 지연될 때는 반드시 뜨거운 물을 제공해야 한다'는 규정은 없지만 이 항공사는 비상 상황에 대비하여 제대로 준비를 하지 못했을뿐더러 도움을 요청하는 고객에게 세심한 배려를 하지 못했다고 말할 수 있다. 이런 사건은 회사와 임직원의 직업적 윤리 의식의 결여에서 비롯된 것으로, 조직에 심각한 손실을 가져다줄 수 있다.

보잉사의 한 임원은 이렇게 말했다. "직업적 윤리는 어렸을 때부터 몸에 배어야 한다. 그렇지 않으면 회사가 큰 난관에 봉착했을 때 결정을 내리지 못한다. 그 결정에 회사의 사활이 달렸는데도 말이다."

다시 '한 잔의 뜨거운 물' 사건으로 돌아가면, 샤먼항공의 서비스 정신 결여는 사회적으로 큰 반향을 불러일으켰다. 승객에게 물을 제공하는 기본적인 서비스조차 하지 않았고, 위기 상황에 적절히 대처하지 못한 자세에 사람들은 분노를 금치 못했다. 직원들의 잘못된 직업 정신이 결과적으로 샤먼항공의 이미지와 영업에 큰 타격을 준 것이다.

경영학의 대가 피터 드러커는 다음과 같이 말했다. "경영은 문화가 반영된 것이며 사회의 가치, 전통, 습속의 영향을 크게 받는다. 그러므로 사회의 전통, 가치, 신념을 경영에 잘 접목할수록 큰 성과를 얻을 수 있다."

경영에 융화된 문화에는 사회적 가치관과 밀접한 관계가 있는 직업윤리도 포함된다. 한 나라의 상업적 전통, 윤리와 도덕은 상업 정신을 형성하는 근간이 된다. '선을 쌓는 것이 곧 재부를 쌓는 것'이라는 말에서 알 수 있듯이, 상업적 윤리는 자연스레 부와 연결되며 기업 발전의 동력으로 작용한다. 기업이 직원들에게 상업적 윤리를 준수하도록 교육하면 참여의식, 정체성, 사명감이 증진되어 내부 조직이 원활하게 운용된다.

올바른 목표 설정이
기업의 운명과 발전을 좌우한다

도가 만물을 낳고, 도의 공덕으로 만물을 기르고, 만상의 형태가
나타나게 되고, 형세(질서)가 이루어진다.
(道生之, 德畜之, 物形之, 勢成之.)

- 《도덕경》 제51장

도는 만물을 만들고, 도가 실현되었을 때 나타나는 작용인 덕은 만물
을 기르며, 물物은 만물을 모양 지으며, 세勢는 질서를 만든다. 따라
서 만물은 도와 덕을 존귀하게 여긴다.

기업 경영에서 전략이 '도'라면, 책략은 '덕'이라 할 수 있다. 도는
덕을, 전략은 책략을 결정짓는다. 기업의 이윤 규모와 장기적인 발전
가능성을 결정하는 것은 경영자가 어떠한 전략을 채택하느냐에 달려
있다. 이때 일시적인 이윤에 이끌려 장기적인 발전 목표를 상실해서

는 안 된다.

어느 날 독수리 한 마리가 거목에 앉아 쉬다가 지붕 위에서 참새 몇 마리가 쉬지 않고 울고 있는 모습을 보았다. 독수리가 참새들을 향해 소리를 질렀다. "얘들아, 사람들이 없는 곳에서 먹이를 찾으면 안 되지!"

그러자 참새가 날아와 대답했다. "하하, 여기는 먹을거리가 무궁무진해요. 밭과 곡식 말리는 곳에서 떨어진 알곡이 있어서 충분히 먹고 살 만한데 왜 멀리까지 날아다니는 수고를 하겠어요."

독수리는 한숨을 쉬며 중얼거렸다. "안타까워 죽겠네. 바깥 세계가 얼마나 멋있는데 너희들은 영원히 그것을 모른 채로 살다 죽겠구나!" 말을 마친 독수리는 날개를 펄럭이며 푸른 하늘로 힘차게 날아갔다.

독수리와 참새는 완전히 다른 세계에서 살고 있다. 참새가 좁은 세계에서 작은 것에 만족하며 안주하는 반면에 독수리는 넓고 푸른 하늘을 자신의 무대로 삼고 있는 것이다. 사람으로 비유한다면, 독수리는 큰 목표를 가지고 더 높은 곳에서 세상을 바라보며 살고 있다.

독수리와 달리 참새는 자기의 울타리를 벗어나지 않으면서 살기 때문에 시야와 식견이 몹시 좁다. 독수리는 넓은 시각으로 큰 이상을 품고 있으므로 원대한 목표를 추구한다. 기업의 경영자는 경쟁에서 살아남으면서 점진적인 발전을 하려면 반드시 전략과 원대한 목표를 세워야 한다.

제지, 화공, 플라스틱 생산으로 출발한 노키아는 1960년대부터 통신업에 진출했다. 1969년에는 역사적인 전략을 채택했다. 국제 전신전화자문위원회(CCITT)의 기준에 부합되는 PCM(pulse code modulation, 아날로그 신호를 세분하여 디지털 신호로 바꾸어 정보를 전송하는 방식) 전송 설비 생산을 개시하기로 한 것이다. 이를 계기로 노키아는 디지털 시대를 선도하는 기업으로 변신하면서 업계 최고가 되겠다는 목표를 설정했다.

1980년대 후반에 이르러 노키아는 디지털 통신 기술 분야의 선두 주자가 되었다. 이에 앞서 1982년에 노키아는 최초로 휴대폰 세네이터Senator를 선보였고, 이어서 최첨단의 모비라 토크맨Mobira talkman을 개발했다. 기술 수준이 높아지면서 노키아는 본격적으로 미국, 영국 등의 해외 시장으로 진출했다.

노키아는 휴대폰 단말기, 휴대폰 네트워크, 어플리케이션, 광학 전송 시스템 등의 통신 제품과 서비스를 중점적으로 개발함으로써 21세기 들어 이동 통신 분야의 세계적인 기업이 되었다.

한 치 앞을 내다보기 힘들 정도로 치열한 경쟁에서 노키아가 승자가 될 수 있었던 비결은 장기적인 발전 목표 설정과 탁월한 관리 비법 덕분이었다. 행동 방향이 정확했기 때문에 업무의 효율성을 높일 수 있었고, 더 나아가 세계 시장을 제패한 것이다.

제갈량諸葛亮은 시비를 가리는 판단력과 포부를 갖췄는지의 여부로 인재를 가려냈다. 이와 마찬가지로 기업의 미래는 최고경영자의 발전 전략을 기획하는 능력에 달려 있다.

중국 최대의 가전업체 하이얼海爾의 CEO 장루이민張瑞敏은 강력한 관리 능력을 발휘했다. 대표적인 사례가 1985년의 '냉장고 부수기'였다. 제품 검사에서 불합격한 냉장고를 모두 폐기하도록 함으로써 장루이민은 직원들에게 '대충하려면 차라리 하지 말고, 일단 시작하면 1등을 하라'는 메시지를 전달했다. 최고가 되지 못하면 경쟁력을 가질 수 없다는 절실함을 직원들에게 심어 주기 위한 제스처라 하겠다.

영국의 종합화학회사 ICI(Imperial Chemical Industries)의 CEO 존 하베이 존스는 "기업의 리더는 반드시 최고를 지향해야 한다. 최고가 되어야 자신의 운명을 지배하면서 자신과 구성원들에게 보상을 해 줄 수 있기 때문이다"라는 말로 최고 경영자의 사명감을 강조했다.

장루이민은 '냉장고 부수기'로 최고를 추구하는 결의를 보임으로써 기업 문화 확립의 신화적 인물로 부상했다. 그리고 많은 사람들을 결집시켜 목표를 위해 분투하도록 만들었다.

글로벌 경쟁에서 성공하고 존경을 받는 유일한 방법은 실력을 키우는 것이다. 시장은 눈물을 믿지 않는다. 워런 버핏은 시장의 냉정한 속성을 이렇게 묘사했다. "시장은 하느님과 같아서 열심히 일하는 사람을 버리지 않는다. 하지만 시장은 절대로 하느님이 아니다. 시장은 자기가 무엇을 하고 있는지도 모르는 사람에게는 절대로 너그럽지 않기 때문이다."

뛰어난 도덕성은
성공과 재부를 부른다

덕을 많이 쌓으면 이겨내지 못할 것이 없다.
(重積德, 則無不克)

- 《도덕경》 제59장

노자 사상의 관점에서 보면, 현명한 경영자는 물질적인 재화가 아닌 도덕성과 사람을 얻는 데 더 많은 노력을 한다. 사람들에게 재물을 많이 베풀수록 평판이 높아진다. 그러므로 노자의 가르침에서 배워야 할 점은 자신의 것에 만족하면서 욕심을 부리지 않는 자세를 갖추는 것이다. 다시 말해, 경영자는 개인적 이익을 추구할 때 적당한 선에서 멈출 줄 알아야 한다. 인간 세상의 재앙은 만족하지 못하는 데서 비롯되며, 끝없는 탐욕은 파멸을 자초한다. 만족할 줄 아는 사람

노자, 상생경영을 말하다

은 굴욕을 당하지 않으며, 욕심을 자제할 수 있는 사람은 위험에 빠지지 않고 평온한 삶을 살 수 있다.

홍콩의 최대 갑부인 리자청李嘉誠은 '의리義理'의 상징으로 여겨지는 인물이다. 부하, 협력 파트너, 심지어 라이벌조차도 리자청이 의로운 사람이라는 데 이의를 제기하지 않는다. 이러한 평판이 바탕이 되어 리자청은 천문학적인 부를 축적했다.

리자청은 전통의 구속에서 벗어난 새로운 모델의 사업가이므로 '유상儒商'이라 불린다. '선비적 기질을 가진 상인'이라는 의미의 유상의 대표적 인물은 일본에서 '근대 자본주의의 아버지'라 추앙받는 시부사와 에이치다. 그는 저서《논어와 주판》에서 의리와 이윤을 하나로 만드는 경영 원칙을 제시했다. 의리는 사회적 도덕규범이고, 이익은 기업 경영으로 얻는 효익이다. 유가의 관점에서 보면 의리는 이익을 낳는 기반이고, 이익은 의리의 결과물이다. 경영에서 의리, 의로움이란 정당하고 합법적인 경로로 사회에 도움이 되는 복리를 추구하는 것을 의미한다. 그리고 이익은 사회가 기업으로부터 받은 서비스를 이윤의 형태로 보답하는 것이다.

의리와 이익의 관계를 꿰뚫고 있는 리자청은 "의롭지 않은 수단으로 얻은 부와 지위는 나에게는 뜬구름과 같다"고 말했다. 또한 "기업의 시작은 신용과 명예를 얻기 위한 첫걸음을 내딛는 것이다. 신용과 명예를 얻고 나면 자연스럽게 부를 쌓을 수 있다. 이것이 바로 사업가의 도덕률이다"라고 했다.

리자청의 의리와 이익에 대한 사상은 시부사와 에이치와 일치한다. 신용과 믿음 없이 투기적인 경영을 일삼는 기업은 시한폭탄처럼 위험하다. 대표적인 예로, 미국 내 '빅5'였던 회계법인 아더 앤더슨을 들 수 있다. 아더 앤더슨은 거래업체인 에너지 회사 엔론Enron그룹의 회계 감사를 하면서 자료를 임의로 파기한 사실이 발각되어 도덕성과 투명성에 치명적인 타격을 입었다.

리자청이 뛰어난 사업가를 넘어서 애국자로서 존경받는 이유는 사회 공익사업에 80억홍콩달러(우리 돈으로 약 1조 1000억 원)를 기부했기 때문이다. 어려서부터 아버지의 영향을 많이 받은 리자청은 교육 사업에 헌신하겠다는 꿈을 가졌다. 이를 위해 우선 사업을 해서 자금을 마련한 다음에 교육 사업을 하기로 결정했다. 그리고 수십 년 후에 리자청의 꿈이 현실로 이루어졌다. 막연히 꿈을 꾸는 것에만 그치지 않고 눈앞의 일에 철저히 충실하면서 꿈을 이뤄 가는 현실주의자의 모습인 것이다. 산터우汕頭 대학 설립은 리자청의 이상과 현실이 접목된 구체적 산물이다.

리자청의 자선 사업 부문을 보좌하는 비서 량첸치梁茜琪는 "많은 사람들이 기부를 하나의 사업으로 생각하지만, 리자청은 진심에서 우러나서 한다"라고 말한 바 있다. 기부를 한 다음에도 사람들은 사회가 자신의 선행을 알고 있는지 관심을 가지지만, 리자청은 자신이 기부한 돈이 문제를 해결했는지에 지대한 관심을 갖는다. 무슨 일을 하든지 최고를 지향하는 리자청의 신념은 자선 사업에서도 예외가 아니다.

리자청은 산터우 대학의 연설에서 사람들이 길이 기억할 만한 말을 남겼다. "교육과 의료에 대한 나의 관심과 지지는 생명이 다하는 순간까지 지속될 것이다." 그가 산터우 대학에 기부한 금액은 이미 20억 홍콩달러를 넘어섰다.

리자청이 없었다면 산터우 대학, 산터우대학병원과 의료원, 안과 센터 등은 세상에 존재할 수 없었을 것이다. 중국 최초로 빈곤층 암 환자들을 돌보는 호스피스 병원 영양원寧養院도 리자청의 기부로 탄생했다.

리자청이 산터우 대학에 의과대학을 설립하려고 하자 홍콩 대학 총장은 의대 운영은 밑 빠진 독에 물 붓기 식으로 엄청난 돈이 든다며 말렸다. 일반 단과대학보다 투자를 열 배 이상 해야 하고, 부속병원도 설립해야 하므로 의과대학을 포기하라고 했지만 리자청은 뜻을 굽히지 않았다. 물론 명예를 얻기 위해 그랬던 것은 아니고, 의학 교육에 대한 신념이 워낙 강했기 때문이다.

수년 동안 리자청은 꾸준히 의대와 부속병원에 거액을 기부했다. 특히 안과 센터의 설립과 운영에 심혈을 기울였는데, 그 이유는 실명한 사람들이 겪는 불행에 깊은 동정심을 가졌기 때문이다.

중국에는 '사람은 죽어서 이름을 남기고, 기러기는 죽어서 소리를 남긴다'는 속담이 있다. 사람은 명예를 얻으려 하는 본능이 있으므로 산터우 대학을 건립할 때 주위사람들이 리자청에게 대학 이름을 '리자청 대학'으로 하라는 건의를 했다. 하지만 리자청은 산터우 대학에 물심양면으로 방대한 투자를 했지만, 자신의 이름을 교명으로 하라는 주위의 의견을 거부했다.

리자청의 이름에 들어 있는 '청誠'이라는 글자는 그의 인격을 그대로 반영한다. 부모가 그의 이름을 지을 때 '청'을 넣은 이유는 아들이 성실한 사람이 되기를 원했기 때문이라고 한다. 그는 부모의 바람대로 사업을 하거나 삶을 사는 데 있어서 성실함을 그대로 실천했다.

리자청은 성실함이야말로 이윤을 창출하는 전제이자 기초라고 믿고 있다. 그는 "성실함과 명예는 돈으로 계량할 수 없는, 생존과 발전의 가장 큰 자산"이라고 말한다. 실제로 수십 년간 기업을 경영하면서 이러한 믿음은 흔들리지 않았다. 만년에 들어 그는 자신의 성공을 회고하면서 "신용을 잘 쌓으면 성공과 재부는 저절로 따라온다"고 결론지었다.

노자, 상생경영을 말하다

목표와 포부를 크게 품을수록
성공의 크기는 커진다

그러므로 도는 크며, 하늘도 땅도 크고, 사람 역시 크다. 세상에는 네 가지 큰 것이 있으니, 사람도 그중의 하나다. 사람은 땅을 본받고, 땅은 하늘을 본받으며, 하늘은 도를 본받고, 도는 자연을 본받는다.

(故道大, 天大, 地大, 王亦大, 域中有四大, 而王居其一焉. 人法地, 地法天, 天法道, 道法自然.)

- 《도덕경》 제25장

마음의 크기에 따라 무대의 크기가 커지고, 뜻이 크고 높으면 가야할 길도 멀어진다.

제비가 높이 나는 기러기를 보고 물었다. "이곳에도 먹고 마실 것이 있는데, 왜 쉬지 않고 광풍과 폭우가 쏟아지는 하늘을 날아다니느냐?"

기러기가 웃으며 담담하게 대답했다. "너희는 안일하게 살아가지만 나의 목표는 무한한 천지에 있다. 향락에 물들면 크고 높은 뜻을 품지 못하고 창창한 앞날을 포기하게 된다. 너희는 얼마나 큰 무대와 심오한 도리가 있는지를 알지 못하지?"

제비와 기러기의 삶에 대한 자세에서 알 수 있듯이, 직장인이 CEO가 되겠다는 포부를 품지 않거나 현재보다 나은 미래를 설계하지 않고 현실에 안주한다면 일에 대한 열정과 더욱 성장하려는 마음이 사라지기 때문에 결국에는 꿈이 없는 평범한 사람이 되고 만다.

마이크로소프트의 빌 게이츠가 입사 면접시험을 주관할 때 세 명의 응시자가 발군의 실력을 보였다. 빌 게이츠는 "우리 회사에 입사하면 어떻게 할 것인가?"라는 질문을 던졌다.

첫 번째 응시자는 "이렇게 훌륭한 회사에 입사한다면 큰 영광으로 생각하여 최선을 다해 제 일을 하고, 할 수 있는 모든 일에서 최고가 되겠습니다"라고 대답했다.

두 번째 응시자는 이렇게 대답했다. "솔직히 말해서 인재들이 많은 이곳에 들어오면 스트레스가 아주 클 것 같습니다. 회사에 적응할 동안에 이렇다 할 실수를 저지르지 않는 것만으로도 만족할 것이고, 그렇게 되기를 희망합니다."

세 번째 응시자는 앞서 두 명의 응시자와 상당히 다른 대답을 했다. "모든 사람은 자신의 재능을 발휘할 무대를 원합니다. 그런데 마이크로소프트는 능력을 발휘할 수 있는 아주 좋은 무대입니다. 저는 어떤 일을 하더라도 공부를 하고, 경험을 쌓는 좋은 기회로 생각할 것입니다. 궁극적으로는 큰 사업을 완성하고 싶습니다."

빌 게이츠가 큰 사업을 완성하고 싶다는 말에 흥미를 느껴 그것이

노자, 상생경영을 말하다

무엇인지 물었다. 응시자는 "당신과 같은 것입니다"라고 대답했다. 앞서 두 명의 응시자 중 한 명은 세 번째 응시자의 친구였다. 그는 친구에게 그렇게 대답하면 안 된다고 눈치를 주었다.

그러나 뜻밖에도 빌 게이츠는 "좋습니다. 생각이 클수록 무대도 커집니다. 당신이 야심을 가진다면 나는 능력을 발휘할 무대를 제공할 용의가 있습니다"라고 말했다.

한 면접관이 빌 게이츠에게 세 번째 응시자에 대한 의문을 다음과 같이 표시했다. "그 사람은 공상가이거나 과대망상적 기질이 있는 듯합니다. 설령 그가 정말로 유능해서 성공하더라도 끝까지 우리 회사에 남아 기여할 것 같지 않습니다. 그런데 왜 그를 채용하시려는 겁니까?"

빌 게이츠는 면접관의 우려에 대해 이렇게 대답했다. "한 사람의 성공 여부는 그가 품고 있는 포부와 장래 희망과 직접적으로 관계가 있지요. 포부가 크지 않은 사람은 재능이 있더라도 큰 성과를 낼 수 없습니다. 그 이유는 인생에 대한 목표가 확실치 않기 때문입니다. 당신이 생각하는 것처럼 그 응시자가 성과를 낸 뒤 다른 회사로 이직할 수도 있습니다. 하지만 그가 우리 회사에서 창출한 이윤은 분명 다른 직원들에 비해 월등하게 클 것입니다. 나로서는 잃을 게 없는 것이지요."

세 명의 응시자가 입사한 후 보인 능력은 빌 게이츠의 예상을 벗어나지 않았다. 두 명의 응시자는 열심히 일해 가까스로 마이크로소프트의 일반 직원이 되었다. 그러나 마지막 응시자는 짧은 기간 내에

괄목할 만한 실적을 올렸다. 그 후 그는 마이크로소프트를 떠나 유명 기업의 CEO가 되었다.

출중한 CEO가 되려는 평범한 직장인이나 경영자가 가장 기본적으로 갖춰야 할 조건은 최고가 되겠다는 원대한 목표와 포부를 갖는 것이다.

인생은 산을 오르는 것과 같으므로 가장 중요한 전제는 스스로 어디까지 오를지를 정하는 것이다. 만약 인생의 목표를 산허리 정도까지 오르는 것으로 설정한다면 절대로 산 정상까지 오를 수 없다.

CEO라는 지위는 대부분의 직원이나 관리자에게 커리어의 최정상 위에 떠 있는 별과 다름없다. 직장 생활을 하는 동안 빛나는 별을 따겠다는 목표를 세우지 않는다면 영원히 산 아래에서 방황할 수밖에 없다.

제임스는 성공한 CEO다. 내세울 만한 학력이나 배경 없이 평범한 직원으로 출발한 그에게 CEO가 되겠다는 꿈 따위는 없었다. 다만 가난에서 벗어나 먹고살 걱정을 하지 않을 정도로만 살겠다는 생각으로 직장 생활을 했다. 하지만 우연한 사건을 계기로 생각에 큰 변화가 생겼다.

별 볼 일 없는 회사에서 영업 사원으로 일하던 그가 하루는 살충제를 팔기 위해 한 노인의 집을 방문했다. 방 안에서 외롭게 사는 노인에게 동정심을 느낀 제임스는 자주 노인을 찾아가 대화를 하기 시작했다. 얼마 안 돼 두 사람은 스스럼없이 모든 이야기를 하는 친구가 되었다.

이 노인은 원래 침몰한 배를 탐사하는 잠수원으로 이름을 떨쳤던 제스 레알이라는 사람으로, 그가 젊은 시절에 겪은 이야기를 들어 주던 제임스는 한 대목에서 깊은 감동을 받았다.

"해저 탐사는 가능성이 아주 희박한 일이지. 침몰한 배가 어디에 있는지, 그 속에서 어떤 상황에 부닥칠지, 어느 정도까지 잠수를 해야 할지 등등의 문제에 대한 답은 전혀 알 수가 없어."

"그런데 어떻게 그 오랜 세월을 잠수원으로 일할 수 있었나요?"

"꿈, 꿈이 있었기 때문에 버틸 수 있었지. 나는 바다 깊숙한 곳에 잠들어 있는 보물들과 비밀을 사람들에게 보여 주겠다는 꿈이 있었어. 이런 생각을 하면 뜨거운 피가 끓어올랐어. 끝을 알 수 없는 바다 속은 내가 주인공이 되는 무대였어. 그런 자부심과 성취감이 나를 지탱케 했고, 적지 않은 성공을 거둘 수 있게 해 주었지."

노인은 행복한 표정으로 자신이 탐사한 침몰선의 사진들을 보여 주었다.

이날 이후로 제임스는 먹고살 걱정만 하지 않을 정도로 살면 된다는 인생의 목표를 버리고 세계 최고의 경영자가 되겠다는 비전을 세웠다. 노인의 말대로 자아를 펼칠 수 있는 넓은 무대를 갖기로 결심한 것이다.

CEO로 성공한 뒤 제임스는 기자와의 인터뷰에서 이렇게 말했다. "스스로 어떤 모습의 사람이 되겠다고 결심을 하자 그동안 끈질기게 나를 괴롭혔던 많은 문제가 쉽게 해결되었습니다. 짓눌리고 답답했던 마음도 하루아침에 사라졌습니다. 마치 먼 곳에서 환한 등불이 비추는 것 같았죠. 예전에는 어디로 가야 할지 몰랐지만, 지금은 등불이 아주 먼 곳에 있어도 최소한 방향을 잃지 않게 되었습니다. 이런 느낌은 깜깜한 무대에서 두려움에 꼼짝도 하지 못하다가 일시에 조명이 켜지자 자신감 있게 연기를 할 수 있게 된 것과 같다고 하겠죠."

유능함을 인정받은 CEO들의 절대다수는 피라미드의 맨 아래서 출발해 한 발 한 발 정상으로 올라간 사람들이다. 그들의 공통된 성공 비결은 바로 높은 곳에 오르려는 마음을 잃지 않았다는 것이다.

노자, 상생경영을 말하다

인재는 기업 성장의 동력원이다

대국은 하류이므로 세상의 교착점이요, 세상의 모성 즉 부드러움 이다.

(大國者下流, 天下之交, 天下之牝.)

- 《도덕경》제61장

기업은 우수한 인재들을 키워야 발전할 수 있다. 그리고 성공한 기업은 더 많은 인재들을 수용할 수 있다. 이렇듯 기업과 인재는 서로 의지하며 발전하는 선순환 구조를 만든다.

세상 만물 가운데 가장 부드럽고 여린 것은 물이다. 하지만 물은 가장 강하고 단단한 물질도 통과할 수 있다. 낙숫물이 바위를 뚫는 것이 바로 '부드러움의 미덕'인 것이다. 물과 관련된 최고의 비유는 노자의 사상인 '상선약수(上善若水, 최상의 선은 물과 같다)'이다. 물은 만물을 이롭게 하면서도 다투지 않으므로 세상에서 가장 고귀한 선이라 말한 것이다. '강에 이르면 손님을 실어 보내고, 산을 벗어나면 백성의 밭을 기름지게 한다'는 말처럼 물은 인간과 자연에게 말없이 이로움을 선사한다.

인재를 적재적소에 배치하려면 경영자는 상선약수의 경지에 이르러야 한다. 이 말은 두 가지 함의를 갖고 있다. 첫째, 사람을 보는 눈이 있어야 한다. 경영자로서 직원들을 이해하면서 어떤 능력이 있는지를 식별해야 하는 것이다. 흔히 혼란스런 관리는 있어도 쓸모없는 인재는 없다고 한다. 한 사람이 전능할 수는 없으므로 경영자는 직무에 적합한 직원을 가려내서 활용해야 한다. 기술자에게 관리 업무를 맡기는 것은 부적절하다. 기술자는 십중팔구는 관리 업무를 제대로 할 수 없으므로 가장 잘할 수 있는 기술 업무에 종사하는 것이 합리적인 선택이다. 적재적소의 원칙을 지키면 인재는 자신의 가치와 재능을 최대한 발휘할 수 있다.

기업에서 어떤 사업이나 프로젝트를 진행하는 데 있어 가장 중요한 것은 인력이다. 복잡하고 치열한 시장 경쟁에서 이기려면 반드시 다양한 인재를 망라해야 한다.

제후국들이 천하를 다툰 춘추전국 시대에 제후들의 가장 절실한 과제는 뛰어난 인물을 수하에 두는 것이었다. 그들은 자신이 거느리는 인재의 수를 실력의 지표로 삼았다. 《좌전左傳》에는 조간자趙簡子의 '파격적인 인재 등용'에 관한 이야기가 등장한다.

군웅들이 할거하는 정세 속에서 조간자도 한 명의 제후로서 천하

제패의 꿈을 꾸고 있었다. 그는 노魯나라의 맹헌자孟獻子를 상당히 부러워했다. 맹헌자에게는 다섯 명의 출중한 가신이 있었기 때문이다. 때마침 숙향(叔向, 진晉나라의 현자)가 인재들을 초치하라는 건의를 하자 조간자는 선뜻 응낙했다.

조간자는 한 가지 특기나 재능을 가진 사람이라면 출신을 불문하고 문하의 식객으로 받아들였다. 그는 많은 인재를 얻기 위해 명문가나 귀족들이 독점하던 관직과 위계를 폐지하여 평민도 쉽게 자신의 휘하에 들어오게 했다. 특히 노나라 출신이어서 '적대적 인물'이라 할 수 있는 양호陽虎를 받아들여 조조로부터 존경을 받았다. 조조는 '구현령求賢令'이란 글에서 능력만을 볼 뿐 배경을 따지지 않는 조간자에게 무한한 찬사를 보냈다.

영웅과 인재들이 무수히 배출된 춘추전국 시대에는 스스로를 추천하는 모수자천毛遂自薦, 완벽完璧이라는 말을 만들어 낸 유명한 문객 인상여藺相如, 세 치 혀로 백만 대군을 물리친 소진蘇秦과 장의張儀 등이 눈부신 활약을 했다. 이들은 결정적인 시기에 위기를 해결한 공통점을 갖고 있다. 춘추전국 시대와 오늘날의 경제 전쟁, 문객과 기업의 인재는 유사한 면이 많다는 점에서 경영자들은 성공적인 비즈니스를 위해서는 인재 유치에 각별한 주의를 기울여야 한다.

암웨이Amway는 두 명의 창업자가 전쟁처럼 치열한 싸움을 하면서 세계적인 다국적 기업으로 성장했다. 그들이 가장 심혈을 기울인 일은 우수한 인재를 기용하는 것이었다. 인재는 기업 발전의 원천이자 성공의 자본이라는 사실을 잘 알고 있는 암웨이는 인재의 유치와 양성, 최고의 대우를 보장하는 정책을 실행했다.

암웨이는 직원을 채용할 때 업무, 인사, 재무 등의 책임자들이 팀을 이뤄 컨설팅 회사에서 작성한 '사례 분석' 문제로 면접시험을 본다. 응시자들은 1시간 동안 사례에 대한 설명과 분석을 해야 한다. 면접 팀은 응시자들의 관찰력, 소통 능력, 협동 정신, 인간관계 대처 능력, 비즈니스 마인드 등을 평가한다.

효과적인 선발 시스템을 통해 암웨이는 각 분야의 우수한 인력들을 고용한 뒤 많은 지원을 하여 엘리트로 성장시켰다. 그리고 이들은 암웨이가 지속적인 성장을 할 수 있는 원동력이 되었다.

마쓰시타 고노스케는 70여 년의 경영을 "중지衆智를 모으는 것이 무엇보다 중요하다"고 요약했다.

기업의 발전은 전적으로 우수한 인재에 달려 있다는 것은 주지의 사실이다. 현재의 우위를 유지하고, 미래의 경쟁에서 정상에 서려면 적극적으로 인재를 유치하고 키워 나가는 제도를 갖춰야 한다. 2005년에 리카이푸(李開復, 전 구글 차이나 사장이자 현재 벤처캐피털 업체 '이노베이션 웍스'의 회장)가 마이크로소프트에서 구글로 이직한 것은 IT업계의 두 거물이 벌이는 치열한 인재 확보 경쟁의 현실을 극명하게 보여 준 사례. 과학 기술은 하루가 다르게 발전하지만 사람의 역할은 변하지 않는다. 기업들의 경쟁은 결국 인재를 둘러싼 경쟁이다. 우수한 인력을 확보한 기업은 필살의 무기를 지녔다고 할 수 있다. 일류 수준의 인재가 근무하는 기업은 강력한 경쟁 업체들을 제치고 업계의 강자가 될 수 있다.

각고의 노력이 뒷받침되지 않은 비범한 성공은 없다

도에서 하나가 나오고, 하나에서 둘이 나오며, 둘에서 셋이 나오고, 셋에서 만물이 나온다. 모든 생명체는 어두운 음을 뒤에 짊어지고, 밝은 양기를 가슴에 끌어안지만 또한 두 기운을 어우러져 조화를 이루게 하여 끊임없이 변화하여 간다.

(道生一, 一生二, 二生三, 三生萬物, 萬物負陰而抱陽, 沖氣以爲和.)

– 《도덕경》 제42장

모든 사물은 무에서 유로, 작은 것에서 큰 것으로 발전한다. 지금은 큰 성공을 거둔 성공한 사람도 남의 눈에 띄지 않았던 초라한 청년 시절을 보낸 사람들이 많다. 그들의 막대한 재산은 일반 사람들에게는 행운이 선사한 선물처럼 느껴진다. 사실상 그들이 부를 쌓은 기초는 부모의 유산도, 로또 당첨도, 하늘에서 떨어진 재물도 아니다.

성공인이나 부호들의 화려한 생활을 보면서 많은 사람이 그들의 분투와 고난을 떠올리지 못한다. 중국 굴지의 상장회사를 소유한 억

만장자들 가운데 대다수는 무일푼에서 자수성가한 인물이라는 공통점을 갖고 있다.

2004년 중국 상장 기업 경영진 몸값 순위에서 1,404만 위안을 기록하며 1위를 차지한 둥팡東方그룹의 장훙웨이張宏偉 회장은 자수성가의 전형적인 인물이다. 그는 1978년에 50명의 인부를 이끌고 헤이룽장黑龍江성 후란呼蘭현 양린揚林 마을에서 처음으로 수주한 건설 현장에 뛰어들었다. 이때 그의 고정자산은 0원이었다. 간단한 공구와 인부들을 먹일 식비, 그리고 의욕 이외에는 아무것도 없었다. 공사는 장아찌 공장을 짓는 것이었다. 건설회사를 창업하기 10년 전에 장훙웨이는 육체노동에 종사하며 자금을 조금씩 모았고, 그것을 바탕으로 창업을 해 30년 만에 건설, 금융, 유통 등의 기업을 거느린 거대그룹의 회장이 되었다.

중국이 개혁개방 정책을 실시한 지 얼마 안 된 1982년에 현재 신시왕新希望 그룹의 류융하오劉永好 회장은 3명의 형과 함께 공무원을 그만두고 사업을 시작했다. 손목시계, 자전거까지 팔아 마련한 1,000위안으로 닭, 돼지, 메추라기를 키우기 시작한 그의 사업은 눈덩이 불어나듯 커져 마침내 중국 최고 재벌의 반열에 오르게 되었다. 1988년, 현재 융요우用友소프트의 왕원징王文京 회장은 국무원 재무관리국을 사직하고 사업을 시작했다. 5만원을 빌려 친구와 융요우 재무소프트 서비스회사를 차릴 당시 그의 사무실은 3평 정도로 협소했고, 사무기재는 컴퓨터 2대뿐이었다. 현재 융요우 소프트는 중국을 대표하는 소프트웨어 기업으로 성장했다.

노자, 상생경영을 말하다

자수성가한 부호들은 세계적으로 셀 수 없이 많다. 미국의 철강왕 앤드류 카네기는 1주일에 1.2달러를 버는 가난한 노동자였다. 철강 회사를 매각하여 4억 달러 이상의 자산을 확보할 정도로 엄청난 성공을 거두었지만, 그는 3억 5,000만 달러를 기부하여 세상을 놀라게 했다.

석유 재벌 록펠러는 주급 3.5달러를 받는 보잘것없는 직원으로 사회생활을 시작했다.

발명왕 토머스 에디슨은 어린 시절 철도의 급사로 신문과 과자 등을 파는 일을 했지만 불철주야 발명에 매달려 1,000개가 넘는 특허를 얻었다. 자신의 발명을 상품화하는 회사를 차린 그는 마침내 대자본가가 되었다. 그가 세운 제너럴일렉트릭스(GE)는 지금까지도 세계 최대의 다국적 기업의 하나로 명성을 떨치고 있다.

타이완 화학공업의 대부인 왕융칭王永慶은 쌀가게에서 시작해 피눈물 나는 노력을 하여 계열사 30개, 임직원 10만여 명, 매출 750억 달러에 달하는 기업을 일궈 냈다.

선조가 일군 기업을 노력을 통해 확장한 사례도 많다.

세계 최대 타이어업체인 미쉐린의 프랑수아 미슐랭 회장은 프랑스 남부의 클레르몽 페랑 시 부근의 작은 마을에서 유유자적한 생활을 즐기며 살았다. 클레르몽 페랑 시는 그의 할아버지인 에두아르 미슐랭과 그 형인 앙드레 미슐랭이 미쉐린 타이어를 창업한 곳이다. 1926년생인 프랑수아 미슐랭은 10세에 부모가 돌아가셨기 때문에 25세에 대학을 졸업하자마자 회사에 돌아와 후계자 수업을 시작했다. 1955년에는 할아버지, 작은 할아버지의 뒤를 이어 미쉐린 타이어의 3대 오너가 되었다.

합성고무가 발명된 지 얼마 안 된 시기에 에두아르 미슐랭과 앙드레 미슐랭은 미쉐린 타이어사를 설립했다. 두 형제는 자전거에 고무 타이어를 장착하면 자전거의 효율성과 수명이 크게 높아진다는 사실을 발견했다. 그래서 그림을 잘 그리는 에두아르는 파리 미술학교를 자퇴하고, 정치에 관심이 많았던 앙드레는 내무부 공무원직을 사퇴한 뒤 고향으로 돌아와 창업을 했다. 십수 년 동안 형제는 마차, 기차, 모터사이클, 항공, 전차의 타이어를 개발했다. 타이어를 단 교통수단들이 모두 미쉐린 타이어를 사용하게 되면서 미쉐린 타이어는 획기적으로 성장했다.

1955년, 미쉐린 타이어의 CEO가 된 프랑수아 미슐랭은 전 세계의 자동차에 자사의 타이어를 달게 하겠다는 야심을 품었다. 그 후 15년 동안 미쉐린은 유럽 전역에 공장 15개를 세웠다. 1970년부터 미쉐린 타이어는 북미 시장에 진출했고, 1980년대 이후에는 남미, 동유럽, 아시아에 합작 회사를 세웠다. 미쉐린 타이어는 세계 각국에 타이어 서비스 네트워크를 구축했고, 교통 지도와 여행 책자를 출간했다. 타이어가 필요한 곳 어디서든지 미쉐린이 제공하는 교통과 관광 정보를 사용할 수 있게 된 것이다.

미쉐린이 시장을 정복하게 된 관건은 기술 혁신이었다. 약 50년 동안 프랑수아 미슐랭의 능력과 장기적인 안목에 힘입어 미쉐린 타이어는 장족의 발전을 이룩했다. 그가 처음 CEO의 자리에 올랐을

노자, 상생경영을 말하다

당시, 미쉐린의 세계 시장 점유율은 6퍼센트로 10위에 불과했다. 이제 미쉐린은 세계 각국에 80여 개의 공장과 13만 명의 직원을 보유하고 있으며, 1일 생산량은 84만 개에 달한다. 기술 혁신에 힘입어 가장 작은 타이어는 200그램, 가장 무거운 타이어는 5톤에 달하고, 세계 타이어 시장의 19퍼센트를 점유하고 있다. 2000년, 영국의 유력 경제 전문 일간지 파이낸셜타임스는 크고 작은 타이어를 조합해 만든 미쉐린의 귀여운 마스코트이자 로고를 '20세기 최고의 브랜드 마크'라고 평가했다.

기업문화는
생존의 역량으로 작용한다

훌륭한 사람은 도를 들으면 이를 힘써 행하고, 보통 사람이 도를 들으면 반신반의하며, 어리석은 사람은 도를 들으면 크게 비웃는다. 비웃지 않는다면 도라고 할 수 없다.
(上士聞道, 勤而行之. 中士聞道, 若存若亡. 下士聞道, 大笑之. 不笑, 不足以爲道.)

‐《도덕경》제41장

만약 한 기업의 방침을 구성원들이 자발적으로 실천하게 하려면 기업문화가 확고해야 한다. 기업문화란 조직 내부에 형성된 독특한 문화 전통, 가치관, 행동 규범 등을 총괄하는 개념이다. 일반적으로 한 기업의 가장 기본적인 특징, 즉 기업의 생존 능력, 발전 동력, 행동 기준, 성공 비결 등은 기업문화의 핵심 내용이 된다. 공동의 가치관을 토대로 형성되는 기업문화는 보이지 않는 형식으로 구성원과 경영을 움직인다.

노자, 상생경영을 말하다

기업문화를 만들기 위해서는 먼저 기업정신을 배양해야 한다. 기업정신은 눈에 보이는 가시적인 것은 아니지만 정신적으로 느낄 수 있는 '경영 자산'이 되어 기업의 품격을 높이고, 시장 경쟁에서 살아남는 중요한 역량이 된다. 장기적인 생산과 경영을 통해 서서히 형성되는 기업정신은 전체 임직원이 공유하는 이상, 가치관, 신념을 의미한다. 현대적인 기업정신은 기업문화의 핵심이다. 기업의 특성을 갖춘 기업정신은 업종의 특징, 생산 기술, 경영과 관리, 직원의 자질 등을 반영하고 있다.

우량 기업은 예외 없이 고유한 기업문화를 가지고 있다. 세계적인 기업들이 무수한 경쟁에서 살아남은 원인은 끊임없이 기업문화를 가꾸었기 때문이다. 지식경제가 발전하면서 기업문화는 기업의 흥망성쇠에 갈수록 더 큰 역할을 하고 있다. 기업문화가 발휘하는 힘은 조금도 퇴색하지 않을 것이다.

세계적으로 긴 역사를 자랑하는 기업들의 공통점은 핵심 가치관을 지켜 나가면서 기업문화를 풍부하게 한다는 것이다.

휴렛패커드는 1939년에 스탠포드 대학 출신의 빌 휴렛과 데이브 패커드가 공동 설립한 회사다. 그들이 처음 생산한 제품은 통신, 탐사, 의학 등에 사용되는 음향발진기(시간과 온도의 변화에 따라 변하는 음성 신호를 자동으로 조절하여 원음을 재생시키는 일종의 피드백시스템)였다. 이들은 창립 초기에 기술과 공정 기술 시장에 창의적이고 고품질의 전자기기를 내놓는다는 목표를 세웠다. 확고한 경영 이념은 직원 고용에 그대로 적용되었다. 다시 말해, 창업자의 가치관에 맞는 직원들을 선발하여 경영 이념을 심어줌으로써 핵심 가치관을 형성한 것이다.

휴렛패커드의 가치관은 자체적인 자본 조달, 개혁과 혁신, 팀워크를 중시하는 것이다. 이러한 가치관은 뚜렷한 개성을 가진 기업문화로 정착했다. '휴렛패커드 모델'로 불리는 기업문화는 고객, 주주, 직원들의 이익과 수요를 만족시키는 데 주력하면서 창의성을 고취하는 촉매 역할을 했다. 휴렛패커드의 분위기는 다양한 특징으로 나타났다. 자기 계발, 성과 관리, 온화한 개혁, 해고 없는 완전 고용, 맹목적인 사세 확장 금지, 자유로운 업무 환경, 공개적이고 투명한 작업 분위기 등이 그러하다. 고유의 우수한 기업문화와 경영 방식은 휴렛패커드의 성장을 촉진하여 1950년대에서 1960년대 사이에 순이익이 107배 증가했고, 1957년에서 1967년까지 주가는 56배, 투자회수율은 15퍼센트에 달하는 기록을 세웠다.

1990년대 이후 휴렛패커드는 컴퓨터 분야에 중점적으로 투자하여 이제는 세계 최대의 컴퓨터 프린터 제조 메이커가 되었다. 회사 규모가 끊임없이 확장되면서 기업문화도 더욱 풍부해졌고, 사회와 시장 환경의 변화에 따라 문화의 내용도 혁신을 거듭했다. 1990년대 이래로 젊은 경영진은 휴렛패커드의 전통적인 핵심가치관을 보존하면서도 시대에 맞지 않는 문화를 버리고 새로운 가치관을 만드는 데 힘쓰고 있다.

하버드 경영대학원의 교수이자 리더십 연구의 대가인 존 코터는 기업문화를 이렇게 설명했다. "개혁을 거쳐 새롭게 만들어진 기업문화에는 시장 경영을 위해 합리적으로 분석한 환경을 반영하고 있다.

노자, 상생경영을 말하다

따라서 환경에 대한 적응성은 기존의 기업문화보다 훨씬 높다고 할 수 있다."

기업문화가 충실해지면서 휴렛패커드는 1990년대 이후 눈부신 발전을 이룩했다. 역으로 말하면, 휴렛패커드의 발전은 기업문화에 크게 기대고 있는 것이다. 무엇보다도 직원들을 존중하고 성과를 중시한 것은 직원들에 대한 신뢰를 표시한 것이다. 또한 고객 제일주의의 경영관을 실천하기 위해 기술력 높은 제품을 생산했고, 주주들에게 극진한 서비스를 제공한 것도 기업 발전의 추동력으로 작용했다.

존 코터는 "휴렛패커드가 거둔 성공의 기본 요인은 완벽한 문화 시스템이다. 회사가 장기적으로 양호한 영업 실적을 유지하는 데 기업문화가 큰 기여를 했다는 데에는 의심의 여지가 없다"라고 분석했다.

기업이 지속적으로 성장하기 위해서는 기업문화의 한 요소인 핵심 가치관이 효과를 발휘해야 한다. 그리고 기업문화는 개방적이면서 시장 변화에 따라 적시에 조정될 수 있는 역동성을 갖춰야 한다.

브랜드를 완성시키는 것은 바로 제품의 품질이다

도를 도라고 말할 수 있다면, 이는 항상 변함없는 참된 도가 아니다. 그 존재를 말로 표현할 수 있다면 항상 변함없이 내면에 있는 참된 존재라 할 수 없다.

(道可道, 非常道, 名可名, 非常名.)

- 《도덕경》 제1장

브랜드를 유명하게 만드는 원동력은 제품의 품질이다.

기업의 이윤은 소비자의 구매에 의해 만들어진다. 아무리 유명한 브랜드라 하더라도 제품의 품질이 뒷받침되지 못하면 결국 몰락의 길을 걷게 된다. 세계 500대 기업들을 살펴보아도 그들은 질 좋은 제품으로 브랜드 가치를 인정받았다.

중국은 개혁개방 정책을 실시한 이후 30년이라는 짧은 시간 동안 유명 브랜드가 등장했다가 사라지는 변화를 겪었다. 쥐런巨人그룹,

노자, 상생경영을 말하다

아이둬愛多 VCD, 싼주三株드링크제, 친츠주秦池酒, 더융德隆 등이 대표적이다. 기업의 발전은 브랜드의 발전이라 할 수 있는데, 어렵사리 구축한 브랜드의 어이없는 몰락은 안타까운 일이 아닐 수 없다.

유명 브랜드가 되기 위해서는 대대적으로 이름이 알려져야 하지만, 단순히 지명도만 높여서는 곤란하다. 품질이 보장되지 않은 채 이름만 알려진다면 일순간에 무너질 수 있기 때문이다.

쿵푸옌주孔府宴酒와 친츠주는 이제 거의 잊혀진 브랜드가 되었다. 하지만 이들은 1995년에서 1997년 사이에 언론의 대대적인 보도에 힘입어 일약 전국적인 술로 부상했다. 산둥 지역의 작은 양조장에서 생산된 쿵푸옌주와 친츠주가 전통 명주인 마오타이茅台, 우량예五糧液에 뒤지지 않을 정도로 유명해진 것이다. 쿵푸옌주는 1995년에 CCTV가 선발한 '올해의 브랜드'로 선정되었지만 유명세를 이어갈 만한 기술 개발과 신제품 출시가 없었다. 설상가상으로 바이지우白酒가 다른 주종에 밀려 시장이 작아지면서 바이지우의 일종인 쿵푸옌주는 큰 타격을 입고 기사회생하지 못했다. 2002년에 이르러 거액의 부채를 진 쿵푸옌주의 오너는 무상으로 회사를 다른 업주에게 넘기는 수모를 당했다.

1990년대 초반에 파산 위기에 몰린 친츠주 회사는 가격 전쟁이 한창이던 바이지우 시장에서 일전을 불사하고 국영 방송인 CCTV에 거액의 광고를 했다. 그 결과 1995년과 1996년, 2년 연속으로 '올해의 브랜드'로 뽑혔다. 언론 매체의 집중 보도도 친츠주의 인지도 향상에 한몫했다. 그러나 브랜드 효과에 비해 매출은 대량의 광고비를 감당할 만한 정도로 올라가지 못했다. 더욱 심각한 문제는 친츠 주가 시장에서 안정적인 위상을 확보하지 못했고, 다른 주종에 비해 월등한 특색이 없었다는 것이다. 모래성처럼 부실한 브랜드의 부담 을 짊어지게 된 친츠주는 심지어 다른 양조장에서 만든 술을 포장하 여 판매하는 무리수를 두었다. 소비자를 기만하는 행위가 적발되자 친츠주의 명성과 인기는 순식간에 바닥으로 떨어졌다. 1997년에는 3억 2,000만 위안의 막대한 광고비를 지출할 정도로 사세가 확장되 었지만, 브랜드 이미지가 무너진 결과 2002년에는 파산을 면할 수 없었다.

주류에 이어 IT분에서도 브랜드의 급부상과 몰락 현상이 나타났 다. '아이둬'는 파산했고, '뿌뿌까오步步高'는 구조조정에 들어갔으며, '판다'는 재무 악화로 재기 불능 상태가 되어 합병되었다.

대다수의 소비자들은 하이얼이 중국의 유명 브랜드라고 생각한다. 하이얼 그룹은 1980년대 중반에 외국 기술을 도입하여 냉장고를 생 산한 이래로 백색가전에서 성공을 거두었다. 그러나 투자 분야와 제 품의 다원화 정책에 따라 기존의 제품과 전혀 상관없는 휴대폰, 컴퓨 터, TV, 의약품 분야까지 진출해 참담한 실패를 했다. 하이얼 브랜드 로 출시되었지만 소비자들이 눈길도 주지 않았기 때문이다. 무엇보 다도 소비자들이 종전에 가졌던 호의적인 브랜드 이미지가 추락하는 타격을 입었다.

현실적으로 한 브랜드가 이미지로 버틸 수 있는 데에는 분명히 한 계가 있다. 그래서 중국 내 많은 가전회사들이 하이얼과 같은 실패를

노자, 상생경영을 말하다

겪었다. 렌상聯想도 휴대폰과 TV에 투자했다가 실패를 면치 못했다. 브랜드 이름과 내실이 함께 가지 않으면 냉정한 시장에서 살아남기란 결코 쉬운 일이 아니다.

제2장

리더의 인격과 역량이
조직의 성패를 좌우한다

CEO는 남의 머리를 빌려 쓸 줄 알아야 하지만, 자신의 날카로움은 잘 감추었다가 적당한 시기에 드러내야 한다. 모름지기 노련하고 유능한 경영자는 내유외강(內柔外剛)하면서 솜 속에 바늘을 감춘 듯 행동해야 한다. 노자는 남의 지혜를 빌리지 않고 자신의 재능도 아끼지 않는다면 미혹할 것이라고 했다. CEO는 자신의 지혜를 충분히 발휘하여 조직의 발전과 성과를 이끌어 내야 한다.

리더의 지혜는 조직의 발전에
결정적인 역할을 한다

그 스승을 귀하게 여기지 않고 자신의 재능을 아끼지 않으면 비록 지혜롭다할지라도 크게 미혹할 것이다. 그런 것을 알아서 고쳐 가는 것이 지혜로움을 완성하는 묘법이로다.

(不貴其師, 不愛其資, 雖智大迷, 是謂要妙.)

－《도덕경》제27장

CEO는 남의 머리를 빌려 쓸 줄 알아야 하지만, 자신의 날카로움은 잘 감추었다가 적당한 시기에 드러내야 한다. 모름지기 노련하고 유능한 경영자는 내유외강內柔外剛하면서 솜 속에 바늘을 감춘 듯 행동해야 한다.

미국에서 1920년대에 금주법이 실시되자 아먼드 해머는 이를 피해 돈을 벌 구상을 했다. 대부분의 주류는 판매가 금지되었지만 진저에일 맥주는 예외가 되어 대중의 사랑을 받았다. 아먼드 해머는 재빨

노자, 상생경영을 말하다

리 진저에일에 들어가는 생강을 인도, 나이지리아 등지에서 수입하여 폭리를 취했다.

이후 프랭클린 루스벨트는 대선 과정에서 승리가 눈앞에 보이자 금주법 폐기를 주장했다. 해머는 금주법이 풀리면 술 수요가 급증할 것이라 예견하여 술통의 재료인 목재를 대량으로 사들여 술통 공장을 세웠다. 예상대로 금주령이 해제되자 주류 판매량은 수직 상승했고, 남들보다 앞서 가는 사업적 안목과 실천력을 지녔던 아먼드 해머는 거부가 되었다.

노자의 "남의 지혜를 빌리지 않고 자신의 재능도 아끼지 않는다면 미혹할 것이다"라는 말을 경영에 대입한다면, CEO는 현명하게 자신의 역할을 분명히 하여 조직의 발전을 이끌어야 한다는 뜻으로 해석할 수 있다.

뉴욕 주 엔디코트에 위치한 IBM 교육센터 입구의 돌로 만든 간판에는 '교육은 끝이 없다'는 글이 새겨져 있다. 창업자 토머스 왓슨은 임원들은 업무 시간 중 40~50퍼센트를 부하 교육과 훈련에 써야 한다고 강조했다. 그의 후임자들은 이 원칙을 지금까지 고수하고 있다.

만약 마케팅 책임자가 1년 동안 트레이닝을 받은 뒤 더 이상 업무상 필요한 공부나 훈련을 받지 않는다면 퇴보할 수밖에 없다.

통계에 의하면, 경험이 풍부한 IBM의 마케팅 책임자들은 매년 최소한 15일을 강의실에서 보내고, 특수 업종에 관한 교육과 회의에 참여한다. 본사에서는 독서 리스트를 지정하지는 않지만, 대량의 연구 자료를 지사나 자회사에 제공한다. 1주에 한 번씩 기획안을 만들고, 평균 10종의 신제품을 개발하기 때문에 IBM의 영업사원들은 대량의 정보를 소화해야 한다. 새로운 정보를 영업에 활용하기 위해 영업사원들은 업무 시간의 15퍼센트를 학습과 훈련에 할애해야 한다.

IBM은 영업 사원의 교육을 중시하지만, 관리직 직원들의 훈련도 그에 못지않게 중시하며 사내에서 톱클래스의 엘리트를 관리직 직원으로 선발한다. 하지만 스펙이 좋은 직원들도 반드시 교육 프로그램을 이수해야만 한다.

직원 교육에 대규모 투자를 하는 IBM의 1년 교육 예산은 6억 달러에 달한다. 회사의 미래를 결정하는 것은 직원들의 능력이므로 거액의 투자는 필수 불가결하다는 것이 창업자 토머스 왓슨과 그 후임자들의 일치된 생각이다.

인력 수준의 향상은 기업의 미래에 밝은 등이 켜지는 것이나 마찬가지이므로 경영자는 직원 교육에 힘쓰지 않을 수 없다. 그런데 직원들의 자질 향상은 회사의 발전 속도와 발맞춰야 한다. 회사는 계속해서 발전하는데 직원들의 의식이 제자리에 머물러 있다면 궁극적으로는 환경의 변화를 따라잡지 못해 퇴보하게 된다.

회사의 정책을 결정하는 경영자에게 '지혜'는 기본적으로 갖춰야 할 조건이다. 중국에서 '상업의 조상'이라 불리는 전국 시대 인물 백규白圭는 상인이 갖춰야 할 자질로 '지(智, 지혜), 용(勇, 용기), 인(仁, 자애심), 강(强, 굳셈)'을 꼽았다. 이중에서도 으뜸이 되는 것은 '지혜'로, 곧 눈과 귀가 밝아 올바른 판단을 할 수 있어야 한다는 것이다.

노자, 상생경영을 말하다

냉정한 비즈니스 세계에서 진정성은 상대를 움직이는 힘이 될 수 있다

다른 사람의 현명하고 현명치 못함을 분별하는 것은 지혜이고, 자기의 현명함과 현명하지 못함을 아는 것은 마음에 한 점의 티끌도 없는 밝음이다.

(知人者智, 自知者明.)

- 《도덕경》 제33장

지혜(智)는 자신을 잘 아는 것이고, 밝음(明)이란 명료한 의식을 의미한다. 지혜는 외부세계의 영향으로 후천적으로 갖춰지는 것으로, 현상에 대한 이해와 인식으로 제한적이고 주관적인 성격을 띠고 있다. 상대적으로, 밝음이란 세계의 본질에 대한 인식으로 한계가 없고 객관적이다. 그런데 참된 앎은 반드시 도에서 구해야 하고, 자신을 아는 사람이야말로 깨달음을 얻었다고 할 수 있다

사업에서 필요한 가장 좋은 담보는 자기 자신이다. 물질적인 담보

가 아니라 성의와 열정을 효과적으로 증명한다면 상대에게 무한한 신뢰를 줄 수 있기 때문이다.

리자청은 플라스틱 공장을 차린 지 얼마 안 돼 사업을 확장하기 위해 홍콩에서 가장 실력이 뛰어나다는 플라스틱 기술자를 거액을 지불하고 스카우트하여 신제품을 속속 개발했다. 하지만 자금과 설비 부족으로 생산 규모를 늘릴 수 없는 곤경에 처했다. 몇 년 전에도 같은 위기를 겪었던 리자청은 겁이 나서 밀려드는 주문을 모두 받을 수 없었다.

자금난을 해결하기 위해 리자청은 은행 대출을 생각했다. 하지만 은행에서 빌릴 수 있는 액수는 유동자금으로 충당할 수 있는 정도였다. 창장長江실업이라는 작은 회사의 오너인 리자청이 은행에 제공할 수 있는 담보는 거의 없었다.

리자청이 자금 확보에 부심할 때 뜻밖의 기회가 찾아왔다.

유럽의 한 바이어가 리자청 회사의 영업사원이 보여 준 플라스틱 조화 샘플을 보고 큰 관심을 보인 것이다. 홍콩으로 즉시 날아온 바이어는 리자청의 제품이 이탈리아 시장에 나온 플라스틱 조화보다 질이 훨씬 좋고 값도 싸다며 공장을 방문하겠다고 했다. 공장을 견학한 그는 작고 누추한 공장에서 세계적인 플라스틱 조화를 만든 사실에 놀라움을 감추지 못했다. 바이어는 리자청에게 솔직하게 소감을 털어놓았다.

"나는 일찍부터 홍콩에서 제조한 플라스틱 조화에 흥미가 있었습니다. 홍콩 사람들이 만든 플라스틱 조화는 세계적인 품질이지만 값

노자, 상생경영을 말하다

은 유럽 제품의 절반에 불과합니다. 대량으로 수입을 하고 싶은데, 이 회사의 생산 규모로는 주문량을 맞추기 힘들 것 같습니다. 나는 당신이 만든 제품에 신뢰를 갖고 있으니 먼저 거래를 시작합시다. 단, 자금력이 있는 회사나 개인이 보증을 서야 합니다."

리자청은 바이어가 유럽과 북미, 즉 플라스틱 조화의 가장 큰 시장에 판매망을 갖고 있다는 사실을 알고 있었다. 이 바이어와 거래를 하게 되면 회사의 미래가 탄탄대로를 걷게 될 것이라 생각한 리자청은 이 기회를 놓치지 않기로 마음먹었다.

그러나 현실적으로 보증을 서 줄 사람을 찾기가 쉽지 않았다. 기반이나 자본력이 없는 리자청은 이 큰 기회이자 도전이 넘을 수 없는 벽처럼 생각되었지만, 해 볼 수 있는 모든 노력을 하기로 결심했다.

바이어가 돌아가는 날, 리자청은 그가 묵고 있는 호텔로 찾아갔다. 호텔 커피숍은 이른 아침이어서 매우 조용했다. 리자청은 별말 없이 가방에서 샘플 9개를 꺼내 바이어 앞에 진열했다. 샘플은 꽃, 과일, 나무를 각기 3개씩 만든 것이었다. 리자청은 입을 떼지 않고 조용히 바이어의 표정 변화를 읽었다. 그는 이 바이어를 통해 유럽 시장에 진출할 수 있기를 열렬히 바랐지만, 보증인을 구하지 못했기 때문에 바이어가 주문을 할 가능성은 희박했다. 하지만 리자청은 마지막으로 최선을 다하기 위해 디자이너와 밤샘 작업을 해서 샘플을 만들어 왔다. 이 샘플로 바이어의 마음을 움직일 수 있으면 다행이고, 그렇지 않으면 선물로 주고 다음 기회를 기다리기로 작정했다.

기회는 자주 오지 않지만, 일단 기회를 만나면 쉽게 포기하지 말아야 한다는 것이 리자청의 평소 생각이었다. 이 순간 리자청은 상담의 성패를 좌우할 바이어의 표정을 읽기 위해 잔뜩 긴장했다. 그런데 바이어는 샘플을 10분 이상 바라보면서 아무 말도 하지 않았다. 다만 정교한 보라색 포도 샘플에 완전히 마음을 빼앗긴 듯했다. 이 모습에서 리자청은 상담이 성사되리라 직감했다. 밤을 새워 빨갛게 충혈된 리자청의 눈을 본 바이어는 이 젊은이의 성실함과 끈기에 마음이 열렸다. 하루도 안 되는 짧은 시간에 9개의 완벽한 샘플을 만든 것도 바이어에게는 놀라움 그 자체였다. 더욱이 바이어는 샘플을 세 개만 만들어 달라고 했는데 무려 9개나 만든 정성과 기민함에 감동하지 않을 수 없었다. 바이어가 드디어 입을 열었다. "이 샘플들은 내가 이제껏 보았던 플라스틱 조화 가운데 가장 아름답습니다. 도저히 흠잡을 데가 없습니다. 이제 본격적으로 상담을 시작합시다."

이제 회사나 개인의 신용담보서를 내놓아야 했지만, 리자청은 바이어를 만날 때까지 담보를 마련하지 못했다. 리자청은 진솔하게 상대에게 사정을 이야기했다.

"샘플에 대해 극찬을 해 주시니 저와 디자이너가 시간과 정성을 들인 것이 헛되지 않은 듯합니다. 바라건대, 사장님과 꼭 비즈니스를 하고 싶어 하는 저의 절실한 심정을 알아주십시오. 하지만 솔직히 말해 저는 담보를 서 줄 만한 보증인을 찾지 못했습니다. 정말 죄송합니다!" 바이어는 리자청의 말을 예상했다는 듯한 표정을 지으며 별다른 반응을 보이지 않았다.

그러자 리자청은 자신감과 결기가 담긴 말을 이어 나갔다.

노자, 상생경영을 말하다

"저의 성실성과 능력을 믿어 주십시오. 저는 빈손으로 사업을 시작하여 작지만 알찬 업체를 경영하고 있고, 신용도 많이 쌓았습니다. 바닥에서 출발하여 열심히 일한 결과 친구와 지인들의 도움으로 지금까지 왔다는 사실을 알아주셨으면 합니다. 저의 공장을 살펴보셨으니 관리 상황과 제품의 질을 확인하셨을 것입니다. 그러니 저와 파트너가 되셔서 장기적으로 좋은 협력 관계를 유지하기를 바랍니다. 현재 저희 회사의 생산 규모가 만족스럽지 않으시겠지만, 생산 규모를 최대한 늘려 가겠습니다. 가격은 홍콩에서 가장 낮은 가격으로 책정하겠습니다. 저는 단기적인 이익에 연연하지 않으면서 거래 업체들과 협력하며 장기적으로 사업을 한다는 원칙을 지키고 있습니다."

진심에서 우러난 리자청의 설득에 바이어는 마음이 움직였다.

"당신의 소신과 원칙을 지지하고 동의합니다. 내가 홍콩에 온 이유는 신뢰할 만한 파트너를 찾기 위해서입니다. 당신이 담보 문제를 걱정하고 있다는 것을 잘 알고 있습니다. 그 점은 더 이상 우려하지 않아도 됩니다. 나는 당신 자신이 가장 좋은 보증인이라고 믿습니다. 당신의 진심과 신용이 가장 좋은 담보가 될 것입니다."

두 사람은 서로를 믿고 있다는 사실에 흐뭇한 미소를 지었다. 담보 없이 자신을 보증인으로 하여 성사된 거래는 리자청이 후일 이룩한 성공의 밑거름이 되었다.

비즈니스에서 때로는 상대에게 자신감과 진심을 담보로 내세우는 것이 가장 훌륭한 보장이 될 수 있다.

실책을 줄이기 위해서는
정확한 분별력을 길러야 한다

진실한 말은 아름답지 않고, 아름다운 말에는 진실이 담겨 있지 않다. 참다운 사람은 변명을 하지 않고, 변명을 잘하는 사람은 참다운 사람이 아니다. 많이 아는 사람은 참으로 알고 있는 것이 아니고, 떠벌리는 사람은 아는 것이 없다. 성인은 자신을 위해 쌓아 두지 않고 남을 위하기 때문에 더욱 있게 되고, 남에게 무엇이나 다 주지만 그로 인해 더욱 풍요로워진다. 하늘의 도는 이롭게 하지만 해치지 않고, 성인의 도는 일을 행하여 다투지 않는다.

(信言不美, 美言不信. 善者不辯, 辯者不善. 知者不博, 博者不知. 聖人不積, 旣以爲人, 己愈有, 旣以與人, 己愈多. 天之道, 利而不害, 聖人之道, 爲而不爭.)

- 《도덕경》 제81장

진실한 말은 듣기에 좋지 않고, 듣기 좋은 말은 진실하지 않다.

제齊나라 위왕威王이 즉묵卽默 현의 대부를 만난 자리에서 이렇게 말했다.

"공이 즉묵 현에 부임한 이래로 많은 사람들이 비판을 했다. 그런

노자, 상생경영을 말하다

데 내가 사람을 보내 조사하게 했더니 황무지를 개간하여 경작지를 늘렸고, 백성의 생활이 풍족하고, 억울한 송사를 모두 해결하는 등 선정을 폈다는 보고를 했다. 이렇듯 현을 잘 다스렸는데도 비방을 받은 것은 공이 나의 측근들에게 뇌물을 주지 않았기 때문이라는 사실을 알게 되었다." 즉묵 대부의 진실함을 칭찬한 위왕은 봉토 1만 호를 상으로 내렸다.

뒤이어 동아東阿 대부를 부른 위왕은 다음과 같은 말을 했다.

"공이 태수가 된 후 나는 매일 공을 칭찬하는 말을 들었다. 그런데 내가 사람을 보내 동아 지역을 살펴보게 하니 백성이 굶주림에 시달리고 있고, 논과 밭은 황무지가 되었다고 했다. 조나라가 견성甄城을 공격했을 때 지원하지 않았고, 위나라가 설릉薛陵에 쳐들어왔을 때는 그 사실조차 알지 못했다. 그럼에도 불구하고 공은 조정 신하들을 뇌물로 매수하여 나에게 거짓된 칭찬을 하게 만들었다."

도가에서는 '마음을 비우고 배를 채우라'고 가르친다. 허황되지 않게 실속을 추구해야 하는 진리는 경영에도 적용된다. 말만 그럴듯할 뿐 실력을 갖추지 못한 사람에게 중책을 맡겨서는 안 되는 것이다.

우리의 일상에는 광고가 가득하다. 텔레비전을 켜도, 신문을 펴도 온통 광고가 넘쳐 난다. 거리를 걸어도 곳곳에 광고가 눈에 띈다. 광고가 경제 발전에 지대한 역할을 하는 것이 사실이지만, 광고의 신뢰도가 어느 정도인지 의심하지 않을 수 없다.

돈세탁, 마약 판매와 더불어 중대 범죄로 꼽히는 기업 사기가 최근 중국에서 성행하고 있다. 상상을 초월하는 사기 수법들로 인해 피해

자들이 속출하고 있어 정부에서도 특단의 조치를 강구하고 있다.

요즘 폭발적인 인기를 얻고 있는 프랜차이즈와 특허 경영은 특허권이 있는 기업이 가맹점 개설을 통해 브랜드와 판매망을 키우는 것으로, 창업을 원하는 수많은 투자자들의 창업 수단이 되었다. 그러나 가맹점 가입 경쟁을 도와준다는 명목으로 사기가 횡행하고 있다.

베이징의 한 화장품회사는 미국과 제휴하여 얼굴의 상처 복원 특허기술을 획득했다는 광고를 했다. 투자자는 1년에 최소한 30만 위안, 많으면 100만 위안의 수익을 올릴 수 있다고 했지만 이 회사 화장품은 전혀 효과가 없고, 오히려 붉은 반점과 가려움증 등의 부작용이 있었다. 제휴했다는 회사도 허구였고, 특허권도 투자자를 유인하기 위한 거짓말임이 드러났다.

한 사람의 지식과 사고능력은 한계가 있고, 아무리 머리가 좋은 사람이라도 때로 잘못된 판단과 오해로 인해 실수를 한다. 그러므로 과실을 피하기 위해서는 '진실한 말은 듣기 좋지 않고, 듣기 좋은 말은 믿을 만하지 않다'는 사실을 명심해야 한다.

노자, 상생경영을 말하다

관용의 정신이
직원들의 창의성을 높인다

알면서도 모르는 듯 하는 것이 최상의 덕이고, 모르면서 아는 척하는 것은 병이다. 병을 병으로 인정하면 병이 되지 않는다. 성인이 병이 없는 것은 자기의 병을 알기 때문이다.

(知不知, 尙矣, 不知不知, 病矣. 夫唯病病, 是以不病. 聖人不病, 以其病病, 是以不病.)

- 《도덕경》 제71장

마쓰시타 고노스케는 고객의 높은 요구를 만족시킬 때 직원의 자질과 수준이 향상되므로 까다로운 고객에게 감사해야 한다고 말했다. 고객의 불평불만은 기업에 대한 경고이므로 성심성의껏 불만 사항을 처리하는 것은 좋은 기회로 연결될 수 있다.

회장으로 오랫동안 재직한 마쓰시타 고노스케는 고객들로부터 많은 편지를 받았다. 한 대학의 교수가 학교에서 구매한 마쓰시타 제품이 고장 났다는 편지를 보낸 적이 있다. 마쓰시타는 곧바로 관련 직원을 보내 문제를 해결하도록 했다. 교수는 처음에는 불만을 숨기지 않았지만, 직원이 정중하게 해명을 하고 고장 난 제품을 수리해 주자 이에 감동하여 다른 학교에 제품을 팔 수 있게 알선해 주는 호의를 보였다. 성의를 다해 고객의 불편함과 불만을 해결해 주면 의외의 기회를 얻을 수도 있다.

고객의 불만을 해소해 줌으로써 좋은 기회를 얻을 수 있다는 적극적인 사고방식은 확실히 긍정적인 결과를 불러온다. 미국의 한 고객 조사에 의하면, 기분이 상했지만 불만을 말하지 않은 고객이 다시 매장을 찾는 비율은 약 30퍼센트다. 불만을 말했지만 만족할 만한 해결을 보지 못한 고객이 다시 매장을 찾는 경우는 40퍼센트다. 문제가 해결되지 않더라도 불만 사항을 털어놓은 고객은 적어도 불쾌함을 털어놓았기 때문에 말을 하지 않은 경우보다는 마음속의 앙금이 적어 같은 매장을 찾는 비율이 높은 것이다. 주목할 만한 사실은, 회사가 성의 있게 불만 사항을 해결하면 불만을 가졌던 고객이 재구매를 하는 비율이 무려 90퍼센트에 달한다.

조사에서 알 수 있듯이 기업은 고객이 불만을 갖지 않도록 최선을 다해야 하지만, 만일 문제가 생겼을 때는 모든 방법을 동원하여 신속하게 해결해야 고객의 만족도를 높일 수 있다. 그러므로 고객이 서슴지 않고 불만을 토로하도록 하면 기업은 자체적인 문제점을 해결할 수 있고, 이를 계기로 고객의 충성도(loyalty)도 높일 수 있다.

IBM에서 일어난 한 사건은 개혁 실패에 대한 관용적인 태도를 여실히 보여 주고 있다. 고급 임원이 회사의 혁신 작업을 주도하면서

노자, 상생경영을 말하다

큰 실수를 범해 1,000만 달러의 손실을 초래했다. 많은 사람이 그를 해고해야 한다고 했지만 회장은 한 번의 실수는 개혁정신의 '부산물'이라며 해직을 반대했다. 회장이 그를 너그럽게 봐준 까닭은 그의 능력과 진취적인 성격을 높이 샀기 때문이다.

해고를 면한 임원은 재기하여 중요 직책을 거치면서 회사에 큰 기여를 했다. 후일 회장은 사고를 저지른 직원을 왜 해고하지 않았냐는 질문에 "만약 그를 해고하면 회사에서 1,000만 달러의 학비를 그냥 낭비했을 것이다. 하지만 그가 실수를 한 뒤 분발했기 때문에 그에게 투자한 학비를 건질 수 있었다"라고 대답했다.

타임워너 그룹의 스티브 로스 회장은 생전에 "우리 회사에서 실수를 하지 않는다면 해고할 것이다"라며 직원들의 실수는 발전 과정에서 필수적인 것이라고 주장했다. 실리콘밸리의 벤처 사업가들은 "실패는 허락하지만 혁신하지 않는 것은 용납할 수 없다" "모험을 즐기는 사람에게는 상을 주고, 모험을 하다 실패한 사람을 벌주지 않는다"는 가치관을 신봉한다. 이런 분위기를 혹자는 '실패를 두려워하지 않는 정신이야말로 실리콘밸리의 최대 장점'이라고 분석했다.

혁신을 시도하다 실패한 사람에게 관용적인 태도는 이제 누구나 인정하는 혁신의 중요한 정신이 되었다.

신용은 성공과 이윤을 부르는 밑천이다

성인은 고정된 마음이 없으니 백성의 마음을 자신의 마음으로 삼는다. 백성이 선량하면 진실로 그들을 선량하게 대하고, 설사 선량하지 않더라도 선으로써 행한다. 그래서 모두가 선하게 될 수 있다. 믿음이 있으면 믿음으로 대하고, 믿음이 없더라도 믿음으로 대하니 모두가 믿음을 가지게 된다. 성인은 천하 사람들을 그대로 받아들이고, 천하를 다스릴 때 그 마음을 천하의 백성과 혼연일체가 되게 한다. 그 결과 백성은 그들의 귀와 눈을 성인에게 집중시키고, 성인은 그들을 모두 어린아이처럼 여긴다.

(聖人無常心, 以百姓之心爲心. 善者吾善之, 不善者吾亦善之, 德善也, 信者吾信之, 不信者吾亦信之, 德信也. 聖人在天下歙歙焉, 爲天下渾其心. 百姓皆注其耳目焉, 聖人皆孩之.)

- 《도덕경》 제49장

마쓰시타 고노스케는 생전에 "마쓰시타는 먼저 사람을 만들고, 그다음으로 제품을 생산한다"라며 사람의 중요성을 역설했다.

마쓰시타 전기는 인재를 아끼는 것으로 유명했는데, 특히 직원들

노자, 상생경영을 말하다

의 심리적 안정과 성취감을 위해 독특한 조직 관리 문화를 구축했다. 마쓰시타 고노스케는 소통은 사람들끼리 마음을 헤아리고 감정을 나누는 것이라는 전제하에 CEO는 직원들의 입장에서 사고하고, 그들의 마음을 얻는 데 많은 노력을 해야 한다고 강조했다. 소통과 이해를 중시하는 분위기가 정착되어야 구성원들이 열과 성을 다해 업무에 임하고, 기업이 영원히 존재할 수 있게 되는 것이다.

중국의 전통 상인인 진상(晉商, 산시 출신의 상인을 지칭)들은 책에서 얻은 지식으로 부를 축적하기는 매우 힘들다는 사실을 잘 알고 있었다. 상업 활동에서 필요한 지식과 지혜는 무한한데, 단순히 책에서 얻을 수 있는 치부의 지식은 턱없이 부족하기 때문이다. 그래서 진상들은 자녀들이 책상에서 얻을 수 있는 지식보다도 장사를 통해 재능을 키우는 데 더 신경을 썼다. 그들은 자녀들이 기본적인 학습을 마친 후에는 상업에 종사하게 하여 실전 지식과 경험을 쌓도록 했다. 실제로 진상의 자제들은 '벼슬을 버리고 상업에 종사'하는 길을 택했고, 세상을 돌아다니며 현실을 이해했다. 그들은 전통적으로 선배들을 본보기로 하여 시장이라는 큰 배움터에서 수십 년 동안 단련을 한 뒤에야 후계자의 자리를 물려받았다. 진상이 갖춰야 할 가장 큰 덕목은 성실함이었다. 충성심과도 통하는 성실함은 자신의 말 한 마디, 사소한 약속도 반드시 지키며 의리를 잃지 않는 것이다. 이렇게 성실함을 인정받고 신용을 얻어야 성공과 이윤이 따라오기 때문이다.

1900년, 의화단 사건으로 열강 8개국의 군대가 베이징을 점령하자 성안의 왕족과 귀족들이 서태후와 광서光緖황제를 따라서 시안西

安으로 피신했다. 워낙 다급한 상황이라 집에 있는 금은보석과 귀중품을 챙기지 못하고 산시 표호(山西 票號, 산시 상인들이 운영하던 개인 금융기관)의 어음만을 갖고 도주한 이들은 시안에서 은냥銀兩으로 바꾸려 했다.

산시 표호는 전란으로 인해 막대한 손실을 입었다. 베이징의 표호가 보유하고 있던 은을 빼앗겼을 뿐만 아니라 장부까지도 불타 버렸기 때문이다.

장부가 소실된 진상들은 그동안의 거래 상황을 파악할 수 없었다. 거래했던 왕족과 귀족들에게 저축한 은의 양을 물어본 뒤 다시 장부를 작성하면 피해를 줄일 수 있었지만 일승창日升昌을 비롯한 산시의 표호들은 그렇게 하지 않았다. 피난한 사람들이 표호가 약탈당한 사정을 뻔히 알고 있으므로 양해를 구해도 되지만 신용을 지키기 위해 어음을 내놓는 고객들에게 액수의 다과에 상관없이 일률적으로 은량으로 교환해 준 것이다.

혼란의 와중에서 진위를 가릴 수 없는 어음을 받으면 막대한 피해를 입을 수 있었지만 일승창 표호는 주요 고객인 왕족과 귀족, 부자들을 반드시 지켜야 한다고 믿었다. 나라의 환란은 언젠가는 끝이 날 것이므로 정치적, 경제적으로 막강한 세력을 지닌 고객들을 잃지 않아야 후일을 도모할 수 있다고 판단한 것이다.

일승창을 필두로 한 다른 산시 표호들이 위기 속에서 보인 행동은 감탄을 불러일으키기에 충분했다. 훗날을 기약하기 힘든 상황에서 신용을 지킨다는 것이 얼마나 힘든지를 사람들은 잘 알고 있었기 때

78

문이다.

일승창의 판단은 정확했다. 의화단 사건이 마무리된 후 표호의 지점들이 베이징에서 다시 영업을 하자 일반 시민들이 앞다퉈 예금을 했고, 조정에서도 거액의 국가 보유 은을 맡겼다.

신용은 사람들이 함께 지켜야 하는 계약이자 인격을 반영하는 증표다. 사회적으로 신용이 반드시 지켜야 하는 규약으로 정착될 때 경제 기반이 확고해지고, 경제도 더욱 발전할 수 있다.

기회는 그것을 알아보는 자에게만 주어지는 것이다

남을 아는 것을 지혜, 자기를 아는 것을 명철함이라고 한다. 남을 이기는 것을 힘이 있다고 하고, 스스로를 이기는 것은 강하다고 한다. 스스로 만족할 줄 아는 사람을 부자라고 하고, 자기를 이기는 강함으로 행동하는 사람은 뜻을 얻었다고 한다. 근원의 바탕을 잃지 않는 사람은 오래갈 수 있으며, 죽더라도 그 바탕을 잃지 않는다면 그것이 오래 사는 길이다.

(知人者智, 自知者明, 勝人者有力, 自勝者強, 知足者富, 强行者有志. 不失其所者久, 死而不亡者壽.)

— 《도덕경》제33장

19세기 중반에 미국 캘리포니아에서 금광이 발견되었다는 소문이 들려오자 많은 사람들이 천재일우의 기회를 놓치지 않기 위해 몰려들었다. 17세의 어린 농부 아멜도 일확천금의 꿈을 품고 갖은 고생을 다하며 캘리포니아에 도착했다.

금을 캐어 부자가 되겠다는 꿈을 품은 사람들은 수없이 많았지만

노자, 상생경영을 말하다

실제로 금을 찾은 사람은 별로 없었다. 금을 캐기도 힘들었지만 캘리포니아의 건조한 기후로 인해 물이 귀해 목숨을 잃는 사람이 속출했다. 아멜도 대부분의 사람들과 마찬가지로 금을 발견하기는커녕 물을 구하지 못해 죽기 일보 직전의 상태였다. 어느 날 물통을 꺼내 겨우 목만 축이던 그는 주위 사람들이 불평을 늘어놓는 것을 보고 기발한 아이디어를 떠올렸다. 금을 발견해서 부자가 될 가능성은 매우 희박하지만 물을 팔면 돈을 벌 수 있다는 생각이 든 것이다. 과감하게 금맥을 찾겠다는 꿈을 버린 그는 금광 발굴에 사용되는 공구들을 물을 파는 공구로 개조해서 강물을 끌어들여 가는 모래를 걸러 내어 식수로 만들었다. 그리고 식수를 병에 담아 금광을 찾아다니는 사람들에게 팔았다.

물장사를 시작한 아멜을 비웃는 사람들이 적지 않았다. "천신만고 끝에 캘리포니아에 와서 금광을 발견해 큰돈을 벌 생각은 하지 않고 쥐꼬리만 한 이익이나 챙기는 물장사를 하다니 말이야." 하지만 아멜은 비웃음에 전혀 흔들리지 않고 계속 물을 팔았다. 그가 생각하기에 생산 비용이 거의 필요 없는 물을 파는 것이야말로 실속 있는 비즈니스였다. 결과적으로 금을 캐려던 사람들은 거의 빈손으로 돌아갔지만 아멜은 짧은 기간에 당시로서는 거액에 해당하는 수천 달러를 벌었다.

사업적인 재능이 뛰어난 사람은 어떤 상황에서든 치부할 수 있는 기회를 찾는다. 부에 대한 일종의 특출한 감각이 있기 때문이다. 이에 비해 사업적 감각이 없는 사람들은 돈을 벌 기회가 다가와도 그냥 흘려 버린다.

똑같이 열심히 일을 해도 빈부의 차이가 생기고, 부지런함으로 성공한 사람들 사이에도 성취의 크기는 같지 않다. 겉으로 보기에는 부지런하게 노력하지 않아도 부를 쌓는 사람들이 있다. 이러한 차이로 인해 사회적으로 다양한 변화가 일어난다. 그런데 사회적 변화를 일으키는 중요한 요소 중의 하나가 바로 기회다. 혹자는 '기회는 하느님의 다른 이름이다'라고 말하기도 했다. 일정 기간 동안 여러 가지 요소가 교묘하게 어울려 좋은 여건이 형성되었을 때 누군가는 자신의 능력과 자원을 동원하여 투자를 함으로써 쉽게 큰 성공을 거둔다. 좋은 여건이 바로 기회라 할 수 있는데, 사업적 두뇌가 뛰어난 사람들은 기회를 잡아 부를 축적한다.

이익을 얻기 위한 전제 조건은 투자다. 마찬가지로 기회를 얻기 위해서는 먼저 자신의 시간, 돈, 안정된 생활, 쾌락 등을 희생해야 한다. 개인적인 희생을 감수하면서 완벽하게 준비해야지만 기회가 왔을 때 과감하게 잡을 수 있는 것이다.

사람들은 부자가 되려면 행운이 따라야 한다는 생각을 많이 한다. 하지만 행운과 기회를 착각해서는 안 된다. 행운과 기회를 정확하게 가려서 행동해야 불필요한 시행착오와 손해를 피할 수 있다.

행운은 우연적 요소가 있고, 의외성이 높다. 별생각 없이 구입한 복권이 당첨되어 1,000달러를 얻는 것은 행운이다. 페니실린은 알렉산더 플레밍이 포도상구균을 배양하려다 곰팡이균에서 발견한 것이다. 그에게 곰팡이균은 '초대받지 않은 손님'처럼 의외의 것이었다.

노자, 상생경영을 말하다

복권 당첨과 페니실린 발견은 엄연히 다르다. 전자는 전적으로 의외의 행운으로 기회의 성격이 전혀 없지만, 후자에는 운과 기회라는 요소가 모두 섞여 있다고 할 수 있다. 플레밍은 포도상구균을 배양하다가 우연찮게 곰팡이균을 배양했고, 이 사실을 처음에는 몰랐다. 하지만 꾸준하게 연구를 계속했기 때문에 페니실린을 만들어 내 인류에 지대한 공헌을 했고, 자신도 명성을 얻었다. 이것이 바로 기회다.

복권 당첨은 100퍼센트 의외의 일이다. 당첨한 사람이 부자가 된다는 의미 이외에 복권 자체는 가치를 전혀 창조하지 못한다. 또한 미래에 좋은 여건이나 환경을 만들 가능성이 없으므로 기회의 범주에 넣을 수 없다.

플레밍이 곰팡이균을 발견한 후의 반응을 두 가지로 추측할 수 있다. 첫째, 곰팡이균으로 인해 포도상구균 연구가 방해를 받았다고 짜증을 내며 그냥 지나친다. 둘째, 호기심을 가지고 연구를 계속한다. 플레밍이 만약 첫 번째 반응을 했다면 페니실린을 발견한 사람은 그가 아닌 다른 사람이 되었을 것이다. 그러나 플레밍에게는 기회를 포착하는 능력과 행운이 있었기에 의학사의 한 획을 긋는 개가를 올렸다.

미국의 한 엔지니어가 절친한 친구인 논리학자와 이집트 여행을 갔다. 도착 첫날, 혼자 거리 구경을 나간 엔지니어가 검은색 고양이 인형을 발견했다. 고양이 인형의 주인은 노부인으로, 정가는 500달러였다. 노부인은 고양이 인형은 조상 대대로 전해져 온 것인데 손자가 병이 나서 치료비를 마련하기 위해 부득이하게 팔게 되었다고 했다. 고양이를 들어 본 엔지니어는 무게가 상당한 것으로 보아 쇠로 만든 것이라 생각했다. 그런데 특이하게도 고양이의 눈은 진주였다. 가격 흥정을 하던 엔지니어는 고양이 눈인 진주 두 알만 300달러에 샀다.

호텔로 돌아온 엔지니어가 친구에게 300달러에 큰 진주를 샀다고 자랑했다. 논리학자인 친구가 보니 진주가 워낙 커서 적어도 1,000달러는 됨 직했다. 진주를 어떻게 싼값에 살 수 있었는지 물어보자 엔지니어가 설명해 주었다. 논리학자는 고양이 인형의 주인이 그 자리를 지키고 있는지 물었다. 엔지니어는 아마도 눈이 없는 고양이 인형을 팔기 위해 손님을 기다리고 있을 것이라 대답했다. 논리학자는 급히 노부인에게 달려가 200달러를 주고 검은 고양이 인형을 사 왔다. 엔지니어는 눈도 없는 고양이 인형을 200달러나 주고 샀느냐고 놀렸지만, 논리학자 친구는 아무 말도 않고 작은 칼로 고양이 몸을 긁었다. 놀랍게도 검은 칠이 벗겨진 고양이 몸은 금이었다. "역시, 내 짐작대로 이 고양이 인형은 금으로 만든 거였어!"

원래 금으로 고양이 인형을 만든 주인이 도둑의 눈을 피하기 위해 검은색으로 칠했던 것이다. 엔지니어가 순금을 손에 넣을 기회를 잃었다고 후회하자 논리학자가 말했다. "고양이의 눈을 진주로 박으면서 몸통을 값싼 철로 만들었겠어? 이건 조금만 생각하면 알 수 있는 아주 간단한 논리야."

이 이야기에서 알 수 있는 사실은, 경제에 영향을 끼치는 모든 논리나 이성적인 요소들을 신뢰해야 한다는 것이다. 하지만 이성이나 논리만 신봉하고 비이성적이거나 논리에 맞지 않는 기적을 완전히 불신한다면 1달러에 비싼 리무진을 얻을 기회를 잃을 수도 있다.

미국의 한 신문에 '호화 리무진을 1달러에 팝니다'라는 광고가 실렸다. 광고를 본 할리는 '오늘은 만우절도 아닌데'라고 반신반의하면서도 1달러를 가지고 광고 주인의 집을 찾아갔다.

할리를 맞이한 사람은 우아하고 부티가 나는 젊은 부인이었다. 차 주인인 부인이 할리를 데리고 차고에 가서 신형 리무진을 보여 주었다. 할리는 리무진이 분명히 문제가 있을 것이라 생각했다. 하지만 시승을 해 보니 차는 지극히 정상이었다. 혹시 장물이 아닌지 속으로 의심을 하는 할리의 마음을 읽은 듯이 차 주인은 자동차 등록증을 보여 주었다. 1달러를 주고 차를 인수한 할리는 차에 시동을 걸고 떠나려다 궁금증을 이기지 못해 "이렇게 좋은 차를 왜 1달러에 파시는 거죠?"라고 물었다.

젊은 부인은 한숨을 쉬며 할리의 의문을 풀어 주었다. "솔직히 말씀 드리죠. 이 차는 죽은 남편의 유물이에요. 재산을 모두 나에게 남겨 주었지만, 이 차는 남편의 애인 소유예요. 하지만 남편은 유서에서 이 차를 내가 팔아서 받은 돈을 애인에게 주라고 했어요. 그래서 생각 끝에 1달러에 팔기로 결심했어요. 1달러면 충분하겠죠."

할리는 리무진을 운전해서 집으로 돌아가는 길에 친구 톰을 만났다. 톰은 할리가 리무진을 얻은 사연을 듣자 멍한 표정으로 "오 마이 갓! 1주일 전에 나도 그 광고를 봤는데!"라고 외쳤다.

이 이야기는 우리에게 기적을 믿어야 기적을 얻는다고 말해 주고 있다. 기적을 믿지도 않는 사람에게 기적이 일어나지는 않을 것이다.

부를 창출하는 과정에서 기회와 운을 구분할 줄 알아야 하지만, 더 중요한 것은 일상 속에서 기회를 알아보는 안목과 식견을 갖추는 것이다. 기회를 사장시키지 않을 때 부를 일구고 키워나갈 수 있기 때문이다.

경영자의 도량이
조직의 분위기를 좌우한다

가장 좋은 선은 물과 같다. 물은 만물을 이롭게 하면서도 다투지
않고, 사람들이 싫어하는 곳에 처해 있다.

(上善若水. 水善利萬物而不爭, 處衆人之所惡.)

- 《도덕경》제8장

육군성 장관 워 스탠톤이 링컨 대통령을 찾아와 한 소장이 공개적으
로 자신을 모욕했다며 분개했다. 스탠톤의 말을 진지하게 들은 링컨
대통령은 소장에게 신랄하게 쓴 편지를 보내라고 충고했다.

대통령이 자신의 편을 들어 주자 신이 난 스탠톤은 편지를 쓴 뒤
링컨 대통령에게 읽어 주었다. 링컨은 "잘 썼네. 할 말을 정확히 다 했
군. 소장이 편지를 보면 정말 뜨끔하겠소!"라며 스탠톤을 칭찬했다.
하지만 스탠톤이 편지를 봉투에 넣는 순간, 링컨이 부치지 말라고 말

렸다.

"어리석게 행동하면 곤란합니다. 이 편지는 절대로 보내면 안 돼요. 그냥 난로에 던져 버리시오. 나는 화가 났을 때 쓴 편지는 태워버려요. 당신은 편지를 쓰면서 이미 화가 풀렸을 거요. 지금 기분이 많이 나아졌지요? 그럼 이 편지는 태워 버리고 다시 편지를 써요."

중국 역사를 살펴보면 링컨처럼 도량이 큰 인물들이 많았다. '재상은 뱃속에 배(船)를 품을 수 있어야 한다'는 말은 한 사람의 도량이 무한해질 수 있다는 의미로 해석할 수 있다.

사람은 감정의 동물이고, 최고경영자도 예외는 아니기 때문에 어떤 일에 대해 마냥 객관적이고 이성적일 수만은 없다. 우리는 사무실 내에서 자신의 감정을 어느 정도는 표출할 수 있지만, 지나치게 감정을 폭발시키거나 자신의 감정을 남에게 강요해서는 안 된다. 지나치게 호불호가 뚜렷하거나 감정적으로 일이나 사람을 대하면 인간관계가 무너지고, 심하면 사방에 적을 만들게 된다.

관리자는 자신의 감정을 조절하는 법을 배워서 적당하게 감정을 표현해야 한다. 일반적으로, 자신의 느낌이나 감정을 받아들일 수 있으면 행동의 원인을 이해할 수 있어 추후의 행동에 대해 정확한 방향을 잡을 수 있다. 특히 분노나 좌절과 같은 부정적인 정서는 자신은 물론이고 타인에게 상처를 입힐 수 있으므로 절제를 해야 하고, 자신을 과대평가해서 타인의 자존심을 깎아내리는 실수도 경계해야 한다.

기업의 관리자들은 일정한 권력을 지니고 있는데, 인간적인 수양을 하지 않으면 화약고가 폭발하듯 아랫사람들에게 상처를 입힐 수 있다. 시비를 차분히 가리지 않거나 직원들의 실수에 즉각적으로 반응하거나 화를 내는 경우가 그러하다.

감정을 그대로 드러내는 상급자라면 자신을 억제하고 상대의 입장에서 생각하는 습관을 길러야 한다. 이렇게 하는 것이 결코 쉽지 않지만, 자신이 변하면 상대는 반드시 선의를 가지고 행동하게 된다.

사실상 화를 내거나 분노에 사로잡히는 것은 무의미하기 짝이 없는 행동이다. '분노는 다른 사람이 저지른 실수에 대해 자신을 벌하는 어리석은 행동이다'라는 말이 있다. 조금 지나친 표현인 것 같지만, 새겨봄 직한 지혜가 담겼다고 할 수 있다. 상급자로서 부하나 상대를 포용하고, 갈등을 피하는 지혜와 인격을 갖춘다면 불필요한 충돌을 피할 수 있고, 주위 사람들의 존경을 이끌어 내 좋은 이미지를 만드는 데 큰 도움이 된다.

한산寒山은 당나라 때의 유명한 승려 시인이다. 그의 시에는 선禪의 지혜와 오묘한 이치가 담겨 있어 큰 여운을 남긴다. 그의 작품 중에 '누군가 나를 욕하면 나를 알 수 있다. 대꾸를 하지 않지만 오히려 나에게 유익함이 있구나'라는 구절이 있다.

이 시는 세상을 사는 지혜와 기지를 일러 주고 있다. 언제나 평정심을 유지하고, 분노하지 않는 태도는 자신의 높은 정신세계를 그대로 보여 주는 것이다.

위기에 리더의 솔선수범은
어둠을 밝히는 등대가 된다

도는 세상 만물의 근원이다. 선한 사람이 보물로 삼는 것이고, 선하지 못한 사람도 간직하고는 있다. 아름다운 말로 높은 지위를 얻게 되고, 선한 행동으로 남에게 혜택을 줄 수 있다. 선하지 않은 사람이라고 버릴 수 있겠는가. 그러므로 나라가 서고 정승이 임명되었을 때 구슬을 받들어 사두마차로 나아가 바치는 것보다 가만히 앉아서 도로 나가는 것이 더 나은 것이다. 예로부터 이러한 도를 소중히 해 온 것은 무슨 까닭인가. 진리를 얻은 사람은 구하지 않아도 얻고, 죄가 있어도 용서를 받기 때문이다. 그러므로 세상에서 가장 존귀한 것이다.

(道者, 萬物之奧. 善人之寶, 不善人之所保. 美言可以市尊, 美行可以加人. 人之不善, 何棄之有? 故立天下, 置三公, 雖有拱璧以先駟馬, 不如坐進此道. 古之所以貴此道者何? 不曰以求得, 有罪以免邪, 故爲天下貴.)

- 《도덕경》 제62장

경영 환경의 변화의 속도가 빨라지면서 기업의 앞날은 그 누구도 예측할 수 없게 되었다. 곤경에 처했을 때 높은 사람이 앞장서서 난관

노자, 상생경영을 말하다

을 돌파하며 흔들리지 않으면, 아랫사람들도 용감하게 위기와 맞서 싸울 수 있다. 최고 경영자가 솔선수범하면서 위기를 돌파할 때 직원들은 진정으로 존경의 마음을 갖게 된다.

인간의 본성은 위기를 맞이했을 때 그대로 드러난다. 평소에 호탕하고 큰소리를 잘 치던 사람이 갑자기 곤란한 상황에 처하자 그동안 감추었던 결점을 여지없이 드러내어 주위 사람들을 놀라게 하기도 한다. 만약 상사가 중대한 순간에 어찌할 바를 모르고 우왕좌왕하면 부하는 실망과 함께 그의 말을 듣지 않게 된다.

일반 직원들이 생각하는 이상적인 상사는 비상시에 과감하게 결정을 내리고, 신속하게 행동을 취하는 사람이다. 이런 능력을 갖춘 상사는 강력한 리더십으로 부하들을 움직일 수 있다.

미국의 3대 자동차 메이커의 하나인 크라이슬러는 70억 달러에 달하는 자산을 보유했지만, 1970년대 이후에 사세가 기울면서 적자가 누적되었다. 1979년에 이르러 적자가 11억 달러, 채무가 48억 달러에 달했다.

크라이슬러는 경영 위기를 극복하기 위해 포드 자동차에서 불만을 품고 떠난 리 아이아코카를 스카우트했다. 아이아코카는 회장에 취임한 후 대대적으로 인재들을 초빙하여 혁신에 돌입했다. 그는 직원들과 고락을 같이하면서 마음을 움직이는 작업을 펼쳤다. '경영자는 모범이 되어야 한다'는 신념으로 회사 재정을 개선하기 위해 자신의 연봉을 50퍼센트 삭감했고. 노조에 대해서는 "1시간에 20달러를 주면 회사는 견딜 수 없다. 시급 17달러를 받아들이지 않으면 회사는 파산을 면할 수 없다"고 선포했다.

아이아코카의 제의에 직원들도 희생을 감수하여 79년 단체협약에서는 향후 3년간 2억 300만 달러의 임금을 삭감하자는 회사안을 수용했고, 또 81년에는 1억 5,600만 달러의 임금 삭감도 추가로 감수했다. 이 소식이 전해지자 크라이슬러는 광범위한 지지와 동정을 얻었다.

1982년 말, 아이아코카의 경영에 힘입어 크라이슬러는 흑자를 기록하기 시작했다. 다음 해에 크라이슬러는 9억 2,500만 달러라는 역사상 최고의 이윤을 얻었고, 1984년에는 23억 8,000만 달러의 순이익과 함께 자산이 90억 6,000만 달러에 달했다. 1985년, 클라이슬러는 마침내 세계 자동차 회사 중 5위로 부상했다.

이처럼 위기의 순간에 리더가 앞장서서 상황 개선에 힘쓰면 아랫사람들은 힘을 얻고 분발해 위기가 오히려 도약의 기회가 되기도 한다.

노자, 상생경영을 말하다

경영자의 매력은 곧
카리스마로 작용한다

도는 항상 무엇을 하는 것이 없지만 하지 못하는 것이 없으니 군왕
이 만약 이를 지킬 수 있다면 만물이 차차 저절로 달라질 것이다.
(道常無爲而無不爲, 侯王若能守之, 萬物將自化.)

－《도덕경》제37장

매력은 사람들을 믿고 따르게 하는 힘이 있다. 사람의 개성 중 카메
라로 포착할 수도 없고, 화가도 그릴 수 없고, 조각으로도 재현할 수
없는 것이 있다. 누구나 느낄 수는 있지만 표현할 수도, 형용할 수도
없는 미묘한 것이다. 이것이 바로 한 사람의 성공과 밀접한 관계가
있는 매력이다. 바로 표현할 수 없는 특성으로 인해 매력은 사람마다
다르고, 다른 감정을 불러일으키기도 한다. 많은 사람들이 자신의 매
력으로 성공을 일구어 낸다. 매력은 자신이 하는 일에 열정을 더해

주고 능력과 추동력이 된다. 이렇듯 영향력과 전달의 힘이 있는 기질
이 바로 매력이다.

유능한 경영자가 뿜는 매력은 직원들에게 자신이 뛰어나다는 생
각을 갖게 한다. 성공한 유태인 경영자들은 모두 이런 매력을 가지고
있다. 그들은 직원들에게 영감과 열정을 불러일으키고, 삶에 대한 의
욕을 충만하게 만들어 시도해 보지 않았던 일에 용감하게 매진하게
만든다.

눈으로 볼 수도, 만질 수도 없는 매력을 사람들은 흡인력이라고 부
른다. 한 유태인 사업가는 "매력은 어떤 상황에서도 강력한 감정적
유대를 형성한다"라고 표현했다.

매력은 다른 사람들과의 만남과 교분 속에서만 드러나는 일종의
관계라고 할 수 있다. 인간관계에서 서로를 끈끈하게 엮어 주는 매력
의 출발점은 실력이다. 발군의 실력으로 조직의 발전을 선도하는 사
람은 큰 매력이 있는 것이다. 유태인들은 매력이란 절대적으로 자신
의 실력에서 생겨나는 것이라 굳게 믿는다. 그들은 성공하기 전까지
는 자신을 과시하지 않으면서 역량을 쌓았다가, 성공한 이후부터 서
서히 자신을 드러낸다.

경영자가 가장 큰 투자를 해야 하는 부분은 다른 사람들의 호감을
얻고 서로가 즐거워하는 일을 만드는 것이다. 이를 위해서는 부드러
운 태도로 기품 있게 행동하고, 넓은 아량을 베풀 줄 알아야 한다. 사
람들과의 관계를 위해 오랫동안 투자하여 얻는 가치는 돈으로 환산
할 수 없을 만큼 소중하다. 누구에게서나 환영을 받을 정도로 인간관

계에 성공하여 얻는 기쁨은 어떤 기쁨과도 비교할 수 없을 정도로 크다. 매력 넘치는 성격은 사업을 할 때 큰 자산이 되고, 남들에게도 많은 즐거움을 준다. 그러므로 우리는 인격과 기품을 높이는 데 힘써서 사람들의 마음을 움직여야 한다는 사실을 잊어서는 안 된다. 매력이 넘치는 사람은 뭇사람의 시선과 관심을 받고, 힘들게 일하는 것보다 훨씬 큰 효과를 발휘한다.

몸에 밴 예의와 사람들에게 환영받을 만한 성격을 가진 사람은 큰 성공을 거두지만, 이런 요인을 갖추지 못했다면 뛰어난 두뇌와 능력에도 불구하고 사람들의 기억에 남을 만한 큰 성공을 거두기 어렵다. 천부적인 자질을 갖고 있고 유능한 사람이라도 성격이 거칠고 인품이 떨어지면 호감을 주지 못해 인간관계가 여의치 못하고, 이는 사업에 부정적인 영향을 미치기 때문이다.

유태인들은 뛰어난 경영자들은 겉모습―외모와 차림새―에 기대어 성공할 수는 없지만, 겉모습을 통해 많은 정보를 전달한다고 믿는다. 따라서 때와 장소에 따라 복장에 많은 신경을 쓴다. 거래를 할 때 처음 만나는 상대에게는 존중심을 표현하기 위해 격식에 맞는 정장을 갖춘다. 만찬에 갈 때는 우아하고 품위 있는 복장을, 직장에서는 유능한 인상을 주기 위해 단정하고 깔끔한 디자인의 옷을 입는다. 이런 룰에서 벗어는 경우, 이를테면 캐주얼한 복장으로 거래파트너를 만나면 상대는 성의가 없다는 불쾌감을 느낄 수 있다. 청바지 차림으로 만찬에 참석하면 무례하고 저급하다는 인상을 줄 수 있다. 직장 내에서 옷에 전혀 신경을 쓰지 않은 부스스한 모습을 보이면 프로답지 못하다는 오해를 불러일으키기 쉽다. 옷차림으로 주는 인상을 달리 '정보 전달'이라 말하는 이유가 여기에 있다.

매력은 경영자에게 명예와 지위를 선사한다. 궁극적으로 볼 때 매력의 중요성은 당신이 무엇을 했느냐가 아니라 당신이 어떤 사람인가를 보여 준다는 것이다. 유태인들이 "사업가는 노력을 통해 추종자를 얻는다"라고 할 때의 '노력'이란 곧 개인적으로 매력을 만들어 내는 것이다.

한 사람이 수많은 직책이나 명예직을 맡는다 해도 결국 필요한 것은 위엄과 신뢰감이다. 위엄과 신뢰감은 타인으로부터 자연스럽게 얻는 것이지, 스스로 만들어 낼 수는 없다. 그런데 위엄과 신뢰감이라는 단어에서 가장 먼저 떠오르는 이미지는 매력을 한껏 발산하는 사람이다. 높은 지위는 권위를 부여하지만, 개인의 명망은 많은 사람이 보내는 존경심과 애정에서 생겨난다.

매력으로 사람들의 존경과 신뢰감을 얻은 경영자는 자신이 의도하지 않아도 무리 속에서 빛을 발하게 된다.

리더의 신용은
조직을 지탱하는 기둥이다

하늘은 영원하고 땅은 변치 않는다. 하늘이 영원하고 땅이 변치 않는 이유는 스스로 살려고 애쓰지 않기 때문이다. 그러므로 영원히 살 수 있다. 성인은 자신을 뒤에 두기 때문에 앞에 서게 되고, 자신을 잊기 때문에 존재한다. 그에게 사사롭고 간사한 마음이 없기에 능히 그 이익을 얻을 수 있다.

(天長地久. 天地所以能長且久者, 以其不自生, 故能長生, 是以聖人後其身而身先, 外其身而身存. 非以其無私邪, 故能成其私.)

- 《도덕경》 제7장

경영자가 기업을 잘 관리하려면 부하들을 믿고, 부하들로부터 신뢰를 받아야 한다. '사람을 거느리는 것은 마음을 얻는 것만 못하다'는 말이 있듯이, 부하들의 마음을 얻기 위해서는 먼저 믿음을 주어야 한다. 이를 위해서는 한 번 말한 것은 반드시 행동으로 옮겨야 하므로 자신 없는 일에 대해서는 쉽게 약속을 하지 말고, 일단 약속한 일은 최선을 다해 성사해야 한다. 그리고 이미 정해진 규칙이나 제도를 조삼모

사朝三暮四식으로 바꾸거나 흔들어서는 안 된다. 경영자의 일거수일
투족은 아랫사람들의 주목을 받는다는 사실을 잊어서는 안 된다. 언
행이 일치하고 믿음을 주면 부하들은 윗사람을 진심으로 따른다.

1951년에 우순원吳舜文은 남편과 함께 타이완의 신주新竹 지역에
타이위안台元 방직회사를 세웠다. 당시 타이완의 경제는 근대화 초기
단계에 있었으므로 타이위안이 생산한 면직 제품은 국민 생활에 필
요한 기본적 수요를 충족시켰다.

철저한 경영관을 가진 그녀는 "기업은 완벽한 제도를 갖춰야 한다.
나는 일에 있어 절대적으로 공평함을 추구하고, 약속한 일은 반드시
실천한다"라고 말했다.

1961년, 타이완의 방직산업이 불황기에 접어들자 곤경에 빠진 많
은 기업들이 직원들에게 연말 보너스를 지급하지 못했다. 하지만 우
순원은 기업의 적자는 경영주의 책임이므로 근로자가 피해를 보아서
는 안 된다며 어려운 사정에도 불구하고 보너스를 지급했다. 우순원
의 조치에 근로자들은 귀속감이 높아졌다. 경기가 회복된 뒤 다른 방
직 공장들이 숙련된 여공들을 스카우트하기 위해 높은 임금을 내세
운 광고 벽보를 '타이위안'에 붙였지만, 이직한 여공은 한 명도 없었
다. 원칙을 지키는 우순원의 경영은 수많은 근로자들의 존경을 받았
고, 포드자동차의 사장은 그녀에게 '존경할 만한 경쟁 상대'라는 찬
사를 보냈다.

위기와 리스크 관리를 위해서는 필수적으로 내부통제를 해야 한
다. 경영자가 기업이 직면할 수 있는 위기를 충분히 인식한다면 제도

노자, 상생경영을 말하다

적으로 관리 시스템을 갖추어야 한다.

1997년에 아시아 각국에서는 사상 초유의 금융위기가 발생했다. 태국에서 시작된 금융위기는 필리핀과 한국으로 이어졌고, 홍콩도 그 여파로 인해 경제가 극심한 불황에 빠졌다. 아시아 국가들에 투자했던 기업들은 엄청난 타격을 입었다.

금융위기로 인해 기업들이 입은 영향은 차이가 있었지만, 홍콩의 많은 상장회사들은 주가가 대폭 하락하는 손해를 보았다. 기업의 주주들은 자산이 크게 감소되었지만, 리자청은 1999년과 2000년 연속으로 미국의 '포브스'지가 선정하는 세계 10대 부호에 선정되었다. 아시아 금융위기 속에서도 그가 경영하는 기업과 개인 재산이 거의 손실을 보지 않은 것이다. 리자청이 운이 좋았다기보다는 높은 위기의식과 철저한 리스크 관리로 위기를 잘 넘겼기 때문이다.

리자청이 경영하는 기업들은 위기관리를 위해 먼저 잠재적인 리스크를 분석하고, 예상되는 손실을 산정한 뒤 예방 조치를 마련해 손실을 최소화한다. 가능하면 리스크를 보험회사에 전가하고, 투자를 결정할 때는 회수율을 과도하게 계상하지 않는다.

투자에 들어가는 비용은 합리적이면서도 낙관적이지 않게 산출하고, 분산 투자로 리스크를 줄인다. 기업은 위기로 인한 손실을 막기 위해 체계적인 위기대응 조치를 취해야 한다. 투자를 결정할 때는 한 분야에 너무 많은 자금을 투자하지 않아야 투자 실패가 가져올 파산의 위기를 모면할 수 있다. 그리고 위기가 닥쳤을 때는 계획에 따라 단계적으로 원상을 회복하면서 경영의 정상화를 꾀해야 한다.

리더는 입은 무겁게,
몸은 가볍게 해야 한다

대개 가볍게 허락한 것은 반드시 믿음이 적고, 쉬운 것이 많으면
반드시 어려움이 도사리고 있다. 그러므로 성인은 언제나 어렵게
여기고 조심스럽게 일함으로써 마침내 어려움이 없게 된다.
(夫輕諾必寡信, 多易必多難. 是以聖人猶難之, 故終無難矣.)

-《도덕경》제63장

많은 CEO들이 약속의 중요성을 절감하지 못해 약속을 남발한다. 부
하들의 기대에 부응하기 위해 일단 약속을 하지만 지키지 못하는 것
이다.

우리 몸에서 호르몬이 분비되는 것처럼 약속은 열정을 자아내는
효과가 있다. 직원은 상사로부터 어떤 업무를 잘 해내면 성과급을 주
겠다는 말을 들으면 기분이 좋아져서 뇌가 흥분한다. 그러면 말의 진
위나 실제로 해낼 수 있는지를 생각할 겨를도 없이 의외의 수입으로

100

뭘 할 것인지 상상의 나래를 펴게 된다.

실천하기 힘든 말약속은 소문보다 더 위험하다. 발 없이 삽시간에 퍼지는 소문이 무섭기는 하지만 사람들은 소문의 진위를 빨리 가려낼 수 있다. 하지만 지켜지지 않는 약속은 사람들의 마음에 큰 상처를 남긴다. 천진한 아이에게 심부름을 시킨 뒤 상을 주겠다고 약속했는데 지키지 않으면 아이는 그 후로 어른의 말을 믿지 않으면서 거짓말에 대처하는 약삭빠른 행동을 하게 된다. 이와 마찬가지로 경영자가 식언을 일삼으면 직원들의 신뢰와 위엄을 잃게 된다.

경영자의 명령이 그 옛날 군주의 명령처럼 절대적이지는 않지만, 약속하는 말 한 마디의 무게는 천금과도 같다. 약속을 이행할 의지나 성의가 없는 경영자에 대해 부하들은 실망을 함은 물론 근로 의욕을 상실하게 된다.

경영자가 조직을 이끌려면 기본적으로 자기가 부리는 사람들의 믿음을 얻어야 한다. 부하들이 경영자의 말에 의심을 품기 시작하면 지시나 요구에 제대로 응하지 않게 된다. 이런 상태가 오래되면 경영자의 위신이 바닥에 떨어져서 경영에 지장을 초래한다.

직장인들은 CEO의 말에 매우 민감하다. CEO의 말 한마디에 따라 자신의 장래가 결정된다고 믿기 때문이다. 따라서 CEO는 기분이 좋을 때 비현실적인 약속을 함부로 한 다음에 이행하지 않으면 직원들의 사기는 땅으로 떨어진다. CEO는 절대로 경솔하게 무엇을 해주겠다는 약속을 하지 말아야 하고, 만약 약속을 했다면 반드시 실천해야 한다.

옛사람들은 '군자의 한마디는 네 마리 말이 끄는 마차도 따라잡지 못한다' '말에는 믿음이 있어야 하고 행동에는 결과가 있어야 한다'라고 말의 중요성을 강조했다. 일단 내뱉은 말은 다시 주워 담을 수 없으므로 반드시 지켜야 한다는 의미다. 말의 중요성을 깨닫고 언행일치를 실천하는 것은 인간적인 소통을 위한 기본 원칙이기도 하다.

비즈니스에서
이익보다 사람을 먼저 얻으면
큰 성공이 뒤따른다

최상의 덕은 의식하지 않으므로 덕이 있는 것이고, 낮은 덕은 덕을 잃지 않으려고 애를 쓴다. 이는 덕이 없기 때문에 그러한 것이다. 최상의 덕은 도에 따를 뿐 덕을 의식하지 않고, 낮은 덕은 노력하여 행하므로 애써 덕을 의식한다. 최상의 인은 노력하여 행하나 의식적인 데가 있으며, 최상의 덕도 노력하여 행하므로 의식됨이 있다. 최상의 예는 의식적으로 행하기에 응하지 않으면 팔을 걷어붙이고 앞장서서 이끈다. 그러므로 도가 사라지면 덕이 나타나고, 덕이 사라지면 인이 나타나고, 인이 사라지면 의가 나타나게 되고, 의가 사라지면 예가 나타나게 된다. 예는 인간의 참된 믿음이 옅어지면 생기는 것으로 세상이 어지러워지는 시작이기도 하다. 앞일을 미리 내다본다는 지식이라는 것은 도의 겉치레이며 어지러움의 시작이다. 그러므로 대장부는 옅은 곳이 아닌 두터운 쪽에, 겉치레가 아닌 실속이 있는 곳에 머문다. 예와 지(얄팍함과 겉치레)를 버리고 도(두터움과 실속)를 택하는 것이다.

(上德不德, 是以有德, 下德不失德, 是以無德. 上德無爲而無以爲, 下德爲之而有以爲, 上仁爲之而無以爲, 上義爲之而有以爲. 上禮爲之而莫之應, 則攘臂而扔之. 故失道而後德, 失德而後仁, 失仁而後義, 失義而後禮. 夫禮者, 忠信之薄, 而亂之首也. 前識者, 道之華, 而愚之始. 是以大丈夫處其厚, 不居其薄, 處其實, 不居其華. 故去彼取此.)

– 《도덕경》 제38장

한 나라의 군주와 마찬가지로 사업을 하는 것도 기본적으로 사람을 다스리고 만드는 것이다.

명나라 때 산서성 포주蒲州 지역 출신으로서 상업에 종사하는 사람들은 서쪽으로는 진농秦隴, 동쪽으로 안휘성과 절강성, 남쪽으로는 사천성까지 진출했다. 상인 왕해봉王海峰도 이 지역들을 돌아다니며 장사를 했지만 이윤이 별로 크지 않다고 판단하자 동부의 청창青滄으로 이동했다.

인간은 보편적으로 이익을 보면 위험을 감수하더라도 취하려 하고, 해가 될 일은 피하려 한다. 예를 들어, 상인은 이익을 얻을 수 있으면 밤을 새서 가더라도 천 리 길이 멀다고 느끼지 않는다. 어부는 물고기를 많이 잡을 수 있으면 폭풍을 무릅쓰고서라도 몇백 리를 항해한다. 이익을 얻을 수만 있다면 아무리 높고 험준한 산을 올라가는 것도 서슴지 않는다.

왕해봉이 청창으로 간 것도 이익을 얻을 수 있다고 생각했기 때문이다. 그가 남들과 다른 점은 잠재적인 거대한 이익을 차지하기 위해서는 하루라도 빨리 목적지에 가야 한다는 중요성을 깨달은 것이다.

그가 청창에 도착할 무렵 큰 눈이 내려 길이 꽁꽁 얼어 통행이 어려웠다. 큰 항아리들을 실은 마차가 눈길에 빠져 꼼짝을 하지 않자 마차의 주인과 화물 주인은 몇 시간 동안 꼼짝도 하지 못했다. 날이 어두워지자 뒤이어 오던 마차들도 앞이 막혀 가지 못해 장사진을 이루었다.

찬바람 속에서 안간힘을 쓰던 상인들은 빨리 객잔으로 돌아가 휴식을 취하고 싶었지만 어찌할 바를 몰라 발을 동동 굴렀다.

이때 마차를 이끌고 온 왕해봉은 무슨 일이 일어났는지 알아보았다. 하인이 앞에 가던 마차가 눈길에 발이 묶였다고 알리자 왕해봉은 사고가 난 현장에 가서 상황을 살핀 뒤 마차 주인에게 항아리에 담은 물건들이 얼마나 되는지 물었다. 은 60량이라는 대답을 들은 왕해봉은 하인에게 돈을 갖고 오게 해서 화물 주인에게 주었다. 그러고는 하인에게 마차에 실린 큰 항아리를 절벽 아래로 던지라고 명령했다. 항아리를 버린 마차가 움직이게 되자 뒤에 밀려 있던 약 100대의 마차가 앞으로 나갈 수 있게 되었다.

왕해봉의 기지와 단호한 조치는 순식간에 객상들에게 알려졌다. 그는 60량의 은을 잃었지만 좋은 평판을 얻었고, 이는 사업을 하는 데 필요한 신용으로 이어졌다. 이런 무형의 자산은 60량의 은으로는 도저히 살 수 없는 귀중한 것이다. 실제로 그는 이날의 행동으로 인해 거부가 되었다.

사업가로서의 능력과 자질을 갖춘 왕해봉이라도 자신의 결단이 미래에 어떤 영향을 미칠지 계산하지는 못했을 것이다. 하지만 그의 행동은 거상으로서 갖추어야 하는 태도와 마음가짐이 자연스럽게 표출된 것이었다.

남의 힘을 빌려
자신의 세로 만드는 것은
성공의 문을 여는 열쇠다

훌륭한 선비는 무력을 쓰지 않고, 싸움을 잘하는 자는 화내어 흥분하지 않으며, 적을 잘 이기는 자는 적과 정면으로 싸우지 않고, 사람을 가장 잘 쓰는 자는 남들에게 몸을 낮출 줄 안다. 이것을 다투지 않는 덕이라 하고, 남의 힘을 이용하는 것이라 하며, 자연의 섭리에 따르는 오래된 지극한 도이다.

(善爲士者不武, 善戰者不怒, 善勝敵者不與, 善用人者爲之下, 是謂不爭之德, 是謂用人之力, 是謂配天, 古之極.)

- 《도덕경》제68장

유태인의 성공 비결 중의 하나는 타인의 세력을 빌려 자신에게 유리하도록 이용하는 것이다. 경제, 정치, 과학 등 어느 분야를 막론하고 유태인은 남의 세력과 지혜를 자신의 것으로 만드는 데 능통하다.

곡물 업계의 메이저인 콘티넨탈 그레인의 마이클 프리보그는 작은 식품점에서 시작하여 세계적인 곡물 수출입 다국적 기업의 소유자가

노자, 상생경영을 말하다

되었다. 그의 성공 요인 가운데 가장 눈에 띄는 점은 선진적인 통신 기술을 도입하고, 과학기술과 경영 분야의 인재들을 적극적으로 발굴한 것이다. 다른 회사들이 통신비용을 아낄 때 프리보그는 최첨단의 통신설비를 사들였고, 고액의 연봉을 제시해 인재들을 유치함으로써 경쟁력을 한껏 높였다.

자신에게 부족한 힘과 세력을 빌리는 것은 성공의 문을 여는 중요한 열쇠가 된다. 수많은 유태인이 남의 지혜까지 빌리는 현명함과 기지를 발휘하고, 근면함과 끈기로 자본을 축적하여 세계적인 부호가 되었다.

미국의 선박왕 다니엘 루드비히의 첫 번째 사업은 해저에 침몰된 배를 건져 올려 아버지에게 빌린 돈으로 4개월 동안 수리해 대여한 것이다. 이 사업으로 그가 손에 넣은 돈은 50달러였다. 이후 그는 은행에서 대출을 받아 낡은 화물선을 사들여 수익이 큰 유조선으로 개조하려는 계획을 세웠다. 뉴욕의 몇 개 은행을 찾아가 대출을 신청했지만, 그는 담보가 없었으므로 모두 거절을 당했다. 하지만 그에게는 아주 낡았지만 항해는 할 수 있는 유조선 한 척이 있었다. 그는 이 배를 저렴한 가격으로 한 석유회사에 대여를 해 준 뒤 은행 지점장을 찾아가 석유회사가 매달 지불하는 선박 대여금을 담보로 삼아 대출을 해 달라고 부탁했다. 우여곡절을 겪은 뒤 루드비히는 체이스맨해튼 은행에서 대출을 받았다.

루드비히가 담보를 제공하지는 않았지만 석유회사가 꼬박꼬박 대여금을 냈기 때문에 은행 측은 전혀 손해를 보지 않았다. 대출을 얻은 루드비히는 화물선을 성능 좋은 유조선으로 개조하여 대여를 했다. 그리고 대여금을 은행에 담보로 제공하여 대출을 받고, 다시 선박을 사들였다. 이런 식으로 선박 수를 늘리면서 은행 빚을 다 갚은 그는 선박계의 거물이 되었다.

다니엘 루드비히가 거둔 성공에서 가장 눈에 띄는 것은 남의 '세'를 빌려 몸집을 불려 나간 전략이다. 석유회사와 사업적 파트너 관계를 맺은 그는 선박 대여금으로 은행과의 거래를 성사시켰다. 그리고 대출금으로 선박을 사들여 다시 석유회사에 대여함으로써 사업 규모를 확장했다. 석유회사와 은행을 상대로 순환구조를 만듦으로써 자신의 '세'를 늘린 것이다. 당연히 세가 커지면서 벌어들이는 돈도 많아졌다. 유태인의 남의 힘을 빌려 사업을 키워 가는 능력은 타의 추종을 불허하는 놀라운 성공의 비결이다.

제3장

안정적인 발전이
장기적인 발전을 위한 길이다

큰 고객을 만나 10만 달러의 이익을 얻을 수도 있지만, 10명의 작은 고객이 같은 액수의 이익을 줄 수도 있다. 그러나 모든 희망을 큰 고객에게 걸다 보면 작은 고객을 소홀히 할 수 있다. 자신도 모르게 작은 고객을 무시하거나 성의 있게 대하지 않으면 어느 날 큰 고객이 될지도 모르는 10명의 작은 고객을 잃게 된다. 큰돈을 버는 데만 혈안이 되면 어리석게 행동하게 되어 그만큼의 손실을 입게 된다. 작은 것을 무시하고 큰 것에만 매달릴수록 잃는 것이 더 많아진다는 사실을 유념해야 한다.

사업가라면 '작은 이익을 우습게 알지 말라'는 금언을 가슴에 새기고 항상 떠올려야 한다. 동전 한 개라도 귀하게 여기면서 모으는 습관을 들여야 성공할 수 있다. 물 한 방울이 모이고 모여 바다를 이루고, 장군도 졸개에서 출발했듯이, 모든 성공은 무시해도 좋을 것 같은 작은 일들과 경험이 쌓인 결과다. 경영 마인드가 뛰어난 사업가들은 아무리 작은 거래도 놓치지 않는다. 보잘것없는 이윤이라도 쌓이면 큰 부가 된다는 사실을 잘 알기 때문이다.

품질은 기업을
발전시키는 본질이다

예로부터 '하나'를 얻은 것들이 있다. 하늘은 하나를 얻어 맑아지고, 땅은 하나를 얻어 편해지고, 신은 하나를 얻어 영험해지고, 골짜기는 하나를 얻어 채워지고, 모든 것은 하나를 얻어 생겨나고, 제후와 왕은 하나를 만나 천하를 세운다.

(昔之得一者, 天得一以清, 地得一以寧, 神得一以靈, 谷得一以盈, 萬物得一以生, 侯王得一以爲天下貞.)

- 《도덕경》제39장

고대에는 '1'이 가장 작은 숫자이자 모든 수의 출발점이었다. 수학적 개념이 아닌 '하나'는 가장 원시적인 자연 상태를 의미한다.

제품의 품질은 기업의 발전을 좌우하는 생명선이자 경쟁력을 키우고 경제적 수익을 창출하는 원천이다. 품질을 최우선으로 하여 엄격하게 품질을 관리하면서 향상시키는 것은 경영자가 기본적으로 갖춰야 할 경영 마인드이자 기업의 존립 기반이다.

경영에서 고객 만족을 중심으로 하고, 사실과 데이터를 기초로 하

노자, 상생경영을 말하다

며, 결과와 추이에 따라 움직이는 것은 하나의 과정이다. 또한 고객, 직원, 공급업체의 요구를 모두 만족시키면서 원활한 공조 체제를 만드는 것 역시 성공적인 경영을 위한 필수 조건이다. 전통적으로 품질 관리의 목표는 제품의 하자를 최소화하는 것이었지만, 요즘에는 잘못된 개념으로 인식되고 있다. 미국의 전신업계는 1970~1980년대 중반까지 품질 관리를 매우 중시했다. 포드 자동차도 TV광고에 '품질 제일'을 카피로 내세워 판매가 급증하는 효과를 얻었다. 치열한 시장 경쟁에서 품질의 중요성이 얼마나 중요한지가 입증된 것이다.

품질은 생명이다. 항공기의 품질은 제조업체의 '생명'과 미래를 결정할 뿐만 아니라 승객의 생명과 안전에 직접적인 영향을 미친다. 보잉사는 품질을 무엇보다도 중시하는 것으로 유명하다. 보잉사는 장기적으로 볼 때 어느 시장에서든지 가치를 인정받는 기준은 품질이라 믿고 있다. 따라서 보잉사는 모든 직원이 품질을 최우선으로 삼도록 교육하고 있으며, 모든 공장과 부서가 최상의 부품을 사용하여 품질을 유지하도록 한다. 보잉의 회장은 회의를 할 때마다 품질은 항공기의 생명이고, 품질에 문제가 있으면 인명 사고로 직결된다고 강조한다.

항공기 운항의 안정성은 철저한 검사와 유지 보수, 조종사의 규정 엄수, 날씨 등에 따라 좌우된다. 보잉사는 비행 사고의 가능성을 차단하기 위해 생산 과정을 혁신하여 잠재적인 위험을 방지한다. 엔지니어들은 생산 노동자들의 작업을 세밀하게 검사하고, 회사는 생산의 각 단계에서 모니터링을 한다. 그리고 미국연방항공국

(Federal Aviation Administration)에서 임명한 검사원들이 항공기 한 대당 800여 차례의 안전 점검을 한다. 보잉의 747-400은 개발 후 1,500시간의 비행 실험과 1,900시간의 지상 점검을 실시했다. 17,000개의 기능 실험과 700만 개의 데이터 점검은 완벽한 항공기를 만들기에 충분했다. 보잉의 전 CEO 필 콘디트는 "인적 사고를 완벽하게 막는 것은 불가능하다. 하지만 우리는 철저한 관리 시스템을 만들고, 착오를 발견하면 즉시 개선한다. 이것이 보잉이 자랑하는 전통이다"라는 말로 보잉의 품질 관리를 설명했다.

'모든 것은 고객을 위해서'라는 모토는 벤츠사의 경영정신이다. 고객을 신처럼 여기면서 모든 요구를 만족시켜야 한다는 고객 제일의 정신은 최고의 품질을 유지해야 한다는 전제하에 완벽한 서비스 시스템을 탄생하게 했다. 실제로 판매 전과 판매 후 모두 높은 수준의 서비스를 제공함으로써 벤츠 자동차를 구입한 고객의 사고나 안전성에 대한 우려를 불식한다. 벤츠사는 서비스 향상과 더불어 서비스망의 확대에도 많은 노력을 기울이고 있다. 현재 세계 각국에 약 5,000개에 달하는 판매와 서비스 센터가 있고, 그중 유럽 전역과 독일에 각각 2,700곳, 1,500곳이 있다. 독일 내의 고장 수리와 유지 작업에 종사하는 인원은 5만 6,000명에 달해, 고속도로에서 25킬로미터 이내에는 반드시 벤츠 수리 센터가 소재할 정도다. 품질이 탁월한 자동차도 운행 거리가 늘어나면 점검과 보수를 해야 한다. 따라서 벤츠의 서비스센터는 부품의 신속한 조달에서부터 전산화된 운행 컨설팅 서비스 등 다양하고 세심한 서비스를 제공하고 있다. 직원 교육도 철저해서 서비스 인력은 숙련된 기술과 친절한 태도로 고객을 만족시킨다. 벤츠는 1만 5,000킬로미터를 주행한 차량에 대해 하루 만에 점검을 마치는 서비스를 제공한다. 엔진 오일을 교체할 때 다른 부품의 모손이 심하면 서비스센터는 차주에게 전화를 걸어 교환 여부를 문의한다. 이 밖에도 운전 도중에 고장이 나 운전자가 전화를 걸면 서비스센터에서 기술자를 보내 현장에서 수리를 하거나 견인하여 수리를 해 준다. '고장률 제로'를 지향하는 벤츠는 차량의 고장은 모두 회사의 책임으로 받아들인다. 그래서 고장이 나면 운전자의 실수에서 기인한 것이라도 최선의 서비스를 제공한다.

한번은 프랑스의 한 농장 주인이 벤츠의 트럭을 몰고 독일로 향했다. 차가 프랑스의 한적한 시골에서 모터에 이상이 생겨 움직이지 못하게 되자 다급한 주인은 독일 본사에 연락을 했다. 몇 시간 후 기술자가 공장 내의 엔지니어와 함께 비행기를 타고 와서 순식간에 트럭을 수리한 후 몇 번이고 사과를 했다.

이처럼 최선의 서비스가 벤츠를 세계인의 사랑을 받는 영원한 '명품'으로 만들었음은 의심의 여지가 없다.

아무리 좋은 것도
자신에게 적합하지 않으면
좋은 것이 아니다

내가 조금 아는 것이 있어 대도를 실행하라면 오직 삐뚤어진 것만
을 두려워할 것이다. 대도는 매우 탄탄한 대로인데 사람들은 험한
지름길을 좋아한다. 조정은 잘 닦여 있으나 백성의 전답은 잡초로
무성하여 창고가 비어 있다. 조정에는 아름다운 비단옷을 입고, 번
뜩이는 칼을 차고, 질리도록 먹고 마시고, 재물은 넘쳐나는 자들이
있다. 그들을 일컬어 큰 도둑이라 한다. 이는 도라고 할 수 없다.

(使我介然有知，行於大道，唯施是畏．大道甚夷，而民好徑．朝甚除，
田甚蕪，倉甚虛．服文綵，帶利劍，厭飮食，財貨有餘，是謂盜夸．非道
也哉．)

- 《도덕경》제53장

다른 사람이 걸어간 길이 빨리 갈 수 있는 지름길이 될 수도 있지만,
자기에게 적합한 길이 된다는 보장은 없다. 코끼리가 한 걸음에 넘
을 수 있는 작은 개울을 개미는 돌아서 가야 하는 것과 같은 이치다.

노자, 상생경영을 말하다

옛날 조나라의 서울 한단邯鄲 사람들의 걸음걸이가 멋있다는 소문을 들은 연나라 사람이 배우러 갔다가 제대로 배우는 것은 고사하고 자기 걸음마저 잊어버려 기어서 돌아왔다는 이야기가 있다. 오늘날의 우리들도 어리석은 연나라 사람과 별반 다르지 않다. 어떻게 걸을 것인지를 고민하면서 스스로를 이해해야 자기만의 걸음걸이, 달리 말해 자기가 가야할 길을 찾을 수 있다.

인도는 1947년에 영국의 식민지에서 독립했지만 아직까지도 경제를 비롯한 제반 분야에서 여전히 영국식 모델을 채택하고 있다. 세계적인 기업이 없음은 물론이고, 경제 규모와 발전 속도도 중국보다 뒤떨어진다. 중국이 계획경제에서 시장경제로 전환한 사실에 비춰보면 인도의 낙후된 경제 사정을 짐작할 수 있다.

세상에는 똑같은 기업이 존재하지 않는다. 문화적 전통과 지역적 특색이라는 배경이 다른 기업들이 같은 방식으로 설립되고 성장할 수는 없기 때문이다. 경영에는 완벽한 이론적 해답이 없고, 어떤 이론도 모든 기업에 적용될 수는 없다. 그러므로 경영에 관한 최상의 교과서는 말이나 글로 표현되지 않는 그 무엇이라 할 수 있다.

기업을 키워 나가는 과정에서 경영자는 자신의 장단점을 파악한 뒤 장점을 살려 나가야 한다. 많은 기업들이 맹목적으로 서구의 경영 모델을 모방할 때 리자청은 자신만의 독특한 방식으로 개가를 올렸다. 한 인터뷰에서 그는 남들과 다른 경영관을 피력했다.

"우리의 경영은 기본적으로 서구의 경영 방식을 따르고 있지만, 다행히도 중국의 문화와 철학을 가미했다. 서구의 CEO들은 1년 실적이 좋지 않으면 곧바로 짐을 싸서 집으로 가야 한다. 하지만 우리는 그렇게 하지 않는다. 예를 들어 같은 업종에서 타사가 90퍼센트 적자를 보았는데 우리는 60퍼센트 적자를 기록했다면 나는 그 CEO를 칭찬한다. 그렇지만 만약 타사가 100달러를 벌었는데 우리는 80달러를 벌었다면 왜 그렇게 적게 벌었냐고 추궁을 한다."

리자청의 경영은 중국과 서양의 방식을 접목했다는 평을 듣는다. 과학적이면서도 인간적인 정情을 중시하는 것이 바로 그것이다. 그는 미국의 과학적인 경영은 빠르게 변화하는 경제 상황에 적응할 수 있는 장점이 있지만, 실적이 좋지 않으면 대규모 해고를 하는 몰인정한 면이 있다고 지적한다. 리자청이 대규모 해고를 하지 않는 이유는 직원들에게 어느 날 갑자기 실업자가 될 수도 있다는 불안감을 주지 않기 위해서다. 이렇듯 중국과 서양의 장점을 결합한 경영을 하면 직원들의 근로 의욕과 애사심을 이끌어 낼 수 있다.

세상에 제일 좋은 것은 없지만 가장 적합한 것은 있다. 기업의 생존을 위한 방도를 연구함에 있어 먼저 살펴봐야 할 점은 한 기업이 왜 다른 곳이 아닌 '그곳'에서 오래 존재하는가 하는 것이다. 이는 혁신의 시대에 기업이 고민해야 할 핵심 과제이기도 하다.

사소한 차이가
성공을 가른다

천하의 어려운 일은 반드시 쉬운 것에서부터 시작되고, 천하의 큰
일은 반드시 세밀한 것에서부터 생겨난다.
(天下難事, 必作於易, 天下大事, 必作於細.)

- 《도덕경》제63장

사소해 보이는 디테일이 전체를 변화시키는 경우가 적지 않다. '천리
나 되는 둑도 개미 한 마리에 의해 무너진다'는 말에서 알 수 있듯이,
경영자가 정책을 결정할 때 사소한 부분을 소홀히 여기면 그동안의
노력이 수포로 돌아갈 수 있다. 전체와 디테일은 대립적이면서도 조
화로운 관계를 이룬다. 전체는 디테일의 성격을 좌우하지만, 디테일
도 전체에 영향을 미치기 때문이다.

전체와 디테일의 특성을 이해하는 CEO라면 전반적인 상황을 고

려하여 큰 그림을 기획하되 모든 디테일을 전체에 반영해야 한다. 다시 말해, 폭넓은 사고로 디테일을 연구하고 분석한 뒤 실행 가능한 방법을 찾아야 하는 것이다. 디테일에 충실한 경영의 대표적 기업으로는 이케아IKEA를 꼽을 수 있다. 이케아는 세계 최대의 가구 업체로서 설립자 잉바르 캄프라드Ingvar Kamprad는 '이윤을 창출하는 근원은 디테일이다'라는 신념을 갖고 사람들에게 디테일에 각별히 주의하도록 요구했다.

프레드 터너 전 회장은 맥도날드를 업계 최고로 만든 요인으로 디테일 경영을 꼽았다. 그는 "우리의 성공은 라이벌 회사들의 경영자들이 디테일에 대해 깊은 관심을 가지지 않고 경영에 반영하지 못했다는 반증이다"라는 말로 맥도날드의 디테일을 중시하는 경영을 강조했다.

맥도날드는 모든 과정에 완벽을 기하기 위해 〈맥도날드 매뉴얼〉을 만들었다. 디테일 관리에 대한 모든 것이 담겨 있는 이 책자에는 서비스별로 구체적인 요령이 제시되어 있다. 예를 들어 '햄버거의 빵은 뒤집지 말고 회전해서 구워라' '빅 버거와 감자튀김은 주방에서 나간 뒤 각각 10분, 7분이 지나면 무조건 버려라' '수납 직원은 반드시 고객과 눈을 맞추며 미소를 지어라' 등이 명시되어 있다. 심지어 밀크셰이크를 기계에서 빼내는 방법, 컵을 드는 방법까지 상세하게 규정하고 있다. 매뉴얼은 계속해서 내용을 보완하고 있고, 맥도날드의 모든 매장은 규정을 준수하고 있다. 구체적이고 쉽게 만든 매뉴얼 덕분에 맥도날드의 직원들은 신입이라도 빠른 시간 내에 업무를 익힌다.

'누구라도 배워서 해낼 수 있는' 매뉴얼을 만들어 냄으로써 직원들의 능률성을 향상시킨 것이다.

디테일에 대한 지대한 관심과 제도화로 인해 맥도날드의 수많은 매장은 단기간에 성장을 거듭했다. 모든 매장은 4가지 원칙, 즉 표준화, 단순화, 통일화, 전문화를 원칙으로 운영된다.

표준화는 매장의 이름, 인테리어, 설비, 상품, 서비스 등을 본사가 요구하는 기준에 맞추는 것이다. 단순화는 모든 매장의 직책과 서비스 과정을 매뉴얼에 따라 운영하여 변수가 생기지 않게 하는 것이다. 통일화는 광고, 정보 수집, 직원 훈련, 관리 등을 획일화하는 것이다. 전문화는 의사 결정, 구매, 배송, 판매 등을 세분화하여 전문성을 높이는 것이다. 이 네 가지 원칙은 사실상 디테일에 충실을 기한다는 정신에서 비롯된 것이다.

이것이 완벽한 서비스를 추구하면서 세부적 문제들을 소홀히 여기지 않는 맥도날드의 변함없는 경영 이념이다. 결론적으로 말해, 디테일은 맥도날드를 지탱하는 핵심 가치라 할 수 있다.

벤츠는 자동차 생산에 들어가는 부품 제작에 만전을 기하는 것으로 유명하다. 자동차의 품질을 판단할 때 사람들이 가장 먼저 기준으로 삼는 것은 외관과 성능이다. 좌석에 관심을 두는 사람들은 별로 없지만, 벤츠사는 좌석에 각별한 공을 들인다. 시트는 뉴질랜드에서 수입한 23~25밀리미터 길이의 양모를 사용하여 부드럽고 쾌적함을 추구한다. 비교적 굵은 양모는 중가 차량의 시트로 사용하여 내구성을 보장한다. 원단의 특성에 따라 중국산 실크와 인도산 융을 혼용하고, 가죽 시트도 최고급을 사용한다. 알려진 바에 의하면 각국에서 시트 원료를 조사한 결과 최고의 품질은 독일 수소의 가죽이라고 한다. 공급처를 결정한 다음, 벤츠는 소의 사육 과정에서 외상이나 기생충을 방지하여 가죽의 질이 손상되지 않도록 한다. 소가죽 한 장의 크기는 평균 6제곱미터인데, 벤츠사는 절반만 사용한다. 소의 배 부분 가죽은 너무 얇고, 목 부분은 주름이 많고, 다리 부분의 가죽은 너무 좁기 때문이다. 재료를 정선한 다음에는 전문 기술자가 제작과 염색을 하고, 적외선으로 시트를 검사하여 주름진 곳을 다림질한다. 벤츠는 브랜드의 가치를 지키기 위해 생산비용을 아끼지 않고, 이런 자세는 전 공정에 스며들어 있다.

벤츠 공장을 견학한 사람들은 청결한 환경과 체계적인 생산 과정에 깊은 인상을 받는다. 벤츠의 차량은 작은 나사 하나도 조립 전에 검사를 거치고, 단계별로 공정을 체크하고, 마지막으로 전문 엔지니어의 서명을 받아야 출시된다. 용접, 모터 장착, 방탄유리 장착과 같이 힘이 많이 들어가는 작업은 로봇이 담당함으로써 일정한 품질을 유지한다.

제품의 품질을 보증하기 위해 벤츠는 매우 엄격한 검사 시스템을 적용한다. 1일 평균 1,600대를 생산하는 벤츠의 생산 직원은 3만 4,000명이고, 이중에서 품질 검사를 하는 인력이 7분의 1을 차지할 정도다. 부품 검사를 하는 1,300여 명은 26만 개에 달하는 협력사에서 제공된 부품을 전량 검사한다. 만약 부품 한 상자에서 불합격품이 한 개라도 발견되면 전량을 반송한다. 엔진의 체크 항목은 42가지이며, 페인트칠에 조그만 자국이라도 있으면 불량품으로 처리한다.

이 밖에도 조별로 검사 책임자를 두고, 총책임자가 마지막 검사를 실시한다. 이사회, 공장 대표, 엔지니어로 구성된 팀은 2주에 한 번씩 9대를 정기적으로 샘플 검사를 하여 문제를 해결한다. 벤츠 차량은 1대당 대략 5~10퍼센트의 부품을 외부에서 구입하고, 나머지 부품은 명시한 디자인, 원자재, 생산 규격 등의 매뉴얼에 따라 계열사에서 생산한다.

탁월한 품질로 명성을 얻은 벤츠의 성공 비결은 앞서 언급한 것처럼 시트 생산에까지 최선을 다하는 태도에서 비롯된 것이다. 모두가 큰 부분에 주력할 때 두각을 드러내기는 쉽지 않다. 앞서 가기 위해서는 남들과 다른, 세밀하고 사소한 문제까지 최선을 다해야 한다. 벤츠의 완벽을 추구하면서 최선을 다하는 정신은 벤츠를 일류기업으로 만드는 원동력이다.

작은 결과들이 쌓이면
큰 성과로 이어진다

도에서 하나가 나오고, 하나에서 둘이 나오며, 둘에서 셋이 나오고,
셋에서 만물이 나온다.
(道生一, 一生二, 二生三, 三生萬物.)

- 《도덕경》 제42장

모든 일이 그러하듯 하루아침에 금맥을 발견하는 경영자는 없다. 성
공한 사업가들이 걸어온 길을 살펴보면 하나같이 시작은 미미했다.
계단을 오르는 것과 마찬가지로, 하나의 발판이 있어야 다음 발판으
로 옮겨 갈 수 있다. 부는 조금씩 쌓여 태산과 같이 커지므로 꾸준히
길을 걸어갈 각오만 있다면 성공의 문으로 다가갈 수 있다.

많은 사람들은 '적은 돈'을 우습게 안다. 이런 생각으로 사업을 한
다면 실패할 확률이 매우 크다. 큰 고객을 만나 10만 달러의 이익을

노자, 상생경영을 말하다

얻을 수도 있지만, 10명의 작은 고객이 같은 액수의 이익을 줄 수도 있다. 그러나 모든 희망을 큰 고객에게 걸다 보면 작은 고객을 소홀히 할 수 있다. 자신도 모르게 작은 고객을 무시하거나 성의 있게 대하지 않으면 어느 날 큰 고객이 될지도 모르는 10명의 작은 고객을 잃게 된다. 큰돈을 버는 데만 혈안이 되면 어리석게 행동하게 되어 그만큼의 손실을 입게 된다. 작은 것을 무시하고 큰 것에만 매달릴수록 잃는 것이 더 많아진다는 사실을 유념해야 한다.

사업가라면 '작은 이익을 우습게 알지 말라'는 금언을 가슴에 새기고 항상 떠올려야 한다. 동전 한 개라도 귀하게 여기면서 모으는 습관을 들여야 성공할 수 있다. 물 한 방울이 모이고 모여 바다를 이루고, 장군도 졸개에서 출발했듯이, 모든 성공은 무시해도 좋을 것 같은 작은 일들과 경험이 쌓인 결과다. 경영 마인드가 뛰어난 사업가들은 아무리 작은 거래도 놓치지 않는다. 보잘것없는 이윤이라도 쌓이면 큰 부가 된다는 사실을 잘 알기 때문이다.

사람들은 일반적으로 '쓰레기 치우는 일'을 허드렛일 정도로 생각한다. 이러한 일을 하는 사람 중에는 이 일로 빈곤을 탈출하는 경우도 있지만, 그럴듯한 사업을 하게 되는 경우는 거의 없다. 스량史亮은 극히 예외적으로 성공을 거둔 인물이라 할 수 있다. 그는 보통사람들이 발견하지 못한 기회를 포착하는 안목과 행동력을 갖추었던 것이다.

스량은 6개월 남짓 쓰레기 줍는 생활을 하면서 1,000위안을 모았다. 남들은 입에 풀칠을 하기 위해 쓰레기를 줍지만, 자기가 하는 일에 관심을 가지고 있었던 그는 쓰레기나 폐자재를 사들이는 사람의 목적이 궁금했다. 여러 사람의 입을 통해 그는 중요한 사실을 알아냈다. 플라스틱은 허베이성 원안文安, 깡통과 뼈는 톈진天津, 유리는 한단邯鄲, 종이는 바오딩保定, 금속과 합금은 바霸현, 신발창은 딩저우定州 등으로 운반된다는 것이었다. 영감을 얻은 그는 각지의 수집상들에게 전화를 걸어 직접 폐자재를 공급하기로 계약을 맺었다.

스량이 새로운 사업을 시작하자 몇 년 동안 쓰레기를 주우며 근근이 살던 사람들은 그가 언젠가 꼭 성공할 것이라고 감탄했다. 쓰레기 수집상이 된 그는 50명을 한 팀으로 구성하여 각기 다른 종류의 쓰레기를 모으게 했다. 그런 후에 폐지, 폐철, 유리병, 플라스틱 그릇, 폐금속 등 재활용할 수 있는 폐기물들을 정리, 분류한 뒤 공장에 직접 판매해 수천 위안의 수입을 올렸다.

재활용 사업의 무궁무진한 시장성에 확신을 갖게 된 스량의 눈에는 쓰레기 더미가 숨겨진 보물로 비쳤다. 그중에서도 폐철 처리된 낡은 자전거를 고쳐 팔았고, 그 후에는 폐기된 타이어를 재생하여 판매하는 사업도 시작했다.

1986년에 이르러 그는 창사長沙시 교외에 10여 채의 집을 사들여 재활용 물자를 가공하는 공장을 세워 큰 성공을 거두었다. 단순한 폐자재 수집에서 재활용품 생산 공장으로 사업이 확대되면서 스량은 새로운 인생을 살게 되었다.

1990년, 스량은 알루미늄 수요가 급증하는 현상을 보자 과감하게 전신振欣알루미늄 주식회사를 설립하여 폐금속을 이용한 알루미늄 생산에 들어갔다. 창업 초기에 그는 기존의 수공 방식의 알루미늄 제

노자, 상생경영을 말하다

조 방식을 버리고 직접 랴오닝성 번시本溪에 가서 알루미늄 생산 기술을 배웠다. 당시 알루미늄의 가격은 1톤당 1만 위안이었지만, 첨단 기술을 도입한 전신의 알루미늄이 시장을 제패하리라고 스량은 확신했다. 경영의 노하우가 쌓이고 재생 타이어 공장과 알루미늄 가공 공장을 세워 투자를 게을리하지 않은 결과 스량은 1995년 32세의 나이에 3개의 공장과 수백만 위안에 달하는 자산을 보유하게 되었다.

누구나 운명을 바꿀 기회를 찾지만, 정작 기회를 꽉 움켜쥐는 사람은 소수에 불과하다. 많은 사람이 하지 못한 일을 스량은 해냈다. 그에게 있어 쓰레기는 누구도 발견하지 못한 보물 창고였던 것이다.

창사 시에서 매년 배출되는 쓰레기는 70만 톤으로, 모두 쌓으면 웨루산岳麓山의 4분의 1에 달하는 어마어마한 양이다. 폐플라스틱의 경우 창사시에서 매년 배출되는 양은 3만 톤인데, 주로 매립 방식으로 처리된다. 문제는 폐플라스틱은 200년이 지나도 썩지 않고, 연소성과 폭발 가능성이 높은 유독 가스를 발생시킨다는 것이다. 스량은 폐플라스틱의 유화 기술을 개발하면 사업성은 물론이고 국가적으로도 유익하다는 생각으로 연구에 들어갔다.

1996년, 스량은 폐플라스틱 활용에 관한 리서치를 한 결과 성공의 관건이 기술이라는 사실을 확인했다. 그는 관련 기술을 공부하는 한편 일본, 독일, 말레이시아 등을 방문하여 쓰레기 처리와 활용 방법에 대한 노하우를 얻었다. 2년의 준비 기간을 거친 뒤 그는 일본에서 기술과 설비를 도입했다.

1년 반 동안 기술을 검증한 그는 1999년 6월에 1,300만 위안을 투자해 친환경적인 플라스틱 유화 공장을 지었다. 폐플라스틱에 촉매제를 넣어 500도로 열분해하여 등유, 디젤유, LPG 등을 생산했고, 철저한 관리로 2차 오염의 가능성을 차단했다. 1톤의 폐플라스틱에서 추출되는 석유의 비율은 75퍼센트, 이윤은 1,000위안에 달한다. 본격적인 생산에 들어간 이후 수요가 폭발했다.

이와 동시에 스량은 '흑색 오염'의 주범으로 꼽히는 폐타이어를 고무 분말로 재활용하는 공장을 세웠다. 독일에서 기술을 도입한 이 공장에서 생산하는 고무 분말은 아스팔트를 까는 데 사용되는데, 비용이 저렴하고 미끄럼과 동결을 방지하는 기능이 뛰어나 큰 인기를 끌었다.

쓰레기를 줍는 일에서 시작하여 친환경 사업가로 명성을 얻은 스량의 행보에는 눈물과 함께 인간적인 매력이 가득하다. 그의 창업에서 성공까지의 과정은 무에서 유를, 티끌로 태산을 쌓은 기적적인 스토리가 아닐 수 없다.

제4장

다스리지 않는 것이
최고의 다스림이다

과거에는 기업의 경영자가 권위를 내세우며 일방통행식으로 지시와 명령을 내렸지만, 이제는 상호적인(interactive) 경영으로 바뀌는 추세다. 경영자와 상호적인 관계의 한 축을 이루는 주체는 직원이다. 직원들의 무한한 잠재력을 적절하게 발휘하게 한다면 기업은 높은 수익을 올릴 수 있다. 이런 추세에 맞춰 경영자가 다양한 수단으로 직원들을 격려하여 노자의 말대로 '다투지 않아도 이기고, 말하지 않아도 순응하게 하고, 부르지 않아도 저절로 오게' 한다면 경영자는 성공적으로 '무위의 경영'을 할 수 있다.

권한의 위임은 직원의 역량을 이끌어 내는 기폭제다

학문을 닦으면 지식이 나날이 쌓이고, 도를 행하면 날마다 욕심이 줄어든다. 줄이고 또 줄이면 무위에 이른다. 무위에 이르면 하지 않아도 못함이 없다. 세상은 언제나 무위로써만 얻게 된다. 일을 꾸미면 천하를 얻을 수 없다.

(爲學日益, 爲道日損. 損之又損, 以至於無爲. 無爲而無不爲. 取天下, 常以無事. 及其有事, 不足以取天下.)

- 《도덕경》 제48장

사자와 늑대가 함께 사냥에 나섰다. 출발하기 전에 늑대는 사자에게 사냥법을 지도해 달라고 공손하게 부탁했다. 늑대는 사냥의 고수이지만 백수의 제왕인 사자 앞에서는 고개를 숙일 수밖에 없었기 때문이다.

사자는 늑대의 아양에 못이기는 척 "그래, 내가 너에게 한 수 가르쳐 주마!"라며 흐뭇해했다.

숲으로 들어간 사자와 늑대 앞에 사슴 한 마리가 나타났다. 놀란

노자, 상생경영을 말하다

사슴이 도망을 치자 늑대가 덮쳤고, 사자가 순식간에 사슴의 숨통을 끊었다.

사자는 점잖게 "너무 무례하군. 내가 너의 주인으로서 한마디 하지. 먹잇감을 잡기 전에는 한 번 길게 울부짖어야 해. 네 엄마는 그런 교육도 시키지 않았니?"라고 말했다.

늑대는 할 수 없이 목청껏 소리를 질렀다. 얼마 후 사자와 늑대는 사슴 한 마리를 발견하고는 길을 막았다. 사자는 뒤편에 서서 늑대가 사슴을 잡는 것을 지켜보았다. 늑대가 사슴의 목을 물려고 하는 순간, 사자는 갑자기 늑대를 밀어내며 말했다. "사냥에서 제일 큰 재미는 먹잇감의 다리를 물자마자 버둥대는 것을 보는 거야!" 사자는 늑대에게 보란 듯이 다리를 무는 동작을 흉내 냈다.

사슴은 이 틈을 타서 죽어라 도망을 갔고, 사자는 늑대에게 화를 내며 잔소리를 해 댔다.

이 우화에서 보듯이, CEO가 모든 일에 참견하고 관여하면 일을 망칠 수도 있다. 그보다는 아랫사람들이 능력을 발휘하도록 재량권을 주는 여유를 보여야 한다.

노자의 '무위'사상은 경영에서도 통용될 수 있다. 경영자라면 권한을 위임하면서 큰 일만 관장하고, 작은 일에는 간섭하지 말아야 한다. 사자처럼 늑대에게 잔소리를 하고 훈수를 두어서 사냥감을 놓치는 우를 범하지 않기 위해서다.

경영에서는 적당한 선을 유지하는 것이 무엇보다 중요하다. 경영자와 구성원들에게는 각기 직무와 직위가 부여된다. 따라서 경영자와 직원들이 자신에게 주어진 일을 충실히 할 때 기업은 온전히 성장할 수 있다.

무위는 아무것도 하지 않는 것이 아니라, 일을 제대로 하기 위한 수단이자 방법이다.

2002년 중국의 국영방송 CCTV의 〈대화〉라는 프로그램에 노키아의 요르마 올릴라Jorma Ollila 회장이 출연했다. 그는 10년 연속 고성장을 거듭한 비결에 대한 질문에 자신감 넘치는 모습으로 성공의 3대 원칙을 소개했다. 그중의 하나는 직원들이 최대한 능력을 발휘하고 발전하도록 기회를 준다는 것이었다. 그러나 현실적으로 직장인들이 자신의 재능을 마음껏 발휘하면서 실적을 올리기란 말처럼 쉽지 않다. 조직의 구속, 내부 제도의 한계성, 외부에서 오는 압력 등에 발목이 잡혀 자유롭게 역량을 펼치기가 쉽지 않기 때문이다. 그러므로 직원들이 자신의 가치를 발휘하여 조직 전체가 발전하도록 하기 위해서는 경영자가 직원들이 자유롭게 능력을 펼칠 수 있는 공간과 여건을 제공해야 한다.

한나라 원제元帝는 강직하고 정의로운 신하들을 아낀 황제로 유명하다.

하병何竝은 원래 보잘것없는 지방의 현령이었지만 권세를 두려워하지 않으면서 백성을 잘 다스려 원제의 총애를 받게 되었다. 높은 관직에 오른 후에도 하병은 백성의 고통을 덜어 주는 정치를 하여 존경을 받았고, 법질서를 바로잡아 국가 발전에 큰 기여를 했다.

원제는 하병에게 많은 권한을 줌으로써 나라의 발전과 백성의 삶

노자, 상생경영을 말하다

이 풍요로워지는 보답을 받았다. 이는 수하에게 권력을 분산하여 얻을 수 있는 긍정적 결과를 보여주는 대표적인 사례다.

인재들이 자신의 가치를 한껏 높이고 실현하기 위해서는 경영자가 그들에게 독립적으로 업무를 수행할 수 있는 자율권을 주어야 한다. 특히 오늘날과 같이 비즈니스 환경과 인적 자원의 변화가 극심한 시대에는 자신의 능력을 발휘할 수 있는 무대를 제공하는 것이 무엇보다 중요하다.

구글Google은 창립한 지 불과 몇 년 만에 마이크로소프트가 20년 넘게 쌓아온 성과에 맞먹는 성장을 하면서 공세를 펼쳤다. 지식 경제와 전자 상거래로 대표되는 새로운 비즈니스 환경 속에서 수많은 기업이 방향을 잃고 헤맬 때 구글이 독보적으로 성공 신화를 쓸 수 있었던 원동력은 '직원들을 방목하는' 기업 문화다.

자유로운 업무 환경이 조성된 구글은 외부의 시선을 끌기에 충분하다. 기본적으로 구글은 직원들의 개성을 존중하고, 회사 내에 식당, 카페, 게임 룸 등 편의 시설을 갖춰 이상적인 업무 환경을 제공한다. 직원들은 개를 데리고 출근해도 되고, 업무 시간의 20퍼센트를 자신이 좋아하는 일을 할 수 있게 허용한다.

무엇보다 중요한 사실은 구글의 기술 개발은 윗선의 통제를 받지 않는다. 수천 명의 직원들은 자신의 아이디어를 인트라넷에 공개하여 호응을 받으면 개발에 착수한다. 개발된 소프트웨어는 시범적으로 운영되고, 인기를 끌면 프로젝트 매니저가 제품화를 추진한다.

구글의 자유로운 업무 환경은 직원들의 잠재력을 발휘하게 만들어 개인의 가치가 극대화된다. 물론 구글의 경영 방식이 모든 기업의 모범 답안일 수 없을뿐더러 똑같이 따라할 수도 없다. 하지만 직원들에게 능력을 펼칠 수 있도록 최대한 배려하는 노력은 많은 경영자들이 반성하고 참고할 만한 가치가 있다.

제너럴일렉트릭의 CEO였던 잭 웰치Jack Welch는 인재 경영을 이렇게 설명했다. "내가 할 일은 가장 우수한 직원들에게 최대한 많은 기회를 주는 것이었다. 이와 동시에 자본을 합리적으로 배분하여 효율적으로 투입했다. 인재들에게 건전한 정신과 의식을 심어 주고, 자원을 분배하여 순조로운 경영을 위한 길을 만드는 것이었다."

지식 경제와 정보화로 대표되는 오늘날의 환경 속에서 기업의 수익 창출 모델은 변화를 거듭하고 있고, 비즈니스 환경에도 새로운 바람이 불고 있다. 이런 추세를 반영하듯, 과거 어느 때보다도 인적 자원과 재화의 효용성이 극도로 중시되고 있다. 따라서 프리랜서, 소호족(SOHO, 1인 또는 2~3인이 재택근무를 하거나 작은 사무실을 개설하여 자유로운 출·퇴근 시간, 수평적 관계를 맺으면서 전문적인 일을 하는 이들), 재택근무자들이 새로운 작업 방식과 경영관을 선보이고 있다.

이들은 특정 조직과 긴밀한 업무 관계를 형성하면서 기업의 구성원들보다 더 높은 생산성을 올리고 있다.

기업이라는 조직과 거리를 두면서도 더 높은 가치를 추구하는 현상은 경영자들에게 기존의 경영 방식에 대한 반성을 요구하고 있다. 즉, 경영자가 직원들의 개성과 잠재력을 억압하고 있지는 않은지, 자율적인 성장을 방해하고 있지는 않은지 되돌아보게 만드는 것이다.

노자, 상생경영을 말하다

하이얼의 장루이민 회장은 1998년부터 '내부적 가상 시장(simula-tion market)' 시스템을 운영하고 있다. 가상 시장을 만든 목적은 직원들이 독립적으로 '사장'이 되어 경영을 익히게 하는 것이다. 다시 말해, 조직의 개체인 직원들이 치열한 경쟁이 벌어지는 시장 현실을 직시하면서 자유롭게 능력을 발휘함으로써 스스로의 능력을 발견하고, 더 나아가 기업의 발전을 도모하는 것이다.

기업의 경영자들은 하루에도 수없이 많은 현안에 직면한다. 하지만 모두 중요해 보이는 문제들을 합리적으로 판별하여 우선순위를 정하지 못하면 낭패를 겪게 된다. 그러므로 '덜어내는 방법', 즉 해야 할 것과 하지 않아도 될 일을 가려 부하들에게 넘겨주는 지혜를 갖춰야 한다. 번거롭고 세부적인 일에 너무 많은 정력을 낭비하지 않기 위해서는 직접 모든 것을 처리하려는 자세는 지양해야 한다. 그보다는 형세를 분석하고, 추이를 관찰하면서 장기적으로 미래를 결정하는 중대사에 역량을 집중하는 것이 현명한 경영자의 자세다.

경영자의
3대 자산

나에게는 세 가지의 보배가 있다. 나는 이것을 꽉 붙들고 소중하게
지킨다. 첫째는 인자한 것이요, 둘째는 검소한 것이요, 셋째는 감히
앞서려 하지 않는 겸허함이다.

(我有三寶, 持而保之, 一曰慈, 二曰儉, 三曰不敢爲天下先.)

– 《도덕경》 제67장

노자는 나라를 다스리는 가장 중요한 덕목으로 '자애慈愛' '검소함'
'겸양'을 꼽았다. 다시 말해, 노자가 생각하는 이상적인 군주는 세 가
지 덕목을 모두 갖추어야 한다.

노자는 "자애심이 두터우면 용감해진다(慈, 故能勇)"라고 했다.
여기서 용감함이란 무력을 행사하는 데 용기를 낸다는 뜻이 아니다
(싸움을 싫어한 노자가 물리적 힘을 사용하는 것을 용감하다고 했을 리는 없다). 그
가 말한 '자애'란 '사람을 근본으로 하고 무위의 다스림(以人爲本,

노자, 상생경영을 말하다

無爲而治)'을 하는 것이다. 통치자가 '무위'의 정신으로 백성이 잘 살게 하는 것이야말로 노자가 생각한 진정한 자애다. 그래서 노자는 "내가 무위하여야 사람들이 절로 바뀌고, 내가 가만히 있어야 백성이 스스로 올바르게 되고, 내가 아무런 짓도 하지 않아야 백성이 스스로 부유하게 되고, 내가 아무런 욕심을 내지 않아야 백성이 마음 놓고 생업에 전념한다(我無爲而民自化, 我好静而民自正, 我無事而民自富, 我無欲而民自朴)"라고 말했다. 통치자에게 자애란, 솔선수범하여 백성을 감화시킨다는 의미로 해석할 수 있다.

노자는 '검소함'을 '평소에 낭비하지 않고 아껴 쓰면 궁핍하지 않고 다른 사람에게 널리 베풀 수 있다(儉, 故能廣)'는 뜻으로 정의했다. 통치자가 물자를 절약하면 국가는 부유해진다. 그가 생각하는 이상적인 통치자는 반드시 검소하게 생활해야 한다. 검소하게 살기 위해서는 먼저 정신세계를 우선으로 하고, 물질생활을 그다음으로 생각하는 가치관을 지녀야 한다.

'감히 천하를 위해 나서지 않기 때문에 뭇사람의 지도자가 될 수 있다(不敢爲天下先, 故能爲器長)'는 가르침은 공평하고 사사로움이 없어야 한다는 의미를 함축하고 있다. 스스로 뒤에 서기를 자처하기 때문에 사람들의 추대를 받고, 자신의 존재를 내세우지 않기 때문에 살아남을 수 있는 것이 바로 사사로움을 버린 성인의 삶이다. 뒤로 물러서는 겸양의 정신, 중심에 서지 않는 자세는 자신의 이해관계를 먼저 따지지 않는 것으로 현대의 경영자들에게 요구되는 덕목이라 할 수 있다.

노자는 '자애, 검소함, 겸양'을 나라를 다스리는 세 가지 비결이자 훌륭한 통치자가 되기 위해 갖춰야 할 조건으로 꼽았다. 이는 경영자의 인격과 기업의 인간 중심의 경영에 시사하는 바가 자못 크다.

1) 자애

월마트의 고객경영 철학의 핵심은 직원들이 고객을 '보스' 또는 '상사'로 인식하는 것이다. 신입 직원들은 "당신은 상사를 위해 일하는 것이 아니다. 그들과 당신은 차이가 없다. 당신과 매니저, 임원들은 고객이라는 하나의 '보스'를 모시는 것이다"라는 교육을 받는다. 고객이 소비를 해야 직원들은 임금을 받아 생활할 수 있다. 더 나아가 직원들의 자녀들이 좋은 교육을 받는 것도 고객의 구매가 결정하는 만큼, 고객은 가히 직원들의 든든한 부모와 같은 존재라 할 수 있다. 그러므로 직원들은 친절하고 예의 바른 자세로 고객의 요구에 지극한 관심을 보이고 서비스를 제공하여 만족스럽게 매장을 떠나도록 해야 한다. 월마트의 '고객 제일주의'는 단순한 구호가 아니라 전체 구성원의 행동 지침이자 경영 이념을 실천하겠다는 의지의 표현인 것이다. 그래서 월마트는 직원들에게 '우리가 할 수 있는 최고의 서비스' '고객이 만족을 넘어서 감동할 수 있는 서비스'를 제공해야 한다고 강조한다.

월마트에는 널리 알려진 두 가지 규정이 있다. 첫 번째 규정은 '고객은 언제나 옳다'는 것이다. 두 번째 규정은 '만약 고객이 틀렸다면 첫 번째 규정을 참고하라'이다. 월마트의 매장은 도시나 시골, 매출

노자, 상생경영을 말하다

의 크기를 막론하고 모든 직원이 고객이 요구한 사항은 당일에 처리한다는 원칙을 지키고 있다. 직원들은 고객이 3미터 거리 안으로 들어오면 미소를 지으면서 눈을 맞추고 먼저 인사를 한다. 고객에 대한 미소에도 기준이 있는데 '치아 8개가 보이도록' 활짝 웃어야 한다. 서비스의 기준 역시 고객이 쇼핑을 시작해서 끝날 때까지 유쾌함을 잃지 않도록 직원들이 최선을 다해야 한다는 것이다. 고객이 상품이 진열된 곳을 물으면 직원은 손으로 가리키거나 구두로만 대답하지 말고 직접 상품이 있는 곳까지 안내해야 한다. 직원들이 상품의 장점, 브랜드와 가격의 차이를 고객에게 설명하기 위해 매일 개장 전에 5분 동안 신상품의 정보를 숙지하도록 한다. 단골손님들에게는 특히 신경을 써서 그들이 존중받고 있다는 느낌을 받도록 한다.

쾌적하고 편리한 쇼핑 환경 조성을 위해 월마트는 다양한 판촉 활동을 한다. 매장이 위치한 지역 내에서의 자선 활동과 기부, 콘서트 개최, 계절상품 할인, 스포츠 행사, 추첨, 특색 상품 전시 등으로 고객의 흥미와 관심을 이끌어 내는 것이다. 고객의 요구는 언제나 정당하다는 원칙을 지키기 위해 '무조건적 환불' 정책을 고수한다. 상품 교환을 원하는 고객을 대하는 4가지 원칙도 있다. 첫째, 고객이 영수증을 제시하지 않으면 미소를 짓고 교환이나 환불을 해 준다. 둘째, 월마트 매장에서 판 상품인지 확실치 않을 때는 미소를 짓고 교환이나 환불을 해 준다. 셋째, 판매한 지 1개월이 지난 제품에 대해서는 미소를 짓고 교환이나 환불을 해 준다. 넷째, 상품이 파손되었거나 지나치게 많이 사용했다는 의심이 들 때라도 미소를 짓고 교환이나 환불을 해 준다. '고객 제일주의'를 원칙으로 최상의 서비스를 제공하는 것은 월마트의 성공의 열쇠라 할 수 있다. 또한 고객을 아끼고 감동시키는 서비스는 기업 발전의 기반이 되는 높은 평판을 가져다준다.

2) 검소함

월마트의 사무실은 호화로움과는 거리가 먼 인테리어에 낡은 책상들만 있고, 비싼 가구나 푹신한 카펫 따위는 찾아볼 수 없다. 회사 규정상 출장을 간 직원들은 저렴한 모텔의 2인용 객실을 이용해야 한다. 서양인들은 개인주의 성향이 있어 1인용 객실을 선호하는 것과는 사뭇 다른 규정이다. 회사 경비를 낮추기 위한 고육지책이라 하겠다. 매장 내의 조명 시설과 냉난방도 에너지 절약과 비용 절감을 위해 일괄적으로 관리한다. 모든 직원의 노력에 힘입어 월마트의 경영 원가는 라이벌 기업들보다 훨씬 낮다. 미국의 본사는 물론이고 해외의 매장들은 현지에서 구매를 함으로써 운송비를 절감하고, 고객들에게는 신선하고도 구미에 맞는 상품을 제공한다. 중국의 월마트 매장에 나온 상품의 95퍼센트는 '메이드 인 차이나'다. 가능한 방법을 모두 동원해 비용을 절약하여 '저렴한 가격, 믿을 만한 품질'의 목표를 달성한 것은 궁극적으로 월마트의 경쟁력이 되어 소비자들을 끌어들이고 있다.

3) 겸양의 정신

공급상은 월마트 공급망의 시발점으로서 경영의 수익에 큰 영향을

노자, 상생경영을 말하다

미친다. 월마트는 공급상들과 함께 성장하고 이익을 나눈다는 정신으로 전략적 동반자 관계를 맺고 있다. 이를 위해 월마트는 공급상들과 정보를 공유하고 있고, 매장 내에 공간을 확보하여 공급상들이 자체적으로 설계한 상품을 전시하여 쇼핑에 편의를 제공하고 있다. 그 중에서도 P&G와의 협력은 판매자와 제품 공급자의 이상적인 관계를 보여 주고 있다는 평가를 받았다. 1987년에 월마트는 P&G 제품의 주요 판매상이 되었다. 이보다 앞서 P&G는 생산 원가를 철저한 보안에 부쳤고, 월마트도 판매 정보를 절대로 공개하지 않았다. 그래서 월마트는 최저 원가를 예측할 수 없었고, P&G 역시 월마트의 향후 수요량을 계산할 수 없었다. 그러나 P&G의 고위 경영자와 접촉한 월마트 측은 양질의 서비스와 제품을 제공하여 고객을 만족시키는 것이 두 회사의 발전에 필수적이라는 공감대를 형성한 뒤 장기 계약을 체결했다. 계약에 따라 월마트는 매장의 판매와 재고 현황을 P&G에 알렸고, P&G도 월마트에 제품의 원가를 통지했다. 이로써 월마트는 안정적인 공급선을 확보함에 따라 가격을 최대한 낮출 수 있게 되었다. 양사가 매일 서로의 정보를 교환하며 월마트는 자율적으로 상품 구성을 조절하여 소비자들에게 양질에 저가의 제품을 판매하고 있다. 결과적으로 판매상인 월마트와 공급상인 P&G는 서로를 견제하는 관계에서 협력과 공동의 발전을 꾀하는 파트너 관계로 발전했다.

좋은 제도는
조직의 윤활유가 된다

하늘의 도는 다투지 않아도 이기고, 말하지 않아도 순응을 잘하며,
부르지 않아도 저절로 오고, 관대하고 무관심하지만 만물을 도모
한다.
(天之道, 不爭而善勝, 不言而善應, 不召而自來, 繟然而善謀.)

- 《도덕경》제73장

과거에는 기업의 경영자가 권위를 내세우며 일방통행식으로 지시
와 명령을 내렸지만, 이제는 상호적인(interactive) 경영으로 바뀌
는 추세다. 경영자와 상호적인 관계의 한 축을 이루는 주체는 직원이
다. 직원들의 무한한 잠재력을 적절하게 발휘하게 한다면 기업은 높
은 수익을 올릴 수 있다. 이런 추세에 맞춰 경영자가 다양한 수단으
로 직원들을 격려하여 노자의 말대로 '다투지 않아도 이기고, 말하지
않아도 순응하게 하고, 부르지 않아도 저절로 오게(不爭而善勝, 不

노자, 상생경영을 말하다

言而善應, 不召而自來)' 한다면 경영자는 성공적으로 '무위의 경영'을 할 수 있다.

예부터 내려오는 제도를 그대로 따르거나 이어 나간다는 의미의 '소규조수蕭規曹隨'라는 고사 성어가 있다. 소하蕭何가 죽자 한나라 혜제惠帝는 조참曹參을 상국(相國, 재상이나 승상의 별칭)의 자리에 임명했다. 조참은 소하가 생전에 만든 제도와 법률을 그대로 따르도록 했다. 그리고 어눌하지만 충직한 인물을 선호한 그는 언변이 뛰어나고 명성을 좇는 자들을 배척했다. 그런데 그는 신임 상국으로서 개혁을 하지 않고 온종일 집에서 술만 마셔 댔고, 이 때문에 우려와 초조함을 금치 못한 몇몇 대신들이 집으로 찾아갔다. 그런데 조참은 술만 권할 뿐 조정의 대사에 대해서는 입도 떼지 못하게 했다. 대신들이 조참에게 건의를 하려다 실패했다는 말을 들은 혜제가 조참의 아들 조밀曹窋에게 이렇게 말했다.

"집에 돌아가면 부친에게 '고조께서 돌아가셨고 황상이 아직 젊으니 나라의 큰일은 상국이 주재해야 하는데 매일 술에 빠져 정사를 돌보지 않으니 어떻게 천하를 다스릴 수 있겠느냐'라고 전하거라."

조밀은 아버지에게 혜제의 말을 그대로 전했다. 뜻밖에도 조삼은 버럭 화를 내며 아들의 뺨을 때렸다. "네가 알긴 뭘 안다고 나라의 큰일을 운운하는 게냐!"

다음 날 조참이 조정에 나가자 혜제가 한마디 했다.

"조밀이 상국에게 한 말은 내가 시킨 것이네. 그런데 어떻게 아들을 때릴 수 있단 말인가?"

조참은 사죄를 한 뒤 혜제에게 질문을 했다.

"한 가지 궁금한 것이 있습니다. 폐하와 고조, 두 분 중 어느 분이 더 뛰어나다고 생각하십니까?"

"그야 말할 필요도 없소이다. 내가 어떻게 선황(선대의 황제)과 비견할 수 있겠소!"

그러자 조참이 다시 물었다.

"저와 소하 상국을 비교한다면 누가 더 유능합니까?"

"소 상국이 좀 더 나은 것 같소이다."

"폐하의 말씀이 맞습니다. 폐하는 선황만 못하시고, 저도 소 상국보다 낫지 않습니다. 선황과 소 상국은 천하를 평정하셨고, 또 제도와 법을 완비하셨습니다. 그러니 저희는 그분들이 만든 법과 제도를 그대로 따르면 될 것입니다."

그제야 혜제는 조참의 그동안의 행동을 이해하게 되었다. 조참은 3년 동안 상국으로서 민생을 안정시키고 국력을 크게 키우는 업적을 이뤘다.

기업의 안정과 발전을 위해서는 이상적인 제도가 정착하도록 해야 한다. 합리적인 제도를 효율적으로 운용하면 직원들의 사기가 높아져 기업의 성장으로 자연스레 이어진다. 만약 내부적으로 협조 체제가 이뤄지지 않고 크고 작은 충돌이 생기면 직원들의 의욕이 떨어져 경영 상태가 악화될 수밖에 없다. 많은 기업들이 창업 초기에는 기회를 잡고 업무를 확충하는 데 전념하느라 제도 운영에 소홀해진다. 그 결과 기업이 일정 궤도에 오른 다음에는 정체 상태에서 벗어나지 못

노자, 상생경영을 말하다

한다. 그러므로 창업 초기, 혹은 성장 가도를 달릴 때 시기를 놓치지 말고 앞날을 위해 제도를 정비해야 한다.

코닥 필름의 창업자인 조지 이스트먼George Eastman은 하루는 생산 근로자가 보낸 편지 한 통을 받았다. 거기에는 회사의 유리를 깨끗하게 닦아 달라는 내용이 쓰여 있었다. 사소하기 짝이 없는 건의였지만 이스트만은 회사를 위하는 근로자의 마음이 상당히 깊다는 생각에 상금과 표창장을 주고, 이를 계기로 '코닥의 건의 제도'를 만들었다. 그 후 코닥의 직원들이 제출한 아이디어는 180만여 건에 달했고, 이중에서 채택된 것은 60만 건에 달했다. 1983년과 1984년에 코닥사가 합리적인 건의로 절약한 비용은 1,850만 달러였다.

회사의 입장에서 볼 때 건의 제도는 제품의 원가 절감, 품질 향상, 제조 방식과 생산 안전 등에 큰 도움이 된다. 또한 상급자와 일반 직원들에게는 활발한 소통의 통로가 됨으로써 긍정적으로 작용한다. 직원들의 건의가 채택되지 않더라도 두 가지 목적을 달성할 수 있다. 첫째, 관리 직원들이 건의자의 생각을 이해할 수 있다. 둘째, 건의한 직원은 자신의 아이디어가 주목받았다는 만족감을 얻을 수 있다.

건의 제도를 실천에 옮기기 위해 전담 부서의 책임자들은 새로운 아이디어를 적극적으로 처리하면서 포상금의 액수를 정하고, 채택되지 않은 아이디어에 대해서는 그 이유를 설명하고, 정기적으로 시행 여부를 공개해야 한다.

즉, 직원들이 언제라도 건의함에 아이디어를 적어 낼 수 있게 하고, 자신의 이름을 적고 싶지 않을 때는 익명으로 하되 건의서에 번호를 쓰거나 전화번호를 써서 진행 여부를 확인할 수 있게 하며, 전담 부서를 통해 채택된 아이디어는 정기적으로 사내 신문이나 공고판에 게시한다.

회사는 제안된 아이디어를 처리할 때 성의를 보여야 한다. 그리고 아이디어의 성격과 내용에 따라 관련 부서의 직원에게 전달하여 심사를 한 뒤 실행에 옮겨야 한다. 채택되지 않은 아이디어도 반드시 건의자에게 상세한 설명을 해 주는 것이 좋다. 그러면 건의자는 보충 자료를 만들어 재심사를 받고, 언젠가는 채택될 수 있기 때문이다.

기업이 건의 제도를 실시하면 이를 통해 얻는 유형무형의 이익은 대단히 크다.

노자, 상생경영을 말하다

직원들이 역량을 발휘하도록 이끄는 경영자가 최고의 리더다

아무것도 하지 않아도 다스리지 못할 것이 없다.

(爲無爲, 則無不治.)

- 《도덕경》 제3장

노자는 '무위'로도 다스릴 수 있다고 말했다. 여기서 '무위'는 원인이고, '다스리는 것'은 결과다. 무위는 인위적으로, 의도적으로 하지 않는다는 의미다. 이런 의미에서 보면 '무위'는 아무 일도 하지 않는 것이 아니라, 사물의 내적 규율을 자연스럽게 따르는 것이다.

CEO, 부하, 조직은 각각 기수, 말, 마차로 비유할 수 있다. 마차는 기수가 아닌 말의 움직임에 의해 앞으로 나간다. 기수의 역할은 단지 말을 부리는 것이다. 마차의 속도가 말에 의해 좌우되듯이, 조직의 능률은 그 구성원의 노력에 달려 있다. CEO의 임무는 직원들이 의욕적으로 일하도록 조직을 지휘하고 통제하는 선에서 멈춰야 한다. 부하들의 일에 간섭을 하면서 자신이 모든 것을 해야 성이 찬다는 식의 과잉 의욕을 보여서는 안 된다.

춘추 시대 진晉나라의 조양자趙襄子는 왕량王良에게서 마차를 모는 기술을 배웠다. 왕량은 당대 최고의 기수였지만 조양자가 높은 사람이기 때문에 말을 삼가면서 기술만 열심히 가르쳤다. 그러나 조양자는 기술을 배우는 것에 전념하지 않는 모습을 보였다. 한번은 그가 혼자서 마차를 몰고 나가 며칠 만에 돌아왔는데, 기술이 부쩍 늘어 있었다. 얼마 후 왕량은 조양자를 시험해 보기 위해 마차 경주를 제안했다. 처음부터 왕량의 마차보다 한참 뒤진 조양자는 자신의 말이 문제가 있다고 생각해 왕량의 말과 바꾸자고 했다. 왕량은 웃으면서 말을 바꿔 주었지만, 조양자는 이번에도 따라잡지 못했다. 그러자 조양자는 다시 말을 바꾸자고 했고, 왕량은 아무 말 없이 응낙했다. 세 번째 시합에서는 격차가 더 크게 벌어졌다. 왕량의 마차는 바람처럼 질주했지만, 조양자의 말은 가다 서다를 반복하며 제대로 달리지 못했다. 화가 난 조양자는 말에게 채찍질을 하며 분풀이를 했다. 네 번째로 바꾼 말은 도무지 말을 듣지 않아 조양자는 왕량에게 무참하게 패배했다. 진나라의 육경六卿 중의 하나인 조양자는 체면이 땅에 떨어졌다는 생각에 몹시 화가 났다. 그는 자신에게서 원인을 찾지 않고, 오히려 왕량이 기술을 제대로 전수하지 않은 것 아니냐고 추궁했다. 왕량은 화를 당할지도 모른다는 두려움에 그동안 느꼈던 점을 상

노자, 상생경영을 말하다

세히 아뢰었다.

"어찌 제가 그럴 수 있겠습니까? 저는 기술을 모두 가르쳐 드렸습니다. 다만, 공께서 기술을 쓰는 데 약간 문제가 있었습니다. 마차를 몰 때 가장 중요한 것은 말이 안정적으로 수레를 끌도록 말을 모는 것에 모든 정신을 집중하는 것입니다. 그래야 말이 지치지 않고 빨리 달릴 수 있습니다. 마차를 모는 사람이 말의 움직임에 지나치게 신경을 쓰면서 조종을 하면 말은 전력 질주를 할 수 없습니다. 공께서는 저보다 뒤처졌을 때는 따라잡으려 하고, 앞설 때도 추월당할까 의식하느라 말과 일체를 이루지 못하셨습니다. 마차가 움직이는 것은 말이 뛰는 것이지 사람이 뛰는 것이 아닙니다. 주인공은 당연히 말이지 사람이 아닙니다. 마차를 모는 사람은 단지 말을 이끌 뿐, 간섭을 해서는 안 됩니다. 허나 공께서는 그렇게 하지 못하셨으니 어떻게 경주에서 이길 수 있겠습니까?"

잭 웰치는 다양한 사업 부문에 종사하는 수만 명의 직원을 효율적으로 관리하면서 생산성을 높이기 위해 많은 고민을 했다. 그가 최종적으로 얻은 결론은 관리를 적게 할수록 회사에게는 이득이 된다는 것이었다.

잭 웰치는 '관리'라는 개념 자체를 좋아하지 않았다. 그가 보기에 대다수의 매니저는 너무 많은 관리를 한다고 했다. 지나친 관리로 인해 직원들은 나태해지고, 관료주의가 팽배하여 멀쩡한 회사가 몰락하는 비운을 겪게 된다.

잭 웰치는 회장직에 앉은 날부터 관료주의가 만연한 제너럴일렉트릭이 내부적인 통제와 감독이 너무 심하다고 느꼈다. 이런 병폐를 뜯어고치기 위해 그는 임원들의 관리 스타일을 완전히 변화시키기로 결심했다.

그는 갈수록 복잡하고 경쟁이 치열해지는 환경 속에서 제너럴 일렉트릭이 더 큰 성공을 거두기 위해서는 부장들의 업무 방식이 바뀌어야 한다고 인식했다. 이를 위해 그는 먼저 자신의 업무 방식을 바꾸었다. 1980년대에 관리를 줄인다는 발상은 고위 경영자들에게 환영받지 못했다. 그들은 계단을 오르듯 많은 직급을 거치면서 업무를 익혔기 때문이다.

그러나 잭 웰치는 자신의 사전에서 '매니저(부장)'라는 단어를 삭제했다. 회사 내에서 부장이란 '도움이 아닌 통제를 하는 존재, 일을 복잡하게 만드는 장본인이자 통치자처럼 군림하려는 사람'이라 생각했기 때문이다.

그는 '일부 부장들'을 다음과 같이 묘사했다. "회사의 정책을 아무 의미 없이 복잡하고 번거롭게 만든다. 그들은 관리를 고도로 복잡한 것으로 착각하고, 직원들을 격려하는 방법도 알지 못한다. 나는 '관리'의 특성을 싫어한다. 즉, 사람들을 컨트롤하고 억압하여 사소한 일과 브리핑에 시간을 허비하게 만들기 때문이다. 그들에게 관리받는 사람들은 자신감을 가질 수 없다."

부장에 대한 거부감과 달리 잭 웰치는 '보스'라고 불리기를 좋아했다. 그가 생각하는 '보스'란 사람들에게 일을 더욱 잘할 수 있는 방법을 가르쳐 주고, 원대한 비전을 품고 그것을 이루기 위해 노력하는

148

사람이었다. 잭 웰치는 CEO라면 보스의 입장에서 직원들과 허심탄회한 대화를 통해 미래에 도전하도록 힘을 주어야 한다고 생각했다. CEO의 역할은 시시콜콜하게 간섭을 하거나 자유를 구속해서는 안 되고, 직원들에게 길을 만들어 주기만 하면 되는 것이다.

성공 경영이란
직원들이 주체적으로 일할 수 있는
환경을 만드는 것이다

내가 무위로 대하면 백성은 감화되고, 내가 고요히 있는 것을 좋아하면 백성이 바르게 되고, 내가 무위무사하면 백성은 저절로 풍족해지고, 내가 욕심을 부리지 않으면 백성은 통나무처럼 순박해진다고 하였다.

(我無爲而民自化, 我好靜而民自正, 我無事而民自富, 我無欲而民自樸.)

- 《도덕경》 제57장

노자의 제자 가운데 경상초庚桑楚라는 사람이 있었다. 노자에게서 무위의 도를 익힌 경상초는 한 떼의 사람을 이끌고 외루畏壘라는 곳으로 갔다. 그는 똑똑하고 사심 있는 사람들을 쫓아내고 무능하고 착한 사람들만 곁에 두었다. 3년 뒤에 풍년이 들어 생활이 여유로워졌고, 사람들은 즐겁고 평화롭게 지내게 되었다.

노자, 상생경영을 말하다

경영을 정상화하기 위해서는 도교에서 말하는 '윗사람은 무위하고, 아랫사람은 유능하고 부지런해야 한다'는 탄력적이고 융통성 있는 관리 방식을 채택해야 한다. 여기서 '윗사람'은 조직의 수장을, '아랫사람'은 수장을 제외한 모든 구성원을 의미한다. 윗사람은 무위를 실천하고, 아랫사람은 일을 많이 해야 한다는 것은 조직에서의 분권과 분업의 원칙이다. 조직의 크기를 불문하고 각자의 업무와 권한을 명확히 설정해야 구성원들은 책임을 다하게 된다. 최고경영자는 조직의 다른 구성원들에 비해 상대적으로 무위해야 한다. 이른바 무위란 아무 일도 하지 않는 것이 아니라, 최대한 구체적인 일을 하지 않는 것을 의미한다. 조직을 우주에 비유한다면, 최고경영자는 조직의 '도'와 같은 존재이자 우주를 움직이는 주체라 할 수 있다. 도의 청정함과 무위의 속성을 구현하기 위해서라도 최고경영자는 구체적인 업무에서 벗어나 전략적 목표 설정, 핵심 이념의 설계, 외부와의 소통 원칙 등과 같은 총체적이고 핵심적인 역할을 해야 한다.

한나라 초기, 문제文帝는 진평陳平과 주발周勃을 승상의 자리에 앉혔다. 하루는 두 승상을 만난 문제가 주발에게 물었다. "1년에 전국적으로 얼마나 많은 송사를 처리하는가?"라고 물었다. 주발은 "모르겠습니다"라고 대답했다. 문제가 또 물었다. "나라에서 한 해에 걷는 양식과 재물이 얼마나 되는가?" 주발은 모르겠다고 사죄하며 식은땀을 흘렸다. 창피함에 쥐구멍에라도 들어가고 싶은 심정이 되었다.

문제가 진평에게 똑같은 질문을 던졌다. 진평은 "나랏일에는 각기 담당하는 관리가 있습니다. 폐하께서 송사에 관해 궁금하시면 정위廷

尉에게 하문하시고, 세금에 대해서는 치속내사治粟內史에게 물어보십시오"라고 대답했다. 심기가 불편해진 문제가 "나라의 사무를 관리들이 맡고 있다면, 승상인 당신은 무슨 일을 한단 말이오?"라고 물었다. 진평은 거침없이 이렇게 대답했다. "승상이 하는 일은 신하들을 관리하는 것입니다. 위로는 황제를 보좌하고, 아래로는 만물이 자라도록 하고, 대외적으로는 제후들의 발호를 견제하고, 대내적으로는 백성을 보호하고 관리들이 열심히 일하도록 독려합니다." 문제는 진평의 답변이 훌륭하다고 칭찬을 아끼지 않았다. 밖으로 나온 주발은 수치심에 어찌할 바를 모르다 진평에게 원망의 말을 늘어놓았다. "승상께서는 평상시에 왜 저에게 황상의 질문에 대답하는 법을 가르쳐 주시지 않았습니까?" 진평이 웃음 띤 얼굴로 응대했다. "주 승상은 자신이 무슨 일을 해야 하는지 모른단 말입니까? 만일 황제께서 장안에 도둑이 몇 명이나 있냐고 물으시면 억지로라도 대답을 해야 한다고 생각하나요?" 이 말에 주발은 자신의 능력이 진평에 비해 많이 뒤떨어진다는 사실을 인정하지 않을 수 없었다. 얼마 후 주발은 병을 핑계로 승상의 자리에서 물러나 진평 혼자 승상직을 수행하도록 했다.

'윗사람의 무위'가 구체적인 일을 하지 않는 것이라면, 일반 직원들은 회사의 목표, 이념, 원칙 등을 실행하는 구체적인 사무를 담당한다. 최고경영자는 아무리 능력이 뛰어나고 의욕이 넘치더라도 '무위'해야 한다. 그 이유는 하나의 조직에는 시스템이 있고, 각 부서가 직책과 기능을 담당하기 때문이다.

전통적인 조직은 고위 경영진이 권력을 가지고 모든 결정을 하고,

152

그 이하의 구성원들은 지시와 명령에 충실해야 하는 '강성 경영'으로 일관했다. 그러나 변화무쌍한 경제 환경 속에서 강성 경영은 빠른 결정과 임기응변을 발휘할 수 없게 한다. 외부 환경에 신속하게 대처하기 위해서는 반드시 강성 경영의 구속에서 벗어나 탄력적이고 융통성 있는 경영으로 조직에 활기를 불어넣어야 한다.

탄력적인 경영은 융통성을 보장하면서 소수로 구성된 많은 부서들이 독립적인 권한을 가지고 업무를 추진하면서 책임을 지게 하는 것이다. 심리학자 노마는 '융통성 없는 사장은 조직에서 가장 비생산적인 인물'이라고 단언했다. 탄력적인 경영의 장점은 각 부서에 권력을 적당히 부여함으로써 경영자가 별로 중요하지 않은 업무로부터 벗어나 거시적인 전략과 목표에 집중할 수 있다는 것이다. 또한 각 부서가 독립적으로 업무를 수행하고 수익을 창출하는 경쟁 시스템으로 인해 전체적으로 생산성이 향상되는 효과를 볼 수 있다. 한 부서를 하나의 자치 단위로 여겨 책임자가 총체적인 시각에서 업무를 지휘하면 전문성이 높아지고, 장기적인 발전을 위한 인재들을 양성할 수 있다.

탄력적인 경영으로 각 부서가 융통성과 기동성을 갖추면 유기적인 관리 구조와 분권 모델을 형성할 수 있고, 개인과 조직 사이에서 생기는 갈등을 줄일 수 있다. 그 결과 직원들은 적극적으로 창의성을 발휘하여 분위기를 일신하고, 기업의 발전을 앞당기는 활력을 제공한다.

제5장

리더의 정확한 판단력이
조직의 발전을 결정한다

기업 경영에서의 '도'는 경제 원칙과 규율을 의미한다. 어떠한 결정이 성공을 거두기 위해서는 상황의 추세와 변화를 읽으면서 일종의 규칙을 발견하고, 정확한 예측을 해야 한다. 잘못된 결정이나 정책은 100가지 행동으로도 만회할 수 없다고 한다. 달리 말하면, 기회와 부를 선점하는 데 있어 정확한 예측과 결정은 그 무엇보다도 중요하다. 예측이란 과거와 현재를 바탕으로 미래를 계산하는 것이고, 결정이란 예측에 근거해 선택을 하는 것이다. 따라서 예측은 결정의 전제가 된다. 경영자는 매일매일 전략이나 정책을 결정해야 한다. 중대한 결정으로 인한 영향력은 그 깊이와 파장이 상당하므로 손실을 피하기 위해서는 시장을 조망하고 연구하여 소비자의 생각을 읽어 내야 한다. 이를 위해서는 개방적인 태도로 판세를 읽으면서 중요한 정책을 수립해야 한다.

기업의 잘못된 판단은
치명적인 결과를 가져올 수 있다

도로 세상을 다스리면 귀신도 신령한 힘을 잃는다.
(以道莅天下, 其鬼不神)

－《도덕경》제60장

기업 경영에서의 '도'는 경제 원칙과 규율을 의미한다. 어떠한 결정이 성공을 거두기 위해서는 상황의 추세와 변화를 읽으면서 일종의 규칙을 발견하고, 정확한 예측을 해야 한다.

잘못된 결정이나 정책은 100가지 행동으로도 만회할 수 없다고 한다. 달리 말하면, 기회와 부를 선점하는 데 있어 정확한 예측과 결정은 그 무엇보다도 중요하다.

예측이란 과거와 현재를 바탕으로 미래를 계산하는 것이고, 결정

노자, 상생경영을 말하다

이란 예측에 근거해 선택을 하는 것이다. 따라서 예측은 결정의 전제가 된다. 경영자는 매일매일 전략이나 정책을 결정해야 한다. 중대한 결정으로 인한 영향력은 그 깊이와 파장이 상당하므로 손실을 피하기 위해서는 시장을 조망하고 연구하여 소비자의 생각을 읽어 내야 한다. 이를 위해서는 개방적인 태도로 판세를 읽으면서 중요한 정책을 수립해야 한다.

펩시콜라와 결사적으로 시장 경쟁을 했던 코카콜라는 고심을 거듭한 끝에 타개책을 마련했다. 그것은 바로 '입맛'을 다양하게 만드는 것이었다. 그때까지만 해도 코카콜라와 펩시콜라는 두 가지 종류의 콜라를 판매했기 때문에 맛의 차이는 거의 없었다. 따라서 소비자들도 어느 콜라가 더 맛이 있는지 구분하기가 쉽지 않다는 점에 착안한 코카콜라는 맛을 세분화하기로 결정했다. 코카콜라는 개발 과정을 거쳐 일반 콜라와 향을 더한 것으로 나누어 생산했다. 사과맛, 바닐라맛, 체리맛의 세 가지 향을 가미해 제품을 생산했다. 그리고 향이 들어간 콜라를 다시 다이어트와 전통적인 맛 두 가지로 나누었다. 다이어트 콜라는 결석, 당뇨병 환자, 단맛을 싫어하는 소비자를 위한 것이었다. 코카콜라가 야심차게 개발해서 내놓은 새로운 콜라들이 시장에 나온 뒤 재미있는 현상이 벌어졌다. 콜라를 사는 손님에게 판매원은 먼저 "펩시 콜라, 아니면 코카콜라요?"라고 묻는다. 손님이 코카콜라를 달라면 다시 "일반 콜라요, 아니면 향이 들어간 것이요"라고 묻는다. 향이 들어간 콜라를 원하는 손님에게 판매원은 다시 "바닐라, 사과, 체리 맛 중 어떤 것을 드릴까요?"라고 묻는다. 그러면 귀

찾아진 손님이 "그냥 콜라 한 병, 아니 펩시콜라 한 병 주세요"라고 대답했다. 코카콜라는 소비자가 까다롭게 대답을 하면서 콜라를 살 의향이 없다는 사실을 완전히 간과했던 것이다. 그 결과 코카콜라는 9개월 만에 6,000만 달러의 엄청난 손실을 입었다. 기업 경영에서 잘못된 결정이 얼마나 엄청난 결과를 초래하는지를 그대로 보여 준 사례다.

기업은 발전 전략만큼
위기 예방 조치도 중요하다

옛날에 무위의 도를 잘 닦은 사람은 백성을 총명하게 하지 않고 순박하게 만들려고 했다. 백성을 다스리기 어려운 이유는 그들이 영특한 지혜를 가졌기 때문이다. 예로부터 지혜로 나라를 다스리면 나라에 해롭고, 지혜로 다스리지 않으면 나라에 복이 있다고 했다. 이 두 가지 모두가 다스림의 법칙임을 알아야 한다.

(古之善爲道者, 非以明民, 將以愚之. 民之難治, 以其智多. 故以智治國, 國之賊, 不以智治國, 國之福. 知此兩者, 亦稽式.)

- 《도덕경》 제65장

정보는 기업의 명암을 가르는 중대한 작용을 한다. 정보란 자신의 손에 넣으면 조커가 되지만, 라이벌의 손에 들어가면 시한폭탄이 된다. 하지만 경영자의 머릿속, 회사 컴퓨터, 이면지, 심지어 쓰레기통 속에 들어 있는 정보는 언제라도 유출될 가능성이 있다. 밖으로 새어 나간 정보는 회사에 막대한 손해나 도산을 초래할 수 있다.

기업은 직원들의 자질을 향상시키기 위해 직업 훈련을 실시하는 것 이외에도 업계의 규율을 엄수하도록 교육해야 한다. 서구의 기업들이 사업상의 기밀 유출을 효과적으로 방지하고 지켜 나가는 이유는 완벽한 법적 장치 이외에도 다음과 같은 두 가지 요소 때문이다. 첫째, 모든 업종에는 중세의 길드와 같은 협회가 있어 긴밀한 관계를 유지하고 있다. 둘째, 신용을 중시하는 풍토가 굳건해서 만약 경영자나 기술 인력이 기밀을 유출하거나 절취하면 전체 업계에서 사장된다. 이런 분위기는 회사의 기밀을 쉽사리 빼내지 못하게 만드는 구속력이 된다.

윤리적인 기업은 다른 기업의 기밀을 알아내기 위해 그 회사의 직원을 스카우트하는 비리를 저지르지 않는다. 자기 회사의 기밀을 팔아넘긴 사람은 똑같은 배신을 하게 마련이기 때문이다. 거시적으로 보면, 질서가 파괴되면 전체 업계가 손해를 보게 된다. 기업의 입장에서 윈윈 하는 가장 좋은 방식은 건전한 경쟁을 하는 것이다. 서로에게 손해를 입히는 불건전한 경쟁으로 인해 궁극적으로 손해를 보는 것은 기업 자신이다.

직원이 입사할 때는 기본적으로 비밀 준수 서약을 해야 한다. 특히 기술 집약적인 기업의 경우 직원에게 업무상의 비밀 엄수에 대한 약속을 받아 내야 한다. 직원과 회사의 책임과 임무는 입사할 때 서면으로 작성해야 한다. 하지만 현실적으로 비밀 준수 사항을 문서화하지 않는 중소기업들이 부지기수다.

업무상 기밀 엄수에 대해 서약을 할 때는 법적인 문제에 신중을 기해야 한다. 그렇지 않으면 기밀 유출이 문제가 되었을 때 법적인 보호를 전혀 받지 못하게 된다. 적지 않은 경영자들이 기술 인력들이 이직한 후 일정 시간 동안 경쟁 관계에 있는 다른 회사에 입사하지 못하도록 제한해야 한다. 그래서 이직 시에 기밀 보호를 위한 협의나 계약을 하려 하지만, 직원의 입장에서는 회사의 요구가 자신의 권익을 침해하는 부당한 행위로 인식한다. 특히 경쟁 업체로의 이직을 금지하는 것은 노동자의 권리 침해이므로 헌법에 위배된다. 그러므로 경쟁 업체로의 이직을 막으려면 회사에서는 노동자에게 금전적 보상을 해 주어야 한다. 보상 액수는 최소한 이직 후 타 업체에서 일정 기간 취득할 수 있는 소득과 맞먹을 정도가 되어야 한다. 금전적 보상을 충분히 해 주지 않으면서 회사에서 일방적으로 이직 노동자의 취업을 막을 수는 없는 것이다. 협의를 엄격히 이행하지 않아 분규가 발생하면 회사는 증거나 소명 자료를 분명히 해야만 법적 책임을 지지 않는다.

사실상 회사에서 기술 부문의 관리 시스템을 합리적으로 운용하고, 관련 법적 자료를 주도면밀하게 준비하면 기밀 유출로 인한 문제를 무리 없이 해결할 수 있다.

기밀 관리를 위해서는 먼저 관련 직원이 기술의 전체 내용을 파악하지 못하도록 해야 한다. 중국의 많은 기업은 기술 인력이 연구 개발 시스템을 집중 관리하도록 하는 병폐가 있다. 기술자 한 명이 연구 개발 프로젝트의 일부분만 담당하면 기밀을 통째로 다른 기업에 넘길 수 없으므로 기밀을 유지할 수 있다.

현재 많은 기업이 제도적으로 기밀 방지 기제를 갖추고 있지 않다.

최고 경영자가 직원들을 신뢰하여 모든 정보를 공유하는 상황은 중소기업에서 더욱 두드러진다. 규모가 작은 기업들은 분업의 경계가 모호하고, 과도하게 개인의 역량에 기대기 때문이다.

기밀 관리를 위해 두 번째로 해야 할 일은 규율을 엄수하는 것이다. 기업은 1년에 한 번씩 기밀 유지를 위한 교육과 훈련을 해야 한다. 여기에서 가장 중요한 점은 직원들이 도덕성과 기업의 이념에 대해 확고한 인식을 갖도록 주지시키는 것이다. 다시 말해, 직원이 자신이 몸담고 있는 직장이나 커리어에서 신용이 얼마나 중요한지 절감하도록 하는 것이다. 회사의 기밀을 누설하거나 유출하면 법적 책임을 져야하는 것은 물론이고, 자신이 쌓은 커리어가 한순간에 무너진다는 사실을 철저히 인식시켜야 한다.

노자, 상생경영을 말하다

위기관리는 사후가 아니라
사전에 하는 것이 효과적이다

만물은 안정된 상태에서는 유지하기 쉽고, 일은 아직 기미가 나타나기 전이 도모하기 쉽다. 물건은 너무 딱딱하면 오히려 잘 부러지고, 너무 작으면 흩어지기 쉽다. 그러므로 큰일을 하는 사람은 작은 일에서부터 시작하지 않고 일이 없을 때 일을 시작한다. 천하를 다스리려고 한다면 천하가 아직 혼란하지 않을 때 먼저 방법을 강구해야 한다. 하지만 거목도 털끝 같이 작은 싹에서 나왔고, 높은 누대도 한줌의 흙들이 모여 만들어졌고, 천 리 길도 발밑에서 시작된다.

(其安易持, 其未兆易謀. 其脆易泮, 其微易散. 爲之於其未有, 治之於未亂. 合抱之木, 生於毫末, 九層之臺, 起於累土, 千里之行, 始於足下.)

－《도덕경》제64장

기업은 그 규모나 업종을 불문하고 위기관리를 해야 한다. 이제 위기관리는 경영에서 필수 불가결하고도 핵심적인 과제가 되었다. 위기와는 약간의 거리가 있지만, 다급한 순간에 대처하는 유머러스한 이야기 한 가지가 있다. 갑자기 폭우가 쏟아지는 저녁 무렵, 우산이 없는 사람들이 뛰어가는데 유독 한 사람만 비를 음미하는 듯 천천히 걷고 있었다. 한 사람이 왜 뛰지 않느냐고 묻자, 그는 이렇게 대답했다. "앞서 가도 비를 맞지 않나요?"

위기를 맞이한 기업들은 대부분 "앞서 가도 비를 맞지 않나요?"라고 말한 사람처럼 수동적이고 부정적인 생각을 한다. '모든 것은 하늘의 뜻'이라는 태도로 기업을 경영한다면 위기가 닥쳤을 때 무사히 넘길 수 있겠는가? 경영자들은 '바람이 불면 풀이 먼저 눕듯이' 항상 촉각을 곤두세워 위기를 감지하고 평가하면서 대응 방법을 모색하고, 사전에 위기의 싹을 제거하는 노력을 기울여야 한다.

위기관리는 정상적인 기업 경영을 위한 보험과도 같은 성격을 띠고 있어 그 중요성이 날로 더해지고 있다. 많은 기업들이 위기를 관리하지 않다가 갑자기 위기가 닥쳤을 때 '위기관리'를 떠올리게 된다. 하지만 그때는 '위기'만 있을 뿐, '관리'는 할 수 없는 상태에 이르렀다고 할 수 있다.

미국의 저명한 위기관리 전문가인 로렌스 버튼은 위기를 다음과 같이 정의했다. "조직과 그 구성원, 제품, 서비스, 자산, 명성에 막대한 손실을 초래할 수 있는 부정적인 영향력과 불확실성을 갖고 있는 큰 사건이다."

위기는 일반적으로 다음과 같이 네 가지 특징이 있다.

첫째, 돌발성이다. 위기는 흔히 예상치 못한 때에 찾아와 사람들이 손을 쓸 수 없게 만든다.

둘째, 위협적 성격을 갖고 있다. 위기는 기업의 목표 달성을 방해

노자, 상생경영을 말하다

하며 심지어 생존을 위협한다.

셋째, 긴박성이다. 위기는 기업이 대처하기 매우 어렵도록 긴박함을 조성하는 것이 특징이다. 위기에 대처하는 시간이 늦어질수록 손실은 커진다.

넷째, 공개적 성격을 갖고 있다. 정보의 유통이 신속해지고 다원화되면서 위기에 처한 사실이 빠른 시간 내에 공개되어 기업의 작은 실수도 큰 물의를 빚게 만든다.

그러므로 위기의 예방과 처리, 적극적인 관리로 손실을 줄이는 것은 경영자의 중요한 숙제다.

프린스턴 대학의 노먼 오거스틴 교수는 위기는 '실패를 부르는 근원이자, 성공을 잉태할 수도 있는 태반'이라고 표현했다. 위기의 발견, 조정, 잠재적인 기회를 찾아내는 것은 위기관리의 핵심이다. 하지만 그릇된 상황 판단, 사태의 악화는 위기관리의 취약점이다. 요약해서 말하면, 위기는 적절히 처리하면 '계기'가 된다.

'위기관리'를 관리학의 측면에서 보면 위기는 회피, 준비, 확인, 통제, 해결, 이익 창출의 6단계로 분류할 수 있다. 따라서 위기관리의 목표인 '위기를 성공의 기회로 전환'하기 위해서는 체계적인 관리 방법과 시스템을 갖춰야 한다.

서구 국가들은 흔히 위기관리를 '위기 커뮤니케이션 관리'라고 부른다. 그 이유는 정보를 공개하여 대중에게 양해를 구하고 지지를 이끌어 내도록 소통하는 것이 위기관리의 근본적 대책이기 때문이다.

오늘날 기업이 발전하기 위해서는 대중과 건전한 관계를 맺어야 한다. 그런데 어떤 기업들은 위기가 발생했을 때 본능적으로 회피하거나 단편적이고 부정확한 소식을 흘리곤 한다. 책임을 회피하는 자세는 기업의 이미지를 훼손하고, 직원들의 의혹을 증폭시켜 단결력을 무너뜨린다. 반대로, 정보를 적극적으로 공개하고 사람들의 의견에 귀 기울이면서 적극적으로 소통하면 신뢰를 얻어 조직의 문제를 순조롭게 해결할 수 있다. 노먼 오거스틴 교수는 경영 과정에서 언제든지 리스크를 입게 될 수도 있지만 그때 직원들에게 진실을 알리면 리스크를 최소화할 수 있다고 강조한다.

위기를 효과적으로 극복하는 또 하나의 관건은 고위 경영진이 위기의 심각성을 제대로 인식하여 직접 해결에 나서는 것이다. 외국의 일부 대기업들은 위기관리를 경영의 필수 불가결한 업무로 여겨 전담 부서를 설치해서 CEO가 총괄 책임자로서 지휘한다.

위기관리의 핵심적인 대책 세 가지는 위기의 제도화, 소통의 강화, 고위 경영자의 직접 참여로 요약할 수 있다. 위기는 독이 될 수도 있지만, 그것을 통해 문제점을 파악하고 잘 해결함으로써 하나의 기회가 되고 발전의 발판이 될 수 있음은 기업들의 위기 극복 사례들이 보여 주고 있다.

노자, 상생경영을 말하다

수요에 착안한 작은 아이디어는 큰돈을 부른다

어려운 일은 쉬운 것부터 도모하고, 큰일은 미세한 것부터 처리한다. 세상의 어지러운 일은 반드시 쉬운 데서 일어나고, 천하의 큰일은 반드시 작은 일에서 시작된다.

(圖難於其易, 爲大於其細. 天下難事, 必作於易. 天下大事, 必作於細.)

- 《도덕경》 제63장

제2차 세계대전이 끝난 후 패전국인 일본은 경제가 붕괴되었다. 영화관을 찾는 관객이 줄어들자 한 영화관 주인은 골머리를 앓았다. 그러다가 관객을 끌어들이는 묘안으로 티켓 1장으로 두 편의 영화를 볼 수 있게 했고, 예상대로 관객이 급증했다. 그런데 연속해서 영화 두 편을 보면 시간이 오래 걸려 관객들은 배가 고플 수밖에 없었다. 이 점에 착안해 영화관 주인은 매점을 열어 큰 수익을 올렸다.

영화를 한 편 더 상영하는 비용은 크지 않았지만, 매점으로 올리는 수익은 대단했다.

웨이진푸魏金富는 아이들에게 '작은 재미'를 공짜로 안겨 준 뒤 부모들에게 '계산서'를 안기는 방법으로 큰돈을 벌었다.

어느 일요일, 출근을 하지 않은 웨이진푸는 수족관 가게를 지나가다 엄마와 딸이 나누는 대화를 듣게 되었다. 어린 딸이 금붕어를 사달라고 조르는데 엄마는 "장난감이 그렇게 많은데 또 금붕어를 사달라고? 금붕어는 몇 푼 하지도 않아. 비싼 장난감을 사줬으니 그걸로 놀아!"라며 반대했다. 하지만 딸은 엄마의 말을 듣지 않고 어항 앞에서 계속 칭얼거렸다. 엄마가 끝까지 금붕어를 사 주지 않자 딸은 울면서 엄마 손에 이끌려 갔다.

보통 사람들 같으면 별 느낌이 들지 않았겠지만, 웨이진푸는 모녀의 행동을 그냥 넘기지 않았다. 순간적으로 기회를 포착하는 사람은 어떤 정보도 그냥 흘려보내지 않는다. 특히 사업가라면 대수롭지 않은 일에서 감각적으로 '돈이 될 기회'를 발견하는 것이다. 웨이진푸는 아이가 비싼 장난감을 많이 가지고 있으면서도 값싼 금붕어를 사달라는 것은 가격에 상관없이 귀여운 금붕어에 매력을 느꼈기 때문이라고 생각했다. 어린아이들은 소비 개념이 없어서 사고 싶은 것이 수시로 바뀐다. 그러므로 시시때때로 바뀌는 아이들의 성향을 파악하면 돈을 쉽게 벌 수 있다. 웨이진푸는 아이들의 성향을 살려 금붕어를 공짜로 주어서 비싼 상품을 판매하는 것이 주효할 것이라 생각했다. 금붕어뿐만 아니라 나비나 반딧불이는 저렴한 가격으로 아이들의 마음을 사로잡아 판촉 효과를 거두었다. 작은 물건으로 소비자들의 관심을 끌고, 반대로 값비싼 제품이 작은 상품을 사게 만드는 판촉 수단이 될 수도 있다. 또한 인기 제품으로 주의를 끈 뒤 눈에 띄지 않는 제품을 팔수도 있다.

어느 정도 판매 노하우를 터득한 웨이진푸는 직장을 그만두고 주위 친구들에게서 10만 위안을 빌려 장난감과 옷을 파는 작은 가게를 열었다. 선전深圳의 수산 시장에서 금붕어 2,000마리를 사들여 큰 어항에 넣어 놓고, 포스터를 만들어 곳곳에 붙였다.

개업 당일에 웨이진푸의 가게는 엄청난 매상을 올렸다. 포스터를 본 아이들이 부모와 함께 '금붕어 증정품'을 받으러 와서 옷과 장난감을 샀기 때문이다. 3개월이 채 되지 않아 웨이진푸는 창업비용을 모두 회수했고, 6개월 뒤에는 몇 개의 분점을 차릴 정도로 성공했다.

현재 웨이진푸는 20여 개가 넘는 매장을 소유하고 있고, 수입이 수백만 위안에 달해 평범한 월급쟁이에서 '사장'의 꿈을 이루었다.

포화 시장일수록
많은 틈새가 존재한다

그러므로 있는 것과 없는 것은 서로가 낳는 것이고, 어렵고 쉬운 것이 있고, 길고 짧은 것은 형태를 드러내어 서로 비교되기 때문이며, 높고 낮은 것이 서로 기울어지고, 음과 성은 서로가 있어야 조화를 이루고, 앞과 뒤는 앞이 있어야 뒤가 따르는 것이다.
(故有無相生, 難易相成, 長短相較, 高下相傾, 音聲相和, 前後相隨.)

- 《도덕경》제2장

창사에 소재한 푸리富利주식회사의 천즈룽陳子龍 사장은 '틈새 전문가'로 불린다. 그의 성공 경험은 "다른 사람에게 없는 것을 가지고, 남도 가지고 있는 것은 전문화하고, 모두가 부족한 것은 내가 채운다"라는 말로 압축된다. 젊은 시절 그는 작은 식료품점을 운영했지만 자본이 부족한 데다 경쟁자들로 인해 몇 번의 실패를 거듭했다. 이후 그는 '틈새시장'을 노려야 한다는 깨달음을 얻었다.

어느 날 천즈룽이 분점에 가보니 장사가 신통치 않아 기분이 상했

노자, 상생경영을 말하다

다. 알고 보니 분점에서 100미터도 채 안 되는 곳에 백화점이 생기는 바람에 손님을 잃은 것이다. 백화점의 세련된 마케팅을 비롯한 여러 유리함을 분석한 천즈룽은 자신의 '작은 이점'을 살리기로 결심했다. 우선 백화점의 영업시간이 오전 9시부터 저녁 8시까지이므로 늦게 퇴근하는 사람들은 쇼핑을 할 수 없다는 점에 착안해 분점의 영업시간을 오전 6시에서 10시, 오후 3시에서 새벽 2시로 바꾸었다. 백화점과 영업시간이 엇갈리기 때문에 일찍 출근하고 늦게 퇴근하는 소비자들의 발길을 쉽게 잡을 수 있게 된 것이다.

천즈룽은 매장이 갖춰야 할 제품만이 아니라 고객의 수요 변화, 시간차, 독특한 서비스, 특히 다른 사람들은 주의하지 않는 세밀한 부분까지 고려하여 자신만의 특색을 개발해 냈다. 그리고 각 분점의 특성을 살리는 영업 방식으로 매출을 늘리고 명성을 얻었다.

틈새를 노리는 방식은 천즈룽에게 치열한 경쟁에서 살아남게 했고, 마침내 그를 창사에서 손꼽히는 부호로 만들어 주었다.

'틈새 전략' 경영의 핵심은 다른 업체에게 부족한 면을 보완하여 고객을 끌어들이고 시장을 점령하는 것이다. 천즈룽은 사람들의 생활 습관에 맞춰 실적을 올리고, 동시에 상대와의 실속 없는 경쟁은 피해가는 영업을 펼쳤다. 머리가 좋은 사람들은 항상 남들이 소홀히 하거나 잘 모르는 기회를 찾는다. 그들은 홀로 좁은 길을 개척해 탄탄대로를 달린다. 새로운 길을 가기 때문에 경쟁과 방해가 적고, 남들보다 뛰어난 점을 활용하기 때문에 앞서 갈 수 있는 것이다.

둥시우董秀는 어렸을 때부터 꽃 키우기를 좋아했다. 그녀의 고향인 작은 마을에서는 집집마다 꽃과 나무를 키웠는데, 아버지는 특히 식물 재배에 일가견이 있어 아름다운 정원을 일궜다. 아버지의 영향을 받은 둥시우는 화훼를 재배하는 공부를 열심히 했다. 소녀 시절부터 그녀는 꽃가게를 하겠다는 소박한 꿈을 키웠다. 고등학교 졸업 후 그녀는 허페이슴肥 시의 꽃시장 현황을 조사한 결과 꽃가게가 우후죽순처럼 생겨나 경쟁이 매우 치열하다는 사실을 발견했다. 철저히 준비하지 않고 가게를 열면 성공하기 힘들다고 판단한 그녀는 분재 식물로 눈을 돌렸다. 그러나 분재 식물도 전망이 밝지는 않았다.

사업을 할 때 반드시 피해야 할 것은 남들도 하는 업종에 뛰어들어저가 경쟁을 하는 것이다. 시장의 크기는 한계가 있으므로 비슷비슷한 가게가 많아질수록 이윤을 남기기 힘들어 큰돈을 벌기 어렵기 때문이다.

현실을 파악한 그녀는 쉽게 재배할 수 있고, 생장 기간이 길고 고급스런 품종이 무엇인지 고민했다. 그러던 중에 스위스의 라카laca라는 수경 재배 식물에 관한 글을 보자 그것이 눈에 확 들어왔다. 화려한 색깔의 영양액을 넣은 투명한 유리병 속에 담긴 라카는 매우 아름다웠다. 둥시우는 "이게 바로 내가 밤낮으로 찾던 것이야!"라며 환호성을 질렀다.

둥시우는 라카를 팔면 어떨지 가능성을 타진해 보았다. 라카는 재배할 때 흙이 필요 없고, 이상한 냄새가 나지 않고, 벌레가 생기지 않으며, 생장 과정을 모두 지켜볼 수 있는 것이 장점이었다. 무엇보다도 보름에 한 번씩만 물을 갈아 주면 잘 자라는 것이 큰 장점이었다.

172

바쁘게 살아가는 현대인들은 편리한 물건에 큰 매력을 느낀다. 라카는 둥시우가 꿈꿨던, 사람들이 힘들이지 않고 키워 즐길 수 있는 녹색 식물 그 자체였다.

'게으른 물고기' '게으른 헤어스타일'과 같은 새로운 유행에서 힌트를 얻은 둥시우는 '게으른 화훼(관상용 식물)'를 콘셉트로 하여 사업을 시작하기로 결정했다.

남들이 시작하지 않은 일을 해 보겠다는 희망에 부푼 그녀는 상하이로 가서 수경 재배를 하는 화훼 기술자를 만났다. 머리가 좋고 열정적인 그녀는 며칠 만에 새로운 기술을 마스터했다.

라카와 영양액, 그리고 자신감을 얻은 그녀는 허페이로 돌아와 2주 동안 10개 이상의 품종을 대상으로 실험을 해 만족할 만한 성과를 거두었다. 이렇게 '게으른 화훼'는 그녀의 마음속에 희망의 뿌리를 내렸다.

무궁무진한 시장성을 확신한 그녀는 허페이의 위펑裕豊 꽃시장에 '게으른 화훼' 재배 센터를 열었다. 센터에는 대규모의 모종밭이 있고, 프랜차이즈 방식으로 동식물 시장, 슈퍼마켓, 인구 밀도가 높은 지역 등에 분점을 개설했다. 판매뿐만 아니라 집 꾸미기와 관련된 서비스도 제공했다.

'게으른 화훼'가 선을 보이자 사람들이 구름처럼 몰려들었다. 허페이의 중심지에 있는 카페에서는 개점 2주년을 맞아 '게으른 화훼'로 테이블을 장식하고, 판매도 했다. 카페 주인은 "우리도 예전에는 다른 곳과 마찬가지로 흔한 카네이션이나 장미를 놓았지만, 이제는 뿌리까지 볼 수 있는 자주달개비, 필로덴드론philodendron과 같은 식물을 선호해요. 이런 식물들은 뭔가 특별하고 고급스런 느낌을 주니까요"라고 했다. 객실의 화장실에 '게으른 화훼'를 장식하는 호텔들도 점차 늘어나고 있다.

처음 사업에서 성공을 거둔 둥시우는 게으른 화훼를 대여해 주는 사업까지 영역을 확대했다. 정기적으로 대여 고객을 방문하여 재배 기술을 가르쳐 주어 아주 적은 비용으로 식물을 키우는 재미와 기쁨을 누리게 하기 위해서다.

노자, 상생경영을 말하다

핵심에 주요 역량을 집중하는 것이 성공을 앞당기는 길이다

백성이 선량하면 진실로 그들을 선량하게 대하고, 설사 선량하지 않더라도 선으로써 행한다. 그래서 모두가 선하게 될 수 있다. (善者吾善之, 不善者吾亦善之, 德善.)

- 《도덕경》 제49장

맥 휘트먼은 1998년에 이베이eBay의 CEO에 취임한 뒤 5주 후에 이틀 연속으로 전략 회의를 열었다. 회의에서는 판매 전선을 축소하고 유저들의 데이터를 재검토하는 문제를 중점적으로 논의했다. 이베이의 모든 유저의 거래량을 파악하면 두 개의 자료가 만들어진다. 첫째, 거래량이 많은 순서에 따라 유저들의 순위를 매길 수 있다. 둘째, 유저들의 거래 총액에 따라 순위를 매긴다. 두 개의 자료를 통해 중요한 사실을 알 수 있는데, 그것은 바로 이베이의 총 매출의 80퍼센트를 분석하면 어느 것에 판매가 집중되는지가 드러난다는 것이다.

거래 경향을 분석한 맥 휘트먼은 이베이의 20퍼센트 고객이 총판매량의 80퍼센트를 점한다는 사실을 발견했다. 다시 말해, 20퍼센트의 고객이 구입한 것은 이베이의 발전과 수익에 결정적인 영향을 미치는 것이다. 그래서 20퍼센트 고객의 신분을 추적한 결과 대부분이 콜렉터의 성격이 강했다. 콜렉터의 구매 성향에 맞추기 위해 이베이는 기존의 광고 방식을 바꾸었다. 온라인 거래 사이트들이 대중매체에 광고를 집중하는 것과는 달리 콜렉터들이 주로 보는 '완구 콜렉터' '마리 베이스의 베레모 세계' 등과 같은 잡지에 광고를 싣는 것이었다. 이 결정으로 인해 이베이의 매출이 크게 상승했다.

판매의 중심을 핵심 유저에게 집중하면서 이베이의 마케팅 전략은 새로운 전기를 맞이했다.

2000년 미국 인구의 20퍼센트를 차지하는 부자들이 신형 자동차를 구입하는 비율은 60퍼센트에 달했다. (10년 전에는 40퍼센트) 자동차 메이커들은 이 변화에 맞춰 디자인을 바꾸었다. 차체를 지속적으로 대형화하고, 값비싼 가죽 시트와 고급 음향 설비를 장착하는 등 내부 설계에 많은 투자를 했다.

패스트푸드 업계에서도 '핵심 고객'의 수요에 맞는 판매 전략을 실행했다. 20퍼센트의 핵심 고객은 독신의 30대 이하의 남성이 대부분으로 전체 매출의 60퍼센트를 차지했다. 이들이 매장을 찾는 평균 횟수는 1개월에 20차례 이상이었다. 하지만 패스트푸드 회사들은 핵심 고객 잡기에 중점을 둔다는 사실이 알려지면 다른 고객들을 소홀히 대한다는 부정적인 이미지가 확산될 수 있다는 우려 때문에 마케팅 방식을 바꾸었다. 핵심 고객을 집중적으로 공격하는 광고를 지양하고, 단골 고객으로 클럽을 결성하는 등의 판촉 방식을 폐기한 것이다. 그러나 핵심 고객의 요구를 충족시키기 위한 노력을 중단하지는 않았다. 예를 들어 켄터키프라이드치킨(KFC)은 차 안에서 자사의 제품을 먹는 고객들이 운전을 하면서 치킨의 뼈를 처리하는 것을 번거롭게 여긴다는 점에 착안하여 순살 치킨 햄버거를 개발했다. 고객 서비스 총괄 책임자는 월 스트리트의 기자에게 "우리의 주요 고객들은 지금 매장 이외의 곳에서 순살 치킨 햄버거를 먹고 있을 것"이라고 말했다.

1980년대 이전까지는 대부분의 기업들이 모든 고객은 똑같이 중요하다고 인식했다. 그러나 20대 80 법칙이 널리 알려지고, 데이터 수집과 전산화가 눈부신 발전을 하면서 고객을 '분류'하는 마케팅 방식이 보편화되었다. 어떤 고객을 중점적으로 관리하고 서비스를 제공하느냐가 성공의 관건이 되었기 때문이다. 이제 데이터 분석으로 '고객 선택'을 하는 작업은 나날이 치밀해지고 있다. 핵심 고객의 데이터를 확보한 기업들은 그들에게 좋은 이미지를 심어 주기 위해 더 많은 자원을 배분하고 있다. 항공사들은 마일리지가 높은 승객들에게 특별 서비스를 제공함으로써 수익 창출에 기여하는 고객들의 충성도를 더 높이고 있다.

큰 시장에서
작은 부분을 차지하기보다
작은 시장에서 큰 부분을 차지하라

세상 사람들이 말하기를 나의 도는 크기는 하지만 도답지 않다고
한다. 그러나 크기 때문에 도처럼 보이지 않는 것이다. 만일 도처
럼 보였다면 오래 전에 보잘것없이 되었을 것이다.

(天下皆謂我道大, 似不肖, 夫唯大, 故似不肖, 若肖, 久矣其細也夫.)

- 《도덕경》 제67장

어떤 기업이 경쟁력이 매우 높다고 하면 많은 사람들이 기술력, 직원
들의 자질, 관리 체제, 자금력, 마케팅 등 여러 요인을 떠올리게 된다.
자연스러운 추리이기는 하지만, 단순하게 생각하면 경쟁력이 높은
가장 기본적인 이유는 비용에 대한 통제력이 탁월하기 때문이다.

오늘날 기업의 수익은 생산과 판매만 갖고 따질 수 없다. 원가를
절감하여 이윤을 만들어 내는 것도 수익 창출의 중요한 수단이기 때
문이다.

노자, 상생경영을 말하다

근검절약은 기업의 발전과 지속적인 성장을 가능케 하는 원동력이다. 기업의 규모가 대체로 작았던 과거에는 근검절약은 필연적인 선택이었다. 하지만 거대한 다국적기업들은 시장 경쟁이 치열한 오늘날에는 근검절약이 일종의 미덕에 머물지 않고, 경쟁력 그 자체라는 사실을 증명하고 있다.

기업의 생존과 발전의 관건은 경쟁력이다. 시장에 제품과 서비스를 제공하는 것이 이윤 창출을 위한 기본적 행위다. 기업이 출현한 초기에는 경쟁이 별로 없었기 때문에 시장은 막 발견한 유전처럼 막대한 이윤을 안겨 주었다. 그러나 산업이 발전하면서 기업들의 경쟁은 점점 치열해져서 일정 단계에 이르면 가격을 인하하는 방법으로 시장을 점유할 수 있게 되었다. 다른 한편으로는 살아남은 기업들은 엇비슷한 실력을 갖췄기 때문에 제품이 동질화되었고, 시장에서 독점적 지위를 차지할 수 없게 되었다.

시장 경쟁력을 유지하기가 점점 더 어려워지면서 기업들은 내부로 눈을 돌려 생산 비용 절감을 경쟁력 증강의 전략으로 삼게 되었다. 한 분야의 수준이 일정 단계에 올라서면 기업들의 경쟁에서 관건이 되는 것은 비용이다. 비용을 많이 절약할수록 이윤은 커지고, 생산 비용 절감을 실천한 기업은 시장에서 경쟁력을 갖추게 되는 것이다.

물론 다른 시각에서 보면 시장 경쟁은 기업에게도 좋은 면이 있다. 기업이 비용을 낮춰야 하는 압력을 받게 되면 기술력, 생산력 등을 끊임없이 향상해야 하므로 총체적으로 기업의 수준이 높아지고 경쟁력도 강화되기 때문이다. 경쟁력 강화는 절실한 상황에서 이뤄지므로, 이윤이 많이 남는 업종의 초기 단계에서는 이뤄지지 않는다. 이런 면에서 비용 절감은 경쟁력 강화의 일등 공신이라 할 수 있다.

경쟁력을 강화하기 위해서는 우선적으로 새로운 제품을 개발해야 한다. 그다음으로는 원가를 절감하면서 효율성을 높이고, 핵심 역량에 집중함으로써 경쟁 우위를 유지하는 것이다.

개인이나 기업은 나름대로의 생태적 지위를 갖고 있다. 자신의 생태적 지위를 잃으면 생존하는 데 필요한 장점을 잃게 된다. 그런데 생태적 지위는 사람과 사람, 기업과 기업 사이에 큰 차이를 만든다. 이런 차이는 자연계의 서열처럼 인간과 기업 간에도 능력에 따라 먹이 사슬 구조를 만든다. 기업의 최고 경영자들은 자신과 기업이 양처럼 약자가 되기를 원하지 않는다. 모두가 늑대나 사자처럼 강자가 되기를 원하지만, 현재의 실력이 양에 불과하다면 하루아침에 늑대나 사자가 되려는 헛된 꿈을 꾸어서는 안 된다.

대기업과 맞설 능력이 없는 중소기업이라면 호랑이처럼 행세할 것이 아니라, 기민한 원숭이 노릇을 감수해야 한다. 원저우溫州, 닝보寧波 등지의 중소기업들은 "우리는 작은 배이기 때문에 대해로 나가 거대한 배들과 겨루며 작은 고기를 잡으려 하지 않는다. 그보다는 강에서 대어를 잡는 편이 낫다"라는 경영관을 선호한다.

거대한 시장에서 작은 점유율로 낮은 이윤을 남기는 것보다 비교적 작은 시장에서 점유율을 높이는 것이 바람직하다. 이는 '보이지 않는 우승자'라 불리는 미국의 많은 기업들이 지향하는 생존의 법칙이다.

노자, 상생경영을 말하다

저마다 능력과 실력에는 분명히 차이가 있다. 호랑이가 되는 것보다는 원숭이가 되는 것도 괜찮다. 영리하고 변화에 능한 원숭이처럼 유연한 경영으로도 기업을 성공시킬 수 있기 때문이다.

미국의 한 CEO는 이렇게 말한다. "작은 규모는 민첩하게 움직일 수 있는 장점을 갖고 있다. 기업의 규모가 아직 크지 않을 때는 이 장점을 살리는 것이 성공의 관건이다."

자신의 핵심 역량을 키우는 것이
두각을 나타낼 수 있는 지름길이다

모자라야 얻을 수 있고, 많으면 미혹된다.
(少則得, 多則惑.)

- 《도덕경》 제22장

도가에서는 자기가 가진 것에 만족하면서 탐욕을 부리지 말아야 한다고 말한다. 넘치도록 소유하지 않고 적당한 선에서 멈춰야 하는 이치를 모르는 사람은 천하를 얻을 수 없고, 더욱이 천하를 다스릴 수 없다.

초楚나라의 백공승白公勝이 반란을 일으켜 성공한 뒤 국고의 재물을 부하와 백성에게 나눠 주지 않았다. 석을石乙은 불의한 재물을 얻고도 사람들에게 나눠주지 않았으니 기필코 재앙을 당할 것이라고

노자, 상생경영을 말하다

충고했다. 하지만 백공승은 석을의 말을 귀담아듣지 않았다. 그 후 섭공葉公이 초나라의 수도에 쳐들어와 국고의 재물과 무기고에 있던 무기를 민중에게 나눠 주었다. 돈과 무기를 얻은 민중은 백공승을 공격하여 사로잡아 죽였다. 백공승은 이기적이고 만족할 줄 모르고 그저 채우려고만 하는 부류의 전형인 것이다.

글로벌 경쟁의 시대에 기업과 개인이 일정 시간 내에 할 수 있는 일은 매우 적고, 자신에게 적합하면서 성공할 수 있는 일을 하기란 더욱 어렵다. 그러므로 기업들은 자신만의 전문성과 우위를 살려 경쟁력을 키워 나가야 한다.

기업이 맹목적으로 익숙하지 않은 분야에 진출하여 자원을 낭비하거나 시류에 따라 움직인다면 원래 보유하고 있던 한정적인 능력을 분산하는 것일 뿐이다. 고군분투하여 손실을 만회할 수도 있지만, 에너지와 능력은 유한하므로 현실과 목표 사이의 큰 괴리를 메우기는 쉽지 않을 것이다. 경쟁의식으로 방만한 경영을 하지 않으려면 어떻게 해야 할까? 정답은 자신만의 장점에 집중하는 것이다.

많은 기업들이 세계로 진출하여 1등이 되려는 꿈을 갖고 있다. 하지만 현실을 냉철하게 꿰뚫어보는 통찰력을 지닌 기업은 극소수고, 수많은 기업들이 자신이 개발하여 1등을 할 수 있는 잠재력을 가진 분야가 어떤 분야인지 모른다.

부동산 업계의 대표 주자인 완커萬科 그룹은 한참 잘나가던 시기에 과감하게 '선단식의 일본 상사 모델'을 탈피하여 모든 역량을 주택 분야에만 투자하여 브랜드 효과를 극대화했다. 아이리신愛立信은 휴대폰 제조에서 핵심 기술만을 중점적으로 발전시키는 전략으로 나가고 있다. 건설기업 위안다遠大 그룹의 장위에張躍 회장은 "체리는 아주 작지만 호박보다 훨씬 맛있다. 사이즈보다는 강점이 더 중요하다"라는 말로 기업이 외형보다는 실력을 키워야 한다고 강조한다.

이러한 기업들이 단시간에 급성장을 할 수 있었던 이유는 역량을 한곳에 집중했기 때문이다. 남들보다 뛰어난 한 가지를 잘하는 것은 분명한 경쟁력이 된다.

노자, 상생경영을 말하다

사고는 깊게, 행동은 빠르게 해야 틈새를 공략할 수 있다

뿌리로 돌아가 있는 것을 고요, 무위의 고요함이라 말하고, 고요한 것을 명, 각자 본래의 참모습으로 돌아가 있다고 한다. 명에 돌아가 있는 것을 떳떳함, 영원불멸이라 하고, 떳떳함 본연의 모습에 눈뜨는 것을 절대 지혜라 한다.

(歸根曰靜, 是謂復命. 復命曰常, 知常曰明.)

- 《도덕경》제16장

중국에서 차茶를 많이 생산하는 현이 있다. 이 현의 차밭은 총 4.67제곱킬로미터에 달했는데 차밭의 주인들이 제각기 다른 품종을 생산하는 데다 관리가 엉성해서 품질이 좋지 않았고, 판매 네트워크가 구축되지 않아 1킬로그램당 20위안도 받지 못했다. 이렇게 판매 가격이 낮다보니 찻잎을 따는 인부들의 임금을 지불하기도 힘들 정도여서 농사를 포기하는 농가가 적지 않았다.

결국 현 정부에서는 황폐화된 차 농사를 진흥하기 위해 적극적으로 지원하기 시작했다. 그러자 한 농민이 기회가 왔다고 판단하여 대규모로 차밭을 경영하는 사람 두 명과 함께 회사를 차렸다. 이 회사는 생산 매뉴얼을 만들어 엄격하게 품질을 관리하고, 브랜드를 만들어 가공한 찻잎을 판매했다. 기업화된 찻잎 생산과 판매로 인해 판매가가 1킬로그램당 20위안에서 300위안 이상으로 높아져 현 전체의 1년 매출이 800만 위안을 넘어섰다.

21세기는 네트워크가 매우 중요한 역할을 한다. 미국 스탠포드 대학의 대학원생이었던 세르게이 브린Sergey Brin과 래리 페이지Larry Page는 네트워크에 매료되었다. 통찰력이 뛰어나고 기회를 포착하는 데 동물적 감각을 지닌 두 사람은 대학 시절부터 의기투합하여 거미줄과 같은 네트워크를 만드는 특허 기술을 개발하기로 약속했다.

어느 날 그들은 정보화 사회에서는 부의 흐름을 이해하는 사람이 새로운 부호가 될 것이라는 기사를 읽었다. 과거 미국의 3차 산업은 GNP의 67퍼센트를 차지하고, 취업인구는 70퍼센트 이상이었는데 정보산업에 종사하는 인구는 50퍼센트에 달했다. 상대적으로 1차 산업과 2차 산업의 생산액은 3퍼센트와 35퍼센트밖에 되지 않았다. 달리 말하면, 물적 재화(=유형재)를 생산하는 산업이 사양의 길로 접어드는 반면, 정보가 핵심 산업으로서 유망해진 것이다.

세르게이 브린과 래리 페이지는 인터넷으로 인해 부의 형성과 분배가 재편성되리라 직감했다. 이런 상황에서 인터넷에 뛰어들지 않는다는 것은 자신이 거머쥘 부를 다른 사람들에게 빼앗기는 것이나 다름없다고 생각했다.

노자, 상생경영을 말하다

인터넷은 전통적인 경제 구조를 무너뜨리고 세계를 하나로 만들어 한 지역이나 국가의 시장 주인이 더 이상 해당 지역과 국가가 아니라는 사실을 증명했다. 기존의 경제 틀을 뛰어넘는 기발한 혁신과 아이디어가 출현하면서 글로벌 경제는 새로운 방향으로 전환되어 가는 것이다. 브린과 페이지는 변화의 물결에 몸을 던지기로 결심했다.

두 사람은 몇 개월 동안 검색 엔진 기술 개발에 시간을 투자한 끝에 성공을 거두었다. 자신들이 만든 검색 엔진으로 인해 사람들의 생활에 큰 변화가 일 것이라는 예감에 두 사람은 흥분을 감추지 못했다. 1년 후면 박사 학위를 딸 수 있었지만, 두 사람은 이상을 실현하기 위해 과감히 자퇴했다.

브린과 페이지는 캘리포니아의 한 차고에 구글Google사를 차렸다. 창립 당시 직원은 4명에 불과했다. 브린과 페이지가 개발한 기술을 이해하는 사람이 거의 없는 상태에서 구글은 문을 닫을 위기에 직면했다. 하지만 1년 후 미국의 네티즌이 6,000만 명을 돌파하고, 비즈니스 사이트가 300만 개에 달하는 등 인터넷이 급속도로 발전하는 국면에 접어들었다. 정보화 시대에는 '돈 벼락'이 떨어지는 곳에서 그 벼락을 맞는 산업이 '대박'을 치게 된다.

두 사람의 노력은 헛되지 않아 몇 년 만에 구글에 대한 투자액은 100만 달러에서 2,500만 달러로 늘어났다. 구글은 www.Google.com을 통해 유저들에게 서비스를 제공했다. 이와 동시에 정보를 제공하는 업체들에게 검색 엔진의 문제들을 해결하는 방안을 제공했다.

이제 구글은 세계 최대, 최고의 인터넷 검색 서비스 회사가 되었고, 브린과 페이지는 '세상의 모든 정보를 수집하고 편집한다'는 꿈을 이루었다.

구글의 성공은 두 젊은이의 빠르고, 정확하고, 예리한 판단과 행동에 힘입은 것이다. 그들은 빠르게 움직이면서도 조용히 사고하면서 내공을 쌓는 '정靜과 동動'의 합일로 새로운 기술들을 개발한 것이다.

물질과 심리적인 만족감을
동시에 주는 것이 최상의 격려다

사랑을 받으나 욕되나 늘 놀란 것 같이 하라. 큰 걱정을 귀히 여기기를 내 몸과 같이 하라. 사랑을 받으나 욕되나 늘 놀란 것 같이 하라는 말은 무슨 뜻일까? 사랑은 항상 욕되기 마련이니 그것을 얻어도 놀란 것처럼 할 것이요, 잃어도 놀란 것처럼 해야 한다. 큰 걱정을 귀히 여기기를 내 몸과 같이 하라는 의미는 무엇인가? 나에게 큰 걱정이 있는 까닭은 몸을 가지고 있기 때문이다. 내가 몸이 없다면 무슨 걱정이 있겠는가? 그러므로 자신의 몸을 천하만큼이나 귀하게 여기는 사람에게는 천하를 맡길 만하고, 자신의 몸을 천하만큼이나 아끼는 사람에게는 천하를 줄 수 있다.

(寵辱若驚, 貴大患若身, 何謂寵辱若驚, 寵爲下, 得之若驚, 失之若驚, 是謂寵辱若驚, 何謂貴大患若身, 吾所以有大患者, 爲吾有身, 及吾無身, 吾有何患, 故貴以身爲天下, 若可寄天下, 愛以身爲天下, 若可託天下.)

- 《도덕경》제13장

돈으로 격려하는 방법은 사람에 따라 다르게 작용한다. 가족을 부양하는 사람에게는 돈이 매우 중요하다. 하지만 이미 성공한 사람들은 돈이 그리 절실하게 필요하지 않다. 돈이 효과적인 격려의 수단이 되려면 개인의 실적에 맞춘 임금과 인센티브를 지급해야 한다. 또한 예상 금액과 현재 수입의 차이가 클수록 돈의 격려 기능은 막강해진다.

유능한 경영자는 직원들의 요구에 앞서 적극적으로 보수를 제시한다. 하지만 때로는 높은 연봉에도 만족하지 못하는 사람들이 있다. 이러한 문제를 해결하는 최선의 방법은 개인의 실적과 보수를 비례하게 적용하는 것이다. 능력을 정확하게 파악해서 진정으로 노력하는 직원에게 최고의 보수를 제공해야지, 근거 없이 보수를 책정해서는 안 된다.

직원들의 면접 기록을 보면 경영자는 중요한 사실을 발견하게 된다. 이직의 이유가 임금에 대한 불만인 경우는 소수에 불과하다는 것이다. 그런데 임금 인상으로 직원들의 불만을 해소하려 하거나 격려하려는 경우는 상당히 많다. 문제의 발생 요인을 제대로 파악하지 못하고 보수를 높이는 것만으로는 효과를 발휘하지 못한다. 그렇다면 직원들의 사기를 높이는 가장 중요한 수단은 보수가 아닌 것일까?

격려를 하는 수단이 돈만은 아니다. 효과적으로 격려하기 위해서는 다음과 같은 요소들을 고려해야 할 것이다.

(1) 한계효과의 체감

한계효과의 체감이란 한 사람에게 동일한 액수를 지속적으로 지급할 때 그 효과는 점점 더 작아진다. 역으로 말하면, 똑같은 만족감을 얻기 위해서는 받는 액수가 늘어나야 한다. 예를 들면, 월급이

1,000위안인 직원에게 500위안을 더 주면 상상을 초월한 소득에 절대적으로 만족한다.

월급이 2,000위안인 직원에게 500위안을 추가 지급하면 예상을 뛰어넘는 소득에 비교적 만족한다.

월급이 3,000위안인 직원이 500위안을 추가로 받으면 당연하다고 생각하여 만족하지도, 불만족스러워 하지도 않는다.

월급이 5,000위안인 직원은 500위안을 추가로 받으면 자신의 가치에 비해 적은 액수라 생각하지만 크게 불평을 하지도, 만족을 하지도 않는다.

월급이 8,000위안인 직원이 500위안을 추가로 받으면 무시당했다는 느낌에 불쾌해한다. 이런 경우 500위안의 추가 월급은 아무런 효과도 발휘하지 못한다. 8,000위안의 월급을 받는 직원에게 1,000위안 월급의 직원이 느끼는 동일한 만족감을 주려면 최소한 3,000위안 이상을 더 주어야 한다.

(2) 단기성

돈으로 격려하는 방식, 특히 적은 액수일 경우 효과가 오래가지 않는다. 월급이 인상된 6개월 이후에도 여전히 활기차게 일하는 직원은 없다. 6개월은 고사하고, 월급 인상 효과가 2개월만 지속되어도 다행이다. 월급 인상은 짧은 기간 동안 효과를 발휘하지만, 시간이 지나면서 직원들은 담담해진다. 금전적인 격려는 일시적이고 대증적인 처방일 뿐, 직원들의 마음을 움직이기는 어렵다.

(3) 비경제성

비경제적 성격은 두 가지로 나타난다. 첫째, 파격적인 인센티브는 예상만큼 효과를 볼 수 있지만 그 대가가 너무 클 수 있다. 둘째, 임금은 올리기는 쉽지만 내리기는 매우 어렵다. 만약 임금에 비해 실적이 적다는 이유로 임금을 인하한다면 직원의 열정과 사기가 떨어진다. 결국 금전으로 격려하는 방법은 경제적이지 않다.

(4) 악순환

위에서 지적한 세 가지 사항을 통해 금전적인 격려는 일종의 수단이고, 월급을 인상한다고 해서 장기적으로 소기의 효과를 볼 수 없다는 사실을 알 수 있다. 그리고 월급을 올려 주는 주기가 짧아도 기업의 성과는 쉽게 향상되지 않는다. 인력 비용이 높아지다 보면 어느 순간 감당할 수 없게 된다.

또한 금전 이외에도 직원들에게 애사심, 사명감, 책임감, 비전 등을 갖도록 하는 보상을 제공해 주는 것이다. 그것은 물질적인 것 이외에 정신적인 것일 수 있다. 직원들은 만족감을 얻게 되면 성실과 충실로 보답하게 될 것이다.

노자, 상생경영을 말하다

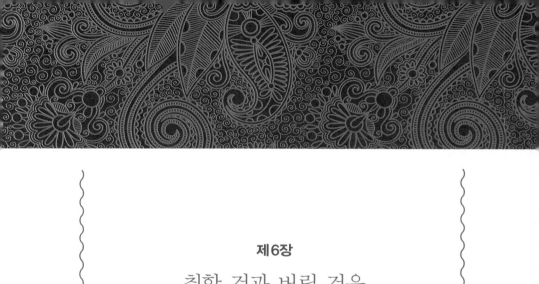

제6장

취할 것과 버릴 것을
분명히 하는 것은
성공의 디딤돌이 된다

'기회'는 시간적, 공간적 특성에 따라 달라지므로 사업가라면 면밀하게 자신의 조건을 객관적으로 분석하여 장점을 살리고 단점은 피하면서 적절하게 기회를 살려야 한다. 사업적 감각이 뛰어난 장사꾼은 시장의 '공백'이야말로 돈을 벌 수 있는 노다지라는 사실을 잘 알고 있다. 사람들마다 필요한 것이 다르므로 다양한 수요를 만족시키면 돈은 저절로 굴러 들어온다. 남들이 버리는 것을, 남들이 쳐다보지도 않는 것을 취하려면 자신을 둘러싼 전체적 환경을 통찰할 수 있는 안목과 뚜렷한 신념이 있어야 한다. 그렇지 않다면 쓸데없는 것에 정력을 낭비할 뿐이다

위기는 대처에 따라
명암이 갈리게 된다

화에는 복이 들어 있고, 복에는 화가 숨어 있다. 누가 그 끝을 알겠
는가. 그 바름이 없어 바른 것이 다시 기이해지고, 선한 것이 다시
요사해지는 것이다.

(禍兮福之所倚, 福兮禍之所伏, 孰知其極, 其無正, 正復爲奇, 善復爲
妖.)

- 《도덕경》 제58장

경제 위기는 순환을 거듭하는 하나의 현상이다. 1967년의 홍콩 폭동
의 영향으로 부동산 경기가 바닥을 쳤다. 1984년에는 중국과 영국이
홍콩 반환 협정을 체결하자 경제가 침체되었다. 아직 위기가 발생하
지 않았을 때 심리적으로 준비하는 것이 매우 중요하다. 경제 위기가
끊임없이 순환하듯이 기업은 흑자와 적자를 반복한다. 일정한 주기
나 법칙에 따라 발생하는 현상에 대해서는 일찌감치 위기의식을 갖
고 대처하면 비교적 쉽게 해결할 수 있다.

노자, 상생경영을 말하다

노자가 "취약한 곳은 쉽게 무너지고, 미세한 것은 쉽게 흩어진다 (其脆易破, 其微易散)"고 말한 바대로, 위기는 단서를 발견하는 초기 단계에 풀어 나가야 한다. 위기에 대한 인식과 대처는 서구의 위기관리 원칙과 일맥상통한다.

기업은 어떤 분야가 위기를 맞이하면 보완 조치를 취하는 것은 물론이고, 안 좋은 상황을 오히려 사업에 유리한 기회로 이용할 수 있어야 한다.

위기는 극복해야 하는 어려움이지만, 동시에 사업의 호재로 바뀔 수 있는 여지가 숨어 있다.

1982년 9월에 미국 시카고에서 청산가리가 들어간 타이레놀을 복용한 시민 7명이 사망하는 사건이 일어났다. 타이레놀의 제조사인 존슨앤존슨사는 미국 해열진통제 시장 점유율 35퍼센트를 차지하는 타이레놀의 사건으로 인한 부정적 영향을 최소화해야 하는 방안을 긴박하게 논의했다.

충격을 딛고 신속히 행동을 취하기로 결정한 경영진들은 긴급 조치를 마련했다. 첫째, 사고의 원인을 규명해서 국민에게 알린다. 둘째, 손실을 파악하고 회사의 명성과 제품에 대한 믿음을 회복하는 행동을 취한다. 셋째, 타이레놀을 다시 시장에 내놓는다. 조사를 통해 사건의 원인은 금세 밝혀졌다. 청산가리는 생산 과정에서 들어간 것이 아니라 시카고의 한 시민이 캡슐에 넣은 것이었다.

조사 결과 존슨앤존슨사는 피해자임이 입증되었지만 적극적으로 책임을 떠맡았다. 소비자들에게 타이레놀을 복용하지 못하도록 대대적으로 알렸고, 상업 광고를 중지했다. 그리고 의사와 약국에 50만 통의 편지를 보내 타이레놀 캡슐을 회수했다. 이로 인해 존슨앤존슨사는 50만 달러의 손해를 감수해야 했다.

존슨앤존슨사가 백방으로 조치를 취했지만 사건의 여파로 인해 타이레놀의 시장 점유율은 7퍼센트로 폭락했다. 타이레놀이 그동안 쌓은 명성과 가치를 유지하기 위해 회사 측에서는 세 가지 대책을 마련, 실행했다. 첫째, 소비자의 신뢰를 얻기 위해 광고를 통해 회사의 입장을 전달하고, 이에 따른 비용을 조금도 아끼지 않는다. 둘째, 원하는 고객들에게는 타이레놀 캡슐을 무료로 알약으로 교환해 준다. 셋째, 위조를 방지할 수 있는 포장으로 제2의 비극이 발생하지 않도록 한다. 존슨앤존슨의 대응 조치는 사건 8개월 후인 1983년 5월에 그 효과가 증명되었다. 그동안 급감했던 매출이 사건 이전 수준으로 회복된 것이다.

제품의 문제로 물의를 일으킨 기업이 미봉책으로 본질을 흐리려 한다면 전혀 동정을 받지 못한다. 존슨앤존슨사는 사건을 직시하고, 윤리적인 방식으로 사건을 처리하면서 언론을 통해 보완책을 실행함으로써 손실을 최소화하고 잃었던 시장을 되찾았다. 무엇보다도 크게 얻은 것은 소비자의 예전보다도 강한 신뢰였다.

노자, 상생경영을 말하다

고객의 칭찬보다 불만에 주목할 때
더 큰 발전을 이룰 수 있다

화는 복이 있는 곳에 숨어 있다.
(禍兮, 福之所倚.)

- 《도덕경》 제58장

아무리 잘 만들어진 제품이라도 문제를 일으킬 수 있다. 이때 중요한 것은 문제를 회피하지 않고 해결하면서 소비자에게 호감을 얻는 능력을 키워 나가는 것이다.

아시아 금융 위기의 여파로 일본 우량 기업들인 마쓰시타, 쏘니, NEC, 미쓰비시 등이 적자로 고전했지만 토요타는 예외적으로 타격을 입지 않았다. 토요타는 5년 연속으로 '포브스'지가 선정하는 세계 500대 기업 중 10위의 자리를 유지하면서 상당한 흑자를 기록했다.

2003년의 500대 기업 가운데 판매액은 1,318억 달러로 8위, 수익은 77억 달러로 10위를 차지했다.

일본의 대기업들이 부진한 실적을 올릴 때 유독 토요타가 높은 성장세를 유지할 수 있었던 이유는 무엇일까? 이 문제의 해답은 1950년대부터 토요타가 추구한 글로벌화에서 찾을 수 있다. 토요타는 1955년에 최초로 미국에 토요펫Toyopet 자동차를 수출했지만 시장에서 전혀 호응을 얻지 못하고 철수했다. 1959년에 토요펫의 품질을 크게 개선하고 이름을 크라운으로 바꿔 미국에 다시 진출했지만 1년 동안 겨우 288대를 판매하는 실패를 거듭했다.

품질을 향상한 뒤에도 소비자들에게 어필하지 못한 원인을 찾기 위해 토요타는 대대적으로 시장조사를 펼쳤다. 미국인의 신체적 특징, 소비자 의식, 경제 상황, 연령대별 차이점, 구매 동기, 구매 방식, 선호하는 모델, 도로 등급 등을 문항으로 작성하여 치밀한 연구를 진행했다. 조사 결과 토요타는 두 가지 중요한 결론을 도출했다. 첫째, 미국인들은 차내에서 다리를 자유롭게 움직일 수 있는 여유 있는 공간, 부드럽게 커브 운전을 할 수 있는 핸들, 쉬운 조작 등을 선호한다. 둘째, 성능 대비 가격이 싸고, 내구성이 높고, 수리가 용이한 자동차를 원한다. 마침 이 무렵에는 자동차가 신분과 지위를 상징하던 경향이 퇴조하면서 자동차는 단지 필수 불가결한 교통 도구라는 의식이 자리 잡고 있었다. 토요타는 두 가지 결론을 반영한 미국적 모델 코롤라Corolla와 캠리Camry를 출시하여 큰 성공을 거두었다.

토요타의 미국 시장 공략은 외견상으로는 에너지 절약, 쉬운 조작,

198

높은 품질 등 성능 면에 집중한 것으로 보인지만 그 이면에는 소비 변화를 잘 읽은 전략이 주효했다.

실용적인 자동차의 출현을 기대할 때 토요타는 높은 품질에 낮은 가격, 인체 공학에 맞는 내부 설계로 좋은 반응을 얻었다. 토요타 자동차가 성장을 거듭할 수 있었던 경쟁력의 원천은 제품의 가치에 정확한 개념을 부여한 것이었다. 기능과 디자인은 각기 사용 가치와 소비자의 심리 만족에 중점을 두고, 브랜드는 기업의 이미지를 결정한다는 것이다.

그러므로 토요타의 생산 전략은 단순한 제조가 아니라 기업 문화를 전파하는 것이고, 이런 철학에 기반을 두고 문제점을 발견하면 기회로 전환하는 적극적인 태도를 보였다. 예를 들어 미국의 소비자가 사이언Scion의 에어 컨디션 성능에 문제가 있다는 불만을 제기했을 때 즉시 해결해 주었을 뿐만 아니라 2주 후에 기술자 25명을 미국 현지 공장에 파견해 생산 시스템을 개선하는 작업을 했다.

불만을 가진 고객은 기업의 입장에서 볼 때 판매와 자사의 명성에 영향을 끼친다. 그러므로 모든 고객을 언제나 정중하고 친절하게 대해야 한다. 문제가 생겼을 때는 즉시 반성과 시정 노력을 해야만 고객의 충성도를 유지하여 장기적인 발전을 이룰 수 있다.

책임감 있는 자세와 위기를 극복하는 능력을 보이면 대중으로부터 이해를 얻어 위기 전보다 더 좋은 이미지를 얻을 수 있다는 사실을 잊지 말아야 한다.

문제에 대한 대처능력은
성공을 위한 중요한 요소다

천하에 물보다 더 부드럽고 약한 것은 없지만, 굳세고 강한 것을 이기는 데는 물보다 나은 것이 없다.

(天下莫柔弱於水 而攻堅强者莫之能勝.)

- 《도덕경》 제78장

1965년 9월 7일 세계 당구 선수권 대회 결승전이 뉴욕에서 열렸다. 루이스 폭스는 신기에 가까운 기술로 상대를 여유롭게 따돌리며 경기를 리드했다. 이 기세대로 나가면 챔피언이 되는 것은 확실했는데, 어디선가 파리 한 마리가 날아와 당구공에 앉았다. 파리를 손으로 쫓아내고 루이스가 다음 공을 치려는 순간 파리가 다시 당구공에 내려 앉았다.

정신이 분산되어 짜증이 난 루이스를 마치 작정이나 하고 괴롭히

노자, 상생경영을 말하다

려는 듯 파리가 공 주위를 맴돌자 관중석에서 폭소가 터져 나왔다.

심기가 몹시 불편해진 루이스는 마침내 이성을 잃고 큐대로 파리를 쫓으려다 실수로 공을 건드렸다. 심판은 루이스의 공격으로 판정해 상대 선수인 존 티레에게 공격권을 넘겨주었다. 그러자 집중력을 잃은 루이스는 그때부터 실수를 연발했다. 존 티레는 기회를 놓치지 않고 분발하여 많은 사람의 예상을 깨고 우승했다.

다 차려 놓은 밥상을 상대에게 빼앗긴 루이스 폭스는 분을 참지 못했다. 다음 날 아침, 루이스의 호텔방에서 그의 싸늘한 시신과 유서가 발견되었다.

루이스 폭스의 자살은 우리에게 큰 교훈을 남긴다. 만약 그가 파리를 의식하지 않고 경기를 했다면 당연히 우승을 했을 것이다. 평소 실력대로 공을 무서운 속도로 날려 보냈다면 파리가 계속 얼쩡대며 루이스를 괴롭힐 수 있었겠는가!

비단 스포츠뿐만이 아니라 경영에서도 유사한 상황이 적지 않게 벌어진다. 많은 준비 끝에 야심차게 벌인 사업에서 손실을 본다거나, 순조롭게 진행되던 프로젝트를 두고 뒷말이 무성하다든가, 목표를 위해 매진하던 과정에서 팀원들 간에 작은 마찰이 빚어져 분위기가 악화되는 등의 상황이 그러하다.

뜻밖의 복병을 만났을 때 반응은 제각각이다. 작은 손실에도 전전긍긍하며 사업을 포기하려는 경영자, 유언비어나 험담의 발원지를 찾기 위해 혈안이 되는 경영자, 직원들의 불평불만에 보복을 하는 경영자도 있다.

이러한 반응들은 루이스 폭스처럼 작은 문제에 집착하여 '빈대 잡으려고 초가삼간 다 태우는' 엄청난 손실을 자초한다.

개인이나 조직이 아무리 뛰어난 실력을 갖췄더라도 고집을 피우며 타협하지 않는다면 기회를 잃고 상대에게 반사 이익을 주는 손해를 보게 된다. 이런 일이 계속되면 협력을 하기가 점점 더 어려워진다. 문제는 자신의 비타협적인 태도를 여간해서는 깨닫지 못한다는 것이다. 싸우기는 쉬워도 양보하기는 어렵다는 말이 있듯이, 타협은 사실상 자신이 만든 벽을 무너뜨리는 것이나 다름없다. 이는《채근담》에 나오는 "세상에서 겪는 모든 좋고 나쁜 감정을 내려놓으라(世俗恩怨要放得下)"는 가르침과 일맥상통하는 것이다.

CEO는 매일매일 문제에 부닥치고, 갈등적 상황에 빠지며, 뜻대로 되지 않는 일들 때문에 스트레스를 받는다. 이렇게 자신만의 문제가 아니라 상대로 인해 불편한 심기를 참기 힘들 때 효과적인 대처 방법 두 가지가 있다.

첫 번째 방법은 상대와 일전을 불사하는 것이지만, 손해가 막심하다는 단점이 있다. 남아프리카공화국에는 놀라운 속도를 자랑하는 야생마가 있다. 하지만 이 말에게도 천적이 있으니 바로 흡혈박쥐다. 박쥐는 말의 피를 좋아해서 한번 물면 절대 놓아주지 않는다. 박쥐가 빨아먹는 피의 양이 그리 많지는 않지만, 말은 박쥐를 떨쳐 내기 위해 전력으로 질주하다 결국 지쳐서 죽게 된다.

우리가 일상에서 공격이나 비판받는 것은 실제로는 박쥐가 피를 빼는 정도에 불과하다. 하지만 야생마처럼 과도하게 반응하면 지쳐

202

서 쓰러지게 된다.

두 번째 방법은 공격을 피하면서 상대가 제 풀에 꺾이도록 유도하는 것이다. 이런 방법은 흔히 거북이의 대응 지혜라고도 한다. 동작이 아주 느린 거북이는 공격을 받으면 머리를 등딱지 속에 집어넣은 채 상대가 기다리다 지쳐 물러날 때까지 꼼짝도 하지 않는다. 비겁하고 나약한 대응 방식 같지만, 거북이가 맹수들보다 오래 장수하는 비결인 것이다. 거북이의 지혜는 불필요한 충돌이나 싸움을 피하면서 상대가 지쳐 물러나게 만드는 것이다. 싸움을 하지 않으면 후유증도 없는 것이 당연하다.

승리할 수 있는 사람이 승리하는 것이 당연하듯이, 현명한 사람은 소인배들과 사소한 일로 마찰을 빚으면서 정력을 낭비하기보다는 가치 있는 일에 매진한다. 마치 거북이의 '무대응'으로 적을 이기는 지혜처럼 말이다.

남들과 다르게 사고할 때 기회가 다가온다

도의 운동은 순환적이며 도의 작용은 부드럽다.
(反者, 道之動, 弱者, 道之用.)

- 《도덕경》 제40장

옛날 어느 깊은 산골에 고구마 농사를 지으며 사는 사람들이 있었다. 한 해는 날씨가 좋아 고구마 풍년이 들었다. 양식 걱정을 하지 않아도 되자 사람들은 고구마 껍질을 마구 버렸지만 한 노인만은 남들이 버리는 고구마 껍질까지 모아 두었다. 사람들은 궁상맞다고 비웃었지만, 노인은 개의치 않았다. 시간이 꽤 흐른 뒤에 노인의 집 마당에 쌓아 둔 껍질은 담벼락처럼 높아졌다.

몇 년 후 심한 가뭄이 들어 고구마를 수확하지 못하게 되자 굶어

노자, 상생경영을 말하다

죽는 사람들이 속출했다. 먹을 것을 찾아 헤매던 사람들이 인육을 먹는 지경까지 이르렀지만, 노인과 그 가족은 쌓아 둔 고구마 껍질을 먹으며 연명했다.

노인은 남들의 비웃음을 묵묵히 참아가며 '남들이 버리는 것을 내가 취한다'는 옛말을 실천했기에 목숨을 지킬 수 있었던 것이다. 남들이 버리는 것을, 남들이 쳐다보지도 않는 것을 취하려면 자신을 둘러싼 전체적 환경을 통찰할 수 있는 안목과 뚜렷한 신념이 있어야 한다. 그렇지 않다면 쓸데없는 것에 정력을 낭비할 뿐이다.

사람들은 어떤 일에 벌 떼처럼 덤벼들었다가 실패하면 다시는 똑같은 실수를 하지 않을 것이라 장담한다. 하지만 쓰라린 경험 때문에 소극적으로 관망을 하다가 좋은 기회를 놓쳐버리곤 한다.

몇 년 전 선양審陽에 다음과 같은 이야기가 떠돌았다. 한 형제와 그 아내들이 저축했던 돈을 다 투자하여 하이난海南에서 수박을 사서 선양에서 파는 장사를 시작했다. 그 무렵 선양에서는 수박의 공급이 여의치 않았기 때문에 이 형제들처럼 수박 장사를 해서 돈을 벌려는 사람들이 적지 않았다.

그러나 형제가 수박을 선양에 가져왔을 때 시장에는 수박이 산처럼 쌓여 팔리지 않았다. 결국 본전도 못 건진 형제는 앞으로는 죽어도 장거리 장사는 하지 않겠다고 한숨을 쉬었다.

형제가 절망한 것과 대조적으로 그 아내들은 씩씩하게 다시 돈을 모아 사람들의 만류를 뿌리치고 다시 하이난으로 갔다. 두 동서는 선양에 돌아온 그날 시장에서 수박을 모두 팔아 치워 지난번의 적자를 만회하고 1만 위안의 이문을 남겼다. 그렇게 손해를 보고도 다시 하이난에서 수박을 가져다 판 이유가 무엇이냐는 물음에 그녀들은 이렇게 말했다. "처음에는 우리처럼 장사를 하는 사람이 많아서 수박값이 뚝 떨어졌어요. 우리가 본전도 못 건진 것처럼 다른 사람들도 완전히 밑지는 장사를 했지요. 겁이 난 사람들이 다시는 수박 장사를 하지 않으려 할 때 우리만 수박을 가져다 팔았으니 물량이 부족해서 값이 천정부지로 뛰었지요."

뇌 과학을 연구하는 사람들의 연구에 의하면 남자와 여자의 지력智力은 현저한 차이가 있다고 한다. 남자는 거시적인 관찰과 사고에 뛰어난 반면, 여자는 습관적으로 미시적인 사고를 한다. '머리카락 같이 가는 마음'이라는 표현이 지나치지 않을 정도로 여자들은 세밀하게 사고하는 것이다. 여성은 특유의 예민함과 치밀한 생각으로 정확하게 판단을 내린다. 앞에서 말한 동서들은 우리에게 뛰어난 한 수를 보여주고 있다. '남들이 취했을 때 나 혼자 말짱한' 정신으로 시장의 맹점을 발견한 것이 바로 그것이다.

노자, 상생경영을 말하다

크게 얻고자 하면
먼저 많이 주라

빼앗고 싶으면 반드시 먼저 주어야 한다.
(將欲奪之, 必固與之.)

- 《도덕경》 제36장

원숭이가 죽어서 하느님을 만나게 되자 억울함을 호소했다. "저는 다시 태어난다면 꼭 인간이 되고 싶습니다! 원숭이는 사람들을 즐겁게 해 주지만 돈을 받지 못합니다. 원숭이를 구경하는 사람들은 아름다운 옷을 입고, 좋은 물건들을 가질 수 있습니다. 세상에서 제일 좋은 일은 인간으로 사는 것 같습니다."

하느님이 빙그레 웃으며 칭찬의 말을 했다. "네 요구가 일리가 있구나. 너는 머리가 좋으니 인간으로 만들기가 쉬울 것 같다."

하느님은 천사들을 불러 족집게로 원숭이의 털을 뽑도록 했다. 원숭이가 너무 아파 비명을 지르자 하느님이 한마디 했다. "사람이 되려면 먼저 네 몸의 털을 뽑아야 하지 않겠느냐? 온몸이 털로 뒤덮인 사람은 없느니라!"

사업을 하다 보면 얻는 것과 동시에 잃는 것이 있고, 때로는 잃는 것이 훨씬 더 많다.

광둥성 후이양惠陽의 장우진章武進은 수오리를 기르는 일을 했다. 살아 있는 물고기와 사료를 먹여 오리를 키우느라 눈코 뜰 새 없이 바빴지만 그는 사람들이 교배를 해 달라고 하면 선뜻 응했다. 암오리에게 교배를 해 주고 얼마나 받느냐는 질문에 그는 "무슨 돈을 받아요. 매번 교배를 해 줄 때마다 오히려 내 돈이 들어가는데요"라고 대답했다. 그리고 오리가 알을 낳으면 시장보다 비싼 가격으로 사들였다.

장우진이 교배를 해 주고 오리 알을 사들인 데는 이유가 있었다. 보통의 오리 알은 부화할 수 없지만, 직접 교배를 한 알은 부화할 수 있어 1년에 3만 위안에서 5만 위안의 소득을 올릴 수 있었기 때문이다. 그가 수고를 아끼지 않으며 공짜로 교배를 해 준 것은 부화하는 오리를 얻어 돈을 벌기 위해서였다.

그는 다른 사람들 눈에는 '바보'처럼 보이는 방법으로 돈을 벌었다. 양어장 다섯 개를 소유한 그는 양어장 옆에 돼지 축사를 만들어서 공짜로 후베이湖北 출신 사람들에게 돼지 700마리 정도를 나눠 주어 키우게 했다. 후베이 사람들은 돼지를 아주 경제적으로 사육했

노자, 상생경영을 말하다

고, 장우진도 양어장에 들어가는 비용이 다른 업자들보다 훨씬 적게 들었다. 그 이유는 돼지 똥을 양어장에 넣어 주면 물고기들의 아주 좋은 먹이가 되었기 때문이다. 이런 방법으로 그는 1년에 10만 위안 남짓한 수입을 올렸다.

낚싯줄이 길어야 대어를 잡을 수 있듯이 사업적 안목이 있는 사람들은 돈을 버는 방법을 정확하게 알고 있다. 별 실속이 없어 보이는 일을 하는 것은 바보처럼 보일 수도 있지만, 궁극적으로는 남을 도우면서 자신에게도 이득이 될 수 있다는 사실을 명심해야 한다.

장애가 많은 때는
돌아서 가라

훌륭한 선비는 무력을 쓰지 않고, 싸움을 잘하는 자는 화내어 흥분하지 않으며, 적을 잘 이기는 자는 적과 정면으로 싸우지 않고, 사람을 가장 잘 쓰는 자는 남들에게 몸을 낮출 줄 안다. 이것을 다투지 않는 덕이라 하고, 남의 힘을 이용하는 것이라 하며, 자연의 섭리에 따르는 오래된 지극한 도이다.

(善爲士者不武, 善戰者不怒, 善勝敵者不與, 善用人者爲之下, 是謂不爭之德, 是謂用人之力, 是謂配天, 古之極.)

- 《도덕경》 제68장

싸움에서 강공을 퍼붓는 것은 용감하다는 칭찬을 받을 수는 있지만 최상의 전술은 아니다. 우회했다가 전진하는 것도 더 좋은 해답을 찾는 방편이 될 수 있다. 사업에서도 마찬가지다. 눈에 보이는 작은 손실이 실패를 의미하지는 않는다. 그보다는 성공의 길을 여는 길이 될 수도 있다.

우회해서 전진하는 것은 극복하기 어렵거나 제거할 수 없는 장애

210

를 피해 가기 위해서다. 중단 없는 전진을 위해서는 잠시 돌아서 가는 것이 당연하고, 그래야만 기업의 목표를 달성할 수 있다.

말레이시아의 태평양 투자회사가 마안산馬鞍山시를 찾아와 합작할 대상을 찾았다. 아침 8시부터 시작된 투자 상담은 오후 5시까지 쉬지 않고 진행되었다. 마지막 상담 대상은 300명의 직원을 둔 학교에서 경영하는 회사였다. 피곤에 지친 말레이시아인들은 보잘것없는 회사와의 상담에 별 성의를 보이지 않았다. 상담은 시작되자마자 교착 상태에 빠졌고, 태평양 투자사의 런제와仁杰瓦 회장은 중국 측 사장에게 내일 다시 상담을 하자고 했다.

중국인 사장은 지금이 아니면 기회를 놓칠 것이라 생각했다. "내일 다시 이야기하자"는 말은 완곡한 거절과 다름없었기 때문이다. 마음이 조급해진 사장은 "멀리서 오시느라 피곤하실 테고, 몹시 바쁘시다는 것을 잘 압니다. 하지만 저희도 바쁜 것은 마찬가지입니다. 저에게 10분만 할애해 주십시오"라고 간곡하게 부탁했다.

런제와 회장이 고개를 끄덕이자 사장은 말을 이어갔다.

"저희에게는 문제가 네 가지 있습니다. 그중 세 가지는 합작을 하는 데 있어 문제될 것이 없습니다. 그 문제들을 말씀 드리자면 첫째, 이번 협상에 나온 기업들은 대부분 자금을 융통하는 것이 목적입니다. 하지만 저희는 매년 300만 위안의 세금을 낼 정도로 자금 사정이 나쁘지 않습니다. 만약 자금이 필요하면 은행에서 대출을 받을 수 있고, 원금과 이자도 문제없이 낼 수 있습니다. 하지만 귀사와 합작을 하면 수익을 나눠야 하는데, 이는 저희에게 불리합니다. 둘째, 다른 기업들은 합작이 성사되면 정부로부터 우대 정책의 대상자로 선정되는 혜택을 받게 되지만, 저희는 그런 혜택을 바라지 않습니다. 우리는 학교에서 운영하는 기업이기 때문에 이미 정부로부터 많은 특혜를 받고 있습니다. 귀사와 합작을 한다고 해서 더 좋은 혜택을 받을 여지는 없습니다. 셋째, 다른 기업들은 합작을 통해 첨단 기술과 설비를 얻으려 하지만, 우리는 다릅니다. 우리가 하는 사업은 중국의 과학기술 인재들이 연구 개발한 것을 제품화하는 것이므로 세계 일류 수준입니다. 이 부문에서는 걱정할 것이 없습니다."

말레이시아 측 직원들은 협상의 자리에서 합작이 불필요한 이유를 말하는 사장의 모습을 본 뒤 놀라움을 금치 못했다. 앞서 상담을 한 회사들은 하나같이 합작의 필요성을 구구절절이 늘어놓았기 때문이다.

중국 사장은 설명을 이어 나갔다.

"물론 제가 합작을 원하지 않는다면, 이 자리에 나오지 않았을 것입니다. 솔직히 말씀 드리면 저희가 생산하는 제품들은 기술 수준이 높고, 신뢰할 만하며, 시장성도 매우 좋습니다. 귀사는 시장 장악력이 월등하시니 저희와 합작해서 제품을 개발한다면 시장에 쉽게 진입할 수 있는 장점이 있습니다. 그렇게 되면 저희 회사는 성장할 수 있고, 귀사도 큰 수익을 올릴 수 있습니다."

런제와 회장은 이 대목에서 사장에게 'OK! OK!'라고 말하며, 즉시 계약을 체결했다.

야마하 도라쿠스는 일본 야마하 악기의 창업주다. 음악 교육에 열정이 높았던 그는 20억 엔을 들여 야마하 음악학교를 설립해 수백

명의 학생을 모집했다. 그는 음악 교육의 본질을 유지하기 위해 자사 제품의 선전을 금지했다. 이에 따라 교사들은 수업 시간에 절대로 회사 제품을 알리지 않았으며, 학생들의 연령과 관심에 따라 반을 나누었다. 이 학교의 학생은 3세 아동에서부터 주부에 이르기까지 연령층이 광범위했다. 외부 사람들은 물론이고 학생과 교사들까지 야마하 도라쿠스의 의도를 궁금하게 여겼다.

교과 과정은 음악진흥회에서 편찬한 교재를 채택했다. 일정 기간 수업을 한 뒤 학생들은 수업 시간에 배운 곡들을 이해하게 되었고, 야마하 악기에 대해서도 만족했다. 상급반은 일반 과정의 학생들보다도 학교의 커리큘럼과 악기에 대한 만족도가 높았다. 이들은 다른 회사의 악기보다도 야마하의 악기로 연주하는 것이 훨씬 좋다는 사실을 발견했다. 영업 사원들은 새로 입학한 학생들의 명단을 입수하여 악기를 제공했고, 고급반에서 사용하는 악기는 할인을 해서 팔았다. 고급반에서 사용하는 악기들은 매우 비쌌지만 연습을 해야 하므로 반환하는 경우가 거의 없었다. 만약 학생이 반환을 요구하면 악기를 소독하여 싼값에 신입 학생들에게 팔았다. 계속해서 학생들이 입학했기 때문에 회사에서는 악기를 많이 팔 수 있었고, 학생들의 입을 통해 악기에 대한 좋은 소문이 퍼져 야마하 악기는 좋은 평판을 얻었다.

이렇듯 이해관계가 얽혀 있는 협상, 경쟁, 비즈니스에서 직접적인 공격보다는 우회적인 방법이 자신의 목적을 직접적으로 내보이지 않아 상대의 반감을 줄이면서 효과적으로 목적을 달성할 수 있는 좋은 방법이 된다.

유연한 조직이
강한 생존력을 갖는다

성인은 꾸며서 일을 하지 않고(무위로써 일을 행하고), 말로 가르치지 아니하고 덕으로써 가르침을 행한다. 자연의 온갖 작용은 어떻게 이뤄지는지 말로 설명할 수 없다. 자연은 모든 사물을 낳으면서도 소유하지 않는다.

(聖人處無爲之事, 行不言之敎. 萬物作焉而不辭, 生而不有.)

- 《도덕경》제2장

CEO의 임무는 조직에 도움을 주면서 구성원들이 각자의 능력과 지혜를 충분히 발휘하고, 조직이 내실을 기할 수 있게 하는 것이다. 그러면 경영의 목적은 자연히 실현된다.

가상경영Virtual management은 노자의 사상을 실현할 수 있는 현대의 경영 수단이다. 가상경영은 형체를 볼 수 없는 경영이다. 나이키 사는 새로운 모델의 가상경영 프로그램을 도입하면서 스포츠화의 핵심인 에어쿠션(공기를 압축하여 충격을 완화하는 장치)만 생산하고, 나머지

노자, 상생경영을 말하다

부분은 하청업체에서 공급받았다. 아웃소싱을 합리적으로 이용하면서 나이키의 매출은 꾸준히 증가했다.

나이키의 성공을 가능케 했던 요인으로 꼽히는 것은 고품질의 제품, 창의성이 돋보이는 기발한 광고, 창업자 필 나이트의 사업 마인드와 적극적인 개척정신 등이다. 하지만 간과할 수 없는 일등 공신은 가상의 생산 경영 방식이다.

컴퓨터 용어인 '가상'이란 단어는 기업 경영에서는 내부의 프로젝트나 활동을 외부의 제3자에게 위탁해 처리하는 아웃소싱을 의미한다. 아웃소싱을 하면 원자재를 구입하지 않아도 되고, 막대한 물류비용을 절감할 수 있고, 공장 설비와 노동자와 같은 '실물'을 갖추지 않아도 된다. 그 대신 나이키는 세계적인 브랜드 이미지, 뛰어난 디자인 실력, 시장에서의 지위, 광대한 판매망과 같은 '가상'의 자산을 갖추고 있다. 따라서 가상경영, 즉 아웃소싱을 통해 나이키는 생산 시설에 투자하지 않고 가장 저렴한 노동력으로 제품을 생산함으로써 비용을 낮추는 동시에 세계적으로 영향력을 강화할 수 있었다. 제조 능력이 가장 뛰어난 메이커를 선택하여 본사의 디자인에 맞춰 제품을 생산하고, 시장 여건과 회사 전략에 따라 생산 기지를 바꿀 수 있기 때문이다.

나이키는 브랜드의 힘으로 세계 시장에서 성장세를 이어 가고 있다. 아디다스와 사생결단의 경쟁을 하는 과정에서 나이키는 아디다스의 전술을 모방했다. 즉, 생산은 소규모 제조상에게 맡기되 디자인과 제품 개발은 나이키가 전담하는 것이다. 이와 동시에 호평을 받은 디자인은 다른 모델의 제품에도 적용했다. 생산과 디자인을 분리한 시스템은 나이키가 아디다스와의 경쟁에서 승리하고, 계속해서 진화하는 원동력이 되었다.

1970년대에 나이키는 참신한 모델의 조깅화를 생산해 폭발적인 인기를 얻었다. 자체적으로 생산 공장을 세우기로 결정한 나이키는 일본의 스포츠화 생산 능력을 이용하기 위해 1972년에 합작 계약을 맺었다. 그 후 회사 규모가 커지자 필 나이트는 해외 시장을 본격적으로 개척하기 위해 아일랜드에 공장을 세웠다. 아일랜드 공장은 유럽 시장의 높은 관세를 피하기 위한 현지화 전략에서 나온 것이었다.

신제품의 연구 개발에 주력한 나이키는 제조 부문에서 '다양한 파트너' 만들기 전략을 폈다. 파트너의 특징에 따라 협력 방식을 달리한 전략은 매출 신장에 큰 도움이 되었다.

아웃소싱으로 나이키 본사는 인력의 수를 줄이면서도 정예화하는 효과를 보았다. 번잡한 문제들이 줄어들면서 제품 디자인과 마케팅에 주력할 수 있었고, 정보 수집 능력이 향상되어 제품 개발에 즉시 반영하는 소득도 있었다.

하루가 다르게 변화하는 정보화 시대에 스포츠용품 회사의 공장이나 설비와 같은 '하드웨어'는 크게 중요하지 않다. 더욱 중요한 것은 '소프트웨어' 방면의 실력을 갖추는 것이다. 제품은 아웃소싱으로 생산하면서 소프트웨어를 강화하면 투자 대비 산출이 배가되는 효과를 얻을 수 있기 때문이다.

시장의 틈새는
하나의 노다지다

마음이 텅 빈 극치에 이르고 참답게 무위의 고요함을 지키게 되면, 만상의 온갖 움직임이 다시 돌아가는 것을 보게 된다. 만상은 갖가지 모습으로 움직이고 있지만, 저마다 자신의 뿌리로 돌아간다. 뿌리로 돌아가 있는 것을 고요, 무위의 고요함이라 말하고, 고요한 것을 명, 각자 본래의 참모습으로 돌아가 있다고 한다. 명에 돌아가 있는 것을 떳떳함, 영원불멸이라 하고, 떳떳함 본연의 모습에 눈뜨는 것을 절대 지혜라 한다. 영원한 모습을 깨닫지 못하면 경거망동해서 불길하다.

(致虛極, 守靜篤. 萬物竝作, 吾以觀復. 夫物芸芸, 各復歸其根. 歸根曰靜, 是謂復命. 復命曰常, 知常曰明. 不知常, 妄作凶.)

- 《도덕경》 제16장

사업적 감각이 뛰어난 장사꾼은 시장의 '공백'이야말로 돈을 벌 수 있는 노다지라는 사실을 잘 알고 있다. 사람들마다 필요한 것이 다르므로 다양한 수요를 만족시키면 돈은 저절로 굴러 들어온다. 중국의 옛 상인들은 곡물, 소금, 차, 면화를 매매하여 큰 부를 축적했다. 이

상품들은 일상에서 꼭 필요한 것이므로 수요가 끊이지를 않는다. 이때 폭리를 노려 사치품을 취급하는 장사를 하면 넓은 시장을 놓치는 우를 범하게 된다.

원명元明 시대에는 나라에서 세금으로 목화와 면직물을 징수하는 제도를 실시했다. 광대한 강남(양쯔강 이남 지역) 지역에서는 목화와 면직물을 구하는 데 문제가 없었다. 하지만 산시陝西 지역은 목화를 재배하지 않고, 방직 기술도 없었으므로 목화와 면직물을 구하기가 몹시 힘들었다. 따라서 산시 지역의 사람들은 면직물이 많은 지역에 가서 구매를 하거나 직접 목화를 재배하고 방직하는 기술을 배우는 수밖에 없었다. 이 밖에도 종자, 토양, 비료, 기후 등의 문제 등을 해결하는 것이 일반 백성에게는 결코 쉬운 일이 아니었다. 면직물이나 목화를 타지에서 사는 것이 직접 재배하는 것보다는 편리했으므로 산시 상인들은 면직물 교역에 사활을 걸었다. 세금 납부 이외에도 북부 지역인 산시에서는 군대와 민간에서 긴 겨울을 나기 위한 '방한복'이 필요했다. 이런 사정으로 인해 면직물 장사는 큰 시장을 형성했다. 청나라 초기의 상인 엽몽주葉夢珠가 쓴《열세편閱世編》에는 섬서 상인들이 송강松江에 와서 면직물을 판 이야기가 많이 등장한다. 그중 한 대목은 다음과 같다. "전대에는 면화와 직물의 거래가 성행해서 거상들이 백은 수십만 량에 해당하는 물품을 거래했다. 많게는 수십만 량, 적게는 1만량의 거래가 이뤄지면서 상인들이 앞다투어 경쟁했다."

상술이 뛰어난 산시 상인들은 적시에 수요를 파악하여 교역을 함

노자, 상생경영을 말하다

으로써 거대한 부를 일구었고, 수요가 큰 일상용품인 차, 소금, 술 거래에도 적극적으로 뛰어들었다. 만약 이들이 보석과 같은 품목에 목을 맸다면 면직물 거래를 통해 얻었던 것과 같은 큰 이익을 얻지 못했을 것이다.

어떤 지역에서 장사를 하려면 먼저 현지 상황과 특색, 사람들의 특징, 긴요한 물품 등을 파악해서 '빈틈을 이용해 스며드는' 전략을 구사해야 한다. 명나라 때 푸젠福建의 상인들은 연해 지역의 특성상 외국 상인들과 왕래가 잦아지자 보석, 특산물, 의약품 등을 주로 취급했다. 이들의 면직물 교역은 내륙 지역과 비교해서 그 규모가 작았다. '기회'는 시간적, 공간적 특성에 따라 달라지므로 사업가라면 면밀하게 자신의 조건을 객관적으로 분석하여 장점을 살리고 단점은 피하면서 적절하게 기회를 살려야 한다.

전국시대 정鄭나라에 공숙公淑이라는 대신이 도읍인 신정新鄭의 동쪽 외곽에 살았다. 그의 집안은 대대로 나무를 재배하는 식목업으로 엄청난 부를 축적했다. 그의 이웃인 가난한 사람이 자신도 부자가 되기 위해 나무를 심었지만 겨우 입에 풀칠만 할 정도에 머물고 말았다. 그 이유가 무엇일까?

공숙 집안에서는 나무의 재질, 속성, 생장 속도 등을 감안하여 재배했다. 예를 들어 소나무, 녹나무, 잣나무 등은 궁전의 들보로 쓰일 만큼 재질이 뛰어나지만 30~50년이 지나야 재목이 될 만큼 생장이 느리다. 이에 비해 버드나무, 후박나무, 능수버들과 같은 나무들은 생장 속도가 매우 빠르지만 재질이 시원치 않아 땔감용으로나 쓰인다.

빨리 이익을 얻으려면 생장이 빠른 나무를 심으면 되지만, 장기적인 이익을 생각한다면 느리게 자라도 재질이 좋은 나무를 재배해야 한다. 공숙 집안에서는 생장 속도가 빠른 나무와 느린 나무를 모두 재배했기 때문에 대를 이어 이익을 얻어 정나라 최고의 부자 가문이 될 수 있었다.

그러나 공숙의 이웃 사람은 이익이 많이 남는 재질이 좋은 나무를 심어야 한다고 생각해 소나무, 녹나무, 잣나무 등을 키웠다. 그렇지만 그는 생활이 어려워 나무들이 자라기를 기다리지 못하고 2, 3년 만에 나무들을 잘라 팔았으므로 결국 부자가 될 수 없었다.

지금으로부터 약 160년 전, 독일 바바리아 지방 출신의 리바이 스트라우스는 유태계 차별과 가난을 벗어나기 위해 사업을 하기로 결심하고 형 두 명과 미국으로 이민했다. 처음에 그는 형들에게서 자금을 지원받아 봉제 용품 사업을 했다. 창업한 지 3개월이 되었을 때 리바이 스트라우스는 샌프란시스코에 봉제 용품과 텐트용 원단을 가지고 갔다가 전부 팔았다. 그 무렵 서부에서 '골드러시'가 시작되어 금광 노동자들이 몰려들었기 때문이다.

텐트 원단 판매로 많은 돈을 벌게 된 리바이 스트라우스는 우연히 한 노동자로부터 금광 일을 하면 바지가 쉽게 해지므로 잘 닳지 않는 작업복이 필요하다는 불평을 들었다. 영감이 떠오른 그는 텐트 원단으로 바지를 만들었다. 이 바지가 바로 세계 최초의 청바지가 되었다. 튼튼한 천으로 만들어 종래의 바지와는 달리 오래 입을 수 있다는 소문이 퍼져 나가자 주문이 밀려들었다. 스트라우스는 청바지

220

에 사업적 승부를 걸기로 결심한 뒤 가벼운 천으로 노동자들을 위한 작업복을 만들었다. 개량을 거듭한 뒤 투박한 천막용 원단으로 만들었던 청바지를 푸른색 실과 흰 실을 교직한 천으로 만들었다. 이것은 실용성과 멋을 동시에 갖추어 대단한 인기를 끌었다.

리바이 스트라우스는 '고객 제일주의'를 철저히 이행한 사업가였다. 1872년에 그는 네바다 주 출신의 재단사 제이콤 데이비스가 주머니에 리벳을 박는 디자인을 제안하자 받아들여 더욱 튼튼한 청바지를 만들었다. 얼마 후 리바이 스트라우스는 청바지 회사를 차렸고, 순풍에 돛 단 듯 사업은 승승장구했다.

1948년, 리바이 스트라우스의 외손자 월터 하예즈는 청바지 생산에만 전념하기로 결정하고 세계 시장 개척에 나섰다. 1979년에 이르러 리바이스 청바지는 미국 내 매출이 13억 3,700만 달러, 해외 순이익이 20억 달러에 달하는 거대 기업으로 성장했다. 골드러시의 진정한 승자는 리바이 스트라우스라는 우스갯소리가 있다. 수많은 사람들이 서부 개척에 나서 금을 찾아 헤맸지만, 금은 지하가 아닌 사람들의 주머니에 있었던 것이다. 그리고 진정한 금맥은 바로 리바이 스트라우스가 만든 청바지였다.

제7장

안정과 혁신은
기업을 지탱하는 두 기둥이다

기업의 안정적인 발전을 이룩하는 데 필수적인 두 가지 요인은 내부적으로 조직의 내실화를 기하고, 외부적으로는 경쟁에 이기는 전략을 수립하는 것이다. 이 두 가지를 모두 갖추어야 어떤 싸움에서도 이길 수 있다. 또 한편으로는 항상 변화를 꾀해 활력을 유지해야 한다. 활력이 생존과 발전을 가능케 하듯이, 변화는 기업에 꼭 필요한 영혼이라 할 수 있다. 그러나 한 가지 유의할 점은 혁신은 필요하지만 모든 것을 바꿔서는 안 된다는 것이다. 맹목적으로 전면적인 변화와 새로움을 추구하는 혁신은 기업을 좌초시킬 수 있다. '과유불급'은 혁신에도 해당된다. 혁신이 도달할수 있는 정점은 합리성과 체계를 갖추는 것으로, 혁신은 기업의 발전을 유도하는 가장 이상적인 나침반이라 할 수 있다.

내부적 안정은
발전과 경쟁을 위한 밑바탕이다

아주 큰소리는 들을 수 없고, 아주 큰 형상은 모양이 없다.
(大音希聲, 大象無形.)

－《도덕경》제41장

도를 깨달은 슬기로운 사람은 말을 하지 않는다. 반면에 말이 많은 사람은 도를 깨우치지 못한 것이므로 현명하다고 말할 수 없다.

가난에 시달리던 한 사람이 있었다. 그는 큰 빚을 지고 나서 도무지 갚을 길이 없자 타지로 도주하기로 결심했다.

길을 가던 그는 길옆에 상자가 놓여 있는 것을 발견하고 들춰 보았는데, 그 안에는 진귀한 보물들이 가득했다. 그는 보물을 아무에게도 들키지 않으려고 상자 위에 거울을 올려 두었다.

노자, 상생경영을 말하다

"내가 부자가 되었어!" 사내가 흥분해서 어찌할 바를 몰라 하고 있는데, 갑자기 거울에 사람의 얼굴이 보였다. 깜짝 놀란 사내가 거울 속의 사람에게 쩔쩔매며 변명을 했다.

"저는 상자 속에 아무것도 없는 줄 알았어요. 당신이 그 안에 있는 줄은 정말 몰랐습니다. 오해하지 마십시오. 당신의 물건에 손댈 생각은 없었습니다." 말을 마친 사내는 바람처럼 도망을 쳤다.

가난뱅이 사내가 본 것은 거울에 비친 자신의 얼굴이었다. 그런데 갑작스레 보물을 발견하게 되자 이성을 잃는 바람에 부자가 될 수 있었던 행운을 놓친 것이다.

경영에 일가를 이룬 사람은 사물과 현상의 움직임을 조용히 꿰뚫어 보고, 자신을 반성하면서 세속의 번뇌에서 자유로워진다. 반대로, 분망함 속에서는 여유를 잃지 않고 외부의 자극에 휘둘리지 않으면서 자신의 삶과 일에서 중심을 지킨다.

조직을 발전시키기 위해서는 조직의 내부와 외부를 잘 다스려야 한다. 즉, 직원들이 최선을 다하도록 하여 경쟁력을 높이고, 현명하게 시장 경쟁에 대처할 때 승리할 수 있는 것이다.

아르키메데스는 지렛목과 지렛대만 주면 지구를 들어 올릴 수 있다고 했다. 복잡하고 수많은 변수가 있는 것이 조직의 속성이지만 지렛대만 튼튼하면 효율적으로 경영할 수 있다. 문제는 조직을 움직일 만한 지렛대를 찾는 것이다.

기업의 안정적인 발전을 이룩하는 데 필수적인 두 가지 요인은 내부적으로 조직의 내실화를 기하고, 외부적으로는 경쟁에 이기는 전략을 수립하는 것이다. 이 두 가지를 모두 갖추어야 어떤 싸움에서도 이길 수 있다. 성공한 기업들은 나름대로 특색을 갖고 있지만, 기본 적으로 해야 할 임무를 해냄으로써 성공을 일군 것이다. 노자가 말한 '바른 법으로 나라를 다스리고, 기발한 전략으로 군사를 다스리면서, 인위적인 간섭을 하지 않는(以正治國, 以奇用兵, 以無事取天下)' 기 본에 충실한 경영이 오래 지속되는 기업을 만들기 위한 효과적인 방 법이다. 그러므로 경영자들은 번잡하고 어려운 경영철학을 버리고 근본으로 돌아가서 내부적 안정을 찾아야 한다.

기업의 정체는
곧 도태를 의미한다

모든 사람들은 일하는 목적이 있는데 나 홀로 어리석고 천한 것
같다. 나는 다른 사람들과 달리 먹고사는 모체인 자연을 귀중히 여
긴다.

(衆人皆有以, 而我獨頑且鄙, 我獨異於人, 而貴食母.)

- 《도덕경》제20장

"하늘이 가는 길은 굳건하니 군자는 스스로 굳세게 노력하며 쉬지 아
니하고, 땅의 세력은 유순하니 군자는 두터운 덕으로 만물을 포용해
야 한다(天行健, 君子以自强不息. 地勢坤, 君子以厚德載物)." 이것
은 《주역》에 나오는 말이다. '스스로 굳세게 노력하며 쉬지 아니한다'
는 의미의 '자강불식(自强不息)'은 더 나은 미래에 대한 희망과 의지로
새로운 경지를 개척해 나가는 것이다. 시대의 흐름을 따라 끊임없이
혁신해 나갈 때 현실의 속박에서 벗어날 수 있다.

"가만히 있을 때는 처녀처럼 조신하지만 움직일 때는 토끼처럼 민첩하다"는 옛말이 있다. 상황을 잘 파악하면서 적절하게 행동해야 한다는 뜻이다. 모든 일에서 앞서 가려면 먼저 기회를 포착해야 한다는 사실은 누구나 잘 알고 있는데 경영자에게는 또 다른 의미가 있다. 즉, 다른 사람들과 함께 같은 출발선에서 경쟁을 시작하면 사실상 열세에 처한 것이므로 '반 박자' 빠르게 움직여야 승기를 잡을 수 있다는 것이다.

치열한 경쟁으로 극장 업계가 고전하는 시기에 다수의 영화관을 소유했던 린이원林以文은 호황을 누렸다. 그가 유독 성공 가도를 달릴 수 있었던 것은 '기선 제압'의 전략을 채택했기 때문이다. 대다수의 영화관들이 기존의 영업 방식을 고수하고 있을 때 린이원은 대형 스크린과 세련된 인테리어로 관객을 끌어모았고, 대형 스크린이 대세가 되었을 때는 일본 영화에 식상한 관객들을 위해 주로 유럽과 미국의 영화들을 상영했다. 한발씩 앞서 가는 '기선 제압'은 당연히 수익성을 높여 주었다.

기선 제압을 하기 위해서는 반드시 남들이 미처 생각하지 못한 부분에 착안할 수 있어야 한다. 쉐라이홍薛來宏은 제2차 세계대전이 끝난 직후 기상천외한 아이디어가 떠올랐다. 버려진 깡통을 수집해서 파는 것이었지만, 무일푼인 그는 깡통을 진열할 매대를 살 여유도 없었다. 우연한 기회에 주석판을 구한 그는 깡통을 진열해 놓고 장사를 시작했다. 친절하고 성실한 태도로 손님들을 대한 덕분에 장사는 무척 잘되었다. 전쟁 직후라 물자가 귀하던 상황에서 쉐라이홍의 선견

지명이 성공을 불러온 것이다.

'세계적 수준과 어깨를 나란히' '라이벌보다 한발 먼저'는 하이얼 그룹의 경영 목표다.

1990년대에 드럼 세탁기가 잘 알려지지 않았을 때 하이얼의 장루이민 회장은 세탁기의 시장성이 매우 유망하다고 판단하여 칭다오青島에 하이얼 뤄니洛尼세탁기 회사를 창립하여 최첨단 세탁기의 생산 기술을 도입했다. 6년 후 장루이민의 예상은 그대로 적중했다. 국가 통계국의 집계에 의하면 1998년 7월에 하이얼 세탁기는 그동안 수입 제품들이 압도적으로 우세했던 시장에서 점유율 50퍼센트를 차지하는 놀라운 성과를 올렸다. 이와 동시에 하이얼 제품은 드럼 세탁기의 원산지인 유럽과 강력한 라이벌인 미국 시장에도 진출했다. 이 밖에도 하이얼은 29분이면 세탁이 완성되는 '쾌속형' 세탁기를 개발했다. 첨단 기술을 도입하여 만든 쾌속형 세탁기는 일반 세탁기에 비해 세탁 시간이 크게 단축되었고, 세정도가 높은 데다 열 세탁으로 항균과 소독이 되어서 위생도와 쾌적감이 향상되었다. 이 모델은 2001년에 선풍적인 인기를 끌었다.

남들보다 빠른 속도로 승부를 내는 하이얼의 전략은 TV 프로그램을 통해 다시 한 번 입증되었다. 이 방식은 기업과 시장 사이의 거리를 좁혀 소비자에게서 얻은 정보를 토대로 인상적인 서비스를 제공하는 것이다. 소비자와 가까워질수록 시장의 변화를 더 잘 파악할 수 있으므로 미래의 트렌드를 예측하는 정확도도 높아진다. 미국의 부모들은 어린 자녀들이 폭력적인 TV 프로그램에 노출되지 않도록 신경을 많이 쓴다. 이 점에 주목한 하이얼은 등급 분류된 폭력물의 시청을 차단하는 V칩(Violence chip)을 탑재한 텔레비전을 생산했다. 또한 국가에 따라 다른 방송 방식, 즉 PAL, NTSC, SECAM 등에 맞는 텔레비전을 제조, 수출했다. 이렇듯 '한발 앞서 가는' 의식으로 무장한 결과, 하이얼 그룹은 중국 기업들 가운데 세계 500대 기업에 가장 근접한 기업이 되었다. 기업의 사활이 걸린 경쟁을 할 때 출발선에서 상대에게 한 발이라도 뒤지면 안 된다. 정책을 결정할 때 신속함이 중요한데, 이렇게 속도감 있게 나아가야 비로소 승리할 수 있다.

원저우溫州는 '민첩한 행동'으로 유명한 경영자들을 많이 배출한 지역이다. 원저우 시의 당 서기를 지냈던 둥차오린董朝林은 이곳 출신 사업가들의 특징을 이렇게 설명한다. "원저우 사람들은 가능성 있는 사업 아이템을 발견하면 다음 날 바로 기계를 만들어서 자기 집이나 친구의 창고에 설치한다. 그다음으로 공장을 짓고, 관리할 직원들을 뽑는다. 다른 지역에서는 6개월은 걸려야 할 일을 눈 깜짝 할 새에 해치우는 것이다."

1992년 가을, 상하이의 대로변에 심어진 오동나무가 노랗게 물들기 시작하면서 설탕군밤의 냄새가 사람들의 코를 자극했다. 어느 날 밤, 술이 거나하게 취한 원저우 러칭樂淸 금속공장의 사장인 주朱씨는 설탕군밤을 파는 가게에 사람들이 길게 줄을 서 있는 광경을 목격했다. 평소에 '정보통' '돈 갈퀴'라고 불릴 만큼 사업적 감각이 뛰어난 그는 다년간의 사업 경험을 통해 '사람들이 몰린 곳에는 반드시 재신財神이 웃고 있다'는 소신을 갖고 있었다. 가게로 다가가 유심히 관찰해 보니 군밤을 산 사람들이 급하게 입으로 껍질을 까다가 밤알이 부스러져서 낭패를 겪는 것이었다.

그 순간, 주 사장의 머릿속에 밤 껍질을 까는 기계를 만들면 되겠다는 아이디어가 떠올랐다. 그는 즉석에서 기계의 초안을 그리고, 아연 철판으로 기계를 만들면 원가는 0.15위안이지만 0.3위안에 팔 수 있다는 계산을 했다. 10분 후에 그는 군밤 가게 사장을 찾아가 설명을 했다. 사장은 분명히 좋은 반응을 얻을 것이라며 2개월 안에 납품이 가능한지를 물었다. 주 사장은 1주일 후면 문제없이 납품할 수 있다고 호언장담했다.

그날 밤에 주 사장은 밤깎기 기계의 도면을 원저우 공장에 팩스로 보냈고, 2시간 후에 주형을 완성했다. 사흘이 지나자 드디어 밤깎기 기계를 실은 트럭이 상하이로 들어왔다. 며칠 후 주 사장은 규모가 제각각인 여러 설탕 군밤 가게에 기계를 팔았다. 그는 사이다 병뚜껑만 한 밤깎기 기계로 단기간에 최소한 4만 위안의 이윤을 얻었다.

기업은 항상 변화를 꾀해야 활력을 유지할 수 있다. 창의적인 일을 하는 사람이 활기 넘치고 삶에 대한 의욕이 넘치는 것과 마찬가지로, 기업도 변화 속에서 활력을 찾을 수 있는 것이다. 활력이 생존과 발전을 가능케 하듯이, 변화는 기업에 꼭 필요한 영혼이라 할 수 있다.

중국에서 오랜 역사를 자랑하는 전통 브랜드들이 시장 경쟁력을 결여하는 이유는 정치, 사회적 요인 이외에도 변화를 꾀하지 않기 때문이다. 수백 년 동안 변화하지 않은 제약회사 퉁런탕, 제화업의 네이롄성內聯陞 등이 대표적이다.

과거 이십여 년 동안 중국에서는 많은 기업이 눈부신 성장을 했다. 20세기 초기의 미국이 그랬듯이 중국도 기업 설립의 황금시대를 구가했다. 그러나 그 사이 많은 기업이 도태되었다. 수많은 경영자와 기업들이 한때의 영광을 뒤로 하고 무대 뒤로 사라졌고, 세계적인 수준으로 발돋움한 기업은 손으로 셀 수 있을 정도밖에 되지 않는다.

세상에는 영원한 제품도, 영원한 시장도 없다. 그렇기 때문에 기업들은 항상 변화하고 진화해야 한다는 압박을 받는다.

노자, 상생경영을 말하다

목표가 클수록
멀리 나아갈 수 있다

완전한 것은 마치 이지러진 것 같지만 아무리 쓰더라도 해지지 않는다. 가득 찬 것은 마치 비어 있는 것 같지만 아무리 퍼내더라도 바닥을 드러내지 않는다. 곧은 것은 마치 굽은 듯하고, 뛰어난 기교는 마치 서툰 듯하며, 잘하는 말은 어눌한 듯 들린다. 고요함은 조급함을 이기고, 추위는 더위를 이기는 법이다. 맑고 고요함이 천하의 올바름이다.

(大成若缺, 其用不弊. 大盈若沖, 其用不窮. 大直若屈, 大巧若拙, 大辯若訥. 躁勝寒, 靜勝熱. 淸靜爲天下正.)

– 《도덕경》 제45장

오리 구이로 유명한 베이징 취안쥐더全聚德는 1864년에 문을 열었다. 오랜 역사와 명성을 자랑하지만 베이징 시내에 6곳의 직영점 정도가 있는 것으로 보면 '수성'에 그치고 있는 듯하다. 취안쥐더와 같은 식품 업종인 맥도날드는 창업 초기에는 햄버거만 팔았지만 이제는 세계적으로 3만 개의 프랜차이즈 매장과 1년 매출액 350억 달러에 이르는 거대 다국적기업으로 발전했고, 지속적으로 규모를 확대하고 있다. 300여 년의 역사를 지닌 중국의 제약회사 퉁런탕同仁堂은 정상적인 경영으로 활기를 잃지 않고 있다. 퉁런탕은 800여 종의 약재를 생산하여 내수와 수출을 하고 있고, 2004년의 판매액은 3억 달러를 넘어섰다. 하지만 퉁런탕은 아직도 세계 최대의 한약 회사가 되지 못하는 한계를 보이고 있다. 퉁런탕보다 역사가 150년 이상 짧은 미국의 화이저Pfizer제약(1849년에 설립)은 2004년 매출이 퉁런탕의 100배가 넘는 330억 달러를 기록했다. 화이저는 끊임없이 몸집을 불리는 경영을 지향해서, 2003년에 경쟁 회사인 파마시아Pharmacia를 600억 달러에 인수 합병했다.

퉁런탕과 취안쥐더는 정체적인 국면, 즉 병목 현상을 타파하거나 참신한 시도를 하려는 의지가 결여되었다고 할 수 있다. 이 두 회사는 오히려 '완벽'과 '작은 성취'를 최고의 가치로 믿고 있다는 인상을 준다.

IBM의 회장을 역임한 토머스 J. 왓슨 주니어의 유명한 어록이 있다.

"우리가 저지른 최악의 행동은 물속에 꼼짝 않고 누워 문제들을 거들떠볼 엄두조차 내지 않은 것이다. 해결해야 할 문제는 최대한 빨리 해결해야 한다. 해결을 잘했는지, 잘못했는지는 전혀 문제가 되지 않는다. 만약 잘못 해결했다면 문제가 당신을 다시 찾아와 괴롭힐 것이다. 그러면 당신은 문제를 제대로 해결할 수 있다."

토머스 J. 왓슨 주니어의 발언은 과감하고 신속하게 행동하는 경영자의 면모를 그대로 보여 준다. 이는 IBM이 어떻게 남들이 상상조차

234

못하는 대담한 아이디어를 내놓는가 하는 의문에 대한 해답이기도 하다. 1996년에 갑자기 IT분야에 진출한 것이 바로 대표적인 사례다.

1890년대에 씨티은행은 행장과 1명의 출납원, 몇 명의 직원이 근무하는 보잘것없는 지방 은행이었지만 전국적인 은행이 되겠다는 원대한 목표를 세웠다. 전국 은행으로 성장한 씨티은행은 다시 '욕심'을 부려 은행 역사상 최대 규모와 가장 영향력을 갖춘 세계적 금융 그룹이 되겠다는 다짐을 했다. 엄청난 꿈을 실현하기 위해 총력을 기울인 결과 연평균 성장률이 35퍼센트를 넘는 놀라운 기록을 달성했다. 1960년에 이르러 씨티은행은 세계 어느 곳에서든 금융 서비스를 제공하겠다는 목표를 설정했다. 씨티은행은 이렇게 수없이 많은 '경천동지驚天動地할 만한 포부'로 성장을 거듭했다.

같은 품목으로 사업을 해도 어떤 곳은 구멍가게에 머무르고, 어떤 곳은 세계적인 기업으로 급성장한다. 그것은 목표와 꿈을 어디로 설정하느냐에 따라 크게 달라질 수 있다. 그러므로 원대한 목표의식을 갖고 매진할 때 더 크게 성장할 수 있다. 또한 그 목표는 난관에 부닥쳤을 때 그것을 뚫고 나갈 수 있는 길잡이가 되어 줄 것이다.

기업은 혁신과 안정 사이에서 자신에게 맞는 최선을 선택해야 한다

오므리려면 반드시 펴 주어야 한다. 약하게 만들려면 반드시 강하게 해 주어야 한다. 무너지게 하려면 반드시 번창하게 해 주어야 한다. 뺏고자 한다면 반드시 주어야 한다. 이를 가리켜 미묘한 도리에 밝은 지혜라 한다. 부드럽고 약한 것이 굳세고 강한 것을 이기는 법이다.

(將欲歙之, 必固張之, 將欲弱之, 必固强之, 將欲廢之, 必固興之, 將欲奪之, 必固與之. 是謂微明, 柔弱勝剛强.)

- 《도덕경》 제36장

동물들이 장거리 달리기 시합을 벌였다. 1등으로 달리던 망아지가 강가에 이르렀을 때 갑자기 폭우가 내려 강물이 크게 불어났다. 겁이 난 망아지는 물속으로 들어가지 못한 채 바라보고만 있었다.

얼마 후 강가에 도착한 당나귀가 한 발을 물에 넣어 보았다. 거센 물살에 당나귀가 몸의 균형을 잃고 물속에 빠졌다. 그런데 당나귀의 목 부분까지만 잠기는 모습을 보게 된 망아지는 그리 깊은 곳이 아니라는 사실을 알고 조심스럽게 강으로 들어갔다. 당나귀의 뒷모습을 바라보며 천천히 강을 건너느라 시간이 조금 지체되었지만 결국 1등을 했다.

경영에서 남들보다 한발 앞서 속전속결로 성과를 내는 것이 더할 나위 없이 좋기는 하지만, 선발 주자는 막대한 리스크를 무릅써야 한다. 역으로 정중동靜中動의 자세로 상황을 관찰하면서 리스크를 피하는 것도 좋은 방책이 된다. 전망이 엇갈리는 부문에서는 다른 사람이 먼저 '돌다리'를 건너가도록 하는 것도 괜찮다. 조금 뒤지더라도 시행착오를 피하면서 우회하지 않는다면 후발 주자이더라도 추월할 가능성은 충분하다.

리자청은 홍콩에서 해외 투자를 가장 많이 하는 거부이지만 중국 투자에서는 다소 뒤처졌다. 홍콩의 많은 기업들이 중국에 집중적으로 투자하여 높은 수익을 올리자 리자청도 조금 늦은 1992년부터 해외 투자의 중심을 중국내 시장으로 옮겼다. 이해에 덩샤오핑은 남부의 경제 특구들을 순시하면서 개혁 개방의 거대한 바람을 일으켰고, 중국은 세계에서 성장 잠재력이 가장 큰 투자 시장으로 부상했다. 리자청은 종종 남들보다 한발 뒤질 때도 있는데, 일단 결정을 내리고 나면 절대로 우물쭈물하거나 뒤돌아보지 않는다. 모험을 두려워하지 않고 앞서 가며 기선 제압하기를 좋아하는 사람들은 그만큼 거대한 이익을 챙길 수 있지만, 위기를 정면으로 돌파해야 하는 대가도 치러야 한다. 하지만 리자청은 조금 늦게 출발하여 추월하는 데 익숙한 사업가 중의 하나다.

신중하고 합리적인 리자청의 좌우명은 '신중하게 발전을 추구하고, 발전 과정에서 신중함을 잃지 않는다'이다. 앞서 가지 않으면 당연히 좋은 기회를 놓칠 수 있다. 그러나 조금 뒤처져서 가면 판세를 더 정확하게 읽을 수 있고, 에너지를 비축할 수 있는 장점으로 인해 막상 속도를 내면 선발 주자들을 쉽게 따라잡을 수 있다. 리자청은 평생 동안 안정적이고 신중한 투자로 일관했다. 창업 초기에는 모험을 감행하며 대담한 결정을 내리기도 했지만, 1990년대 초반부터는 그동안 이룩한 성과를 지켜내는 수성守城에 더욱 힘을 기울이면서 보수적 경영의 색채가 짙어졌다.

제2차 세계대전 이후 대표적인 중국 기업가들을 살펴보면, 리자청은 국제화에 앞장선 인물은 아니다. 하지만 그의 캐나다 투자는 독보적이라 할 정도로 대규모이고, 중국에 대한 투자 역시 압도적이다. 그의 경영 방식은 '날카로운 안목'과 '신중한 행동'의 결합이라 할 수 있다.

신중한 경영은 투자에 대한 결론을 내리기 전까지는 수세적인 입장을 취함으로써 예상되는 리스크를 피하는 것이다. 특히 익숙하지 않거나 새로운 분야에 진출할 때는 더욱 신중한 자세로 수익성보다는 실수를 하지 않는 방향으로 모색해야 한다.

리자청이 처음 부동산 개발에 뛰어들 당시에는 부동산이 투자 대상으로 크게 각광받지는 않았다. 이미 부동산 시장이 형성된 데다 광둥성 판위番禺 출신의 휘잉둥霍永東은 1954년에 부동산 판매에서 새로운 방식을 도입했다. 그는 건물 전체를 팔거나 임대하는 것과는 달리 건물을 짓기 전에 분양을 해서 미리 마련한 자금으로 완공을 한 것이다. 이 방식의 장점은 업자가 토지와 앞으로 완공될 건물을 은행에 담보로 제공하여 대출할 수 있다는 것이다.

은행의 모기지는 갈수록 편리해져서 건물가의 10~20퍼센트만 보증금으로 내면 대출이 가능했다. 건물을 담보로 하면 나머지 금액, 즉 원금과 이자는 분할 상환하면 된다. 은행이 리스크를 떠맡는 것이다.

리자청은 은행의 담보 대출, 즉 모기지를 연구한 결과 부동산 개발업자의 투자 규모가 은행에 직접적인 영향을 미친다는 사실을 발견했다. 그러므로 은행에 과도하게 의존하는 것은 바람직하지 않다는 결론을 내렸다.

수익성과 리스크는 정비례한다는 이치에 입각하여 리자청은 자신만의 방책을 마련했다.

첫째, 자금 사정이 여의치 않을 때는 건물 신축을 자제하거나 중단하고, 기존의 공사 기간을 단축해야 한다. 둘째, 담보 대출을 최대한 줄인다. 셋째, 폭리를 취하지 않고 건물은 임대만 하고 판매는 하지 않는다. 결론적으로 말해 신중하게 시장에 진출하면서 안정적인 발전을 도모한다는 전략이다.

1961년 6월에 이르러 랴오촹싱廖創興은행의 모기지 위기는 리자청의 안정 지향적 경향이 옳았음을 증명했다. 은행 설립자인 차오저우潮州 출신의 랴오바오산廖寶珊은 '시환(西環, Western District) 토지부동산의 왕'이라 불렸다. 그는 은행의 고속 성장을 위해 부동산에 대규모 투자를 했지만 모기지 위기에 몰려 충격을 받아 뇌출혈로 사망했다.

리자청은 평소 존경했던 랴오바오산의 죽음을 목격한 이후 부동산과 금융업의 위험성을 절감했다. 부동산 투기는 주식 투기와 마찬가지로 하룻밤에 벼락부자를 탄생시키기도 하지만, 하루아침에 파산을 맞기도 하는 것이다.

부동산 개발의 위험성을 인식한 리자청은 보수적인 경영을 추구했다. 1965년 1월에는 밍더明德은행이 모기지 실패로 파산을 선언하자 홍콩 전역은 큰 충격에 휩싸였고, 은행 업계는 불황의 늪에 빠졌다. 광둥 신탁상업은행이 도산했고, 자금력이 풍부한 헝성恒生은행도 후이펑匯豊은행에 지분을 매각하여 가까스로 파산을 모면했다.

은행에 크게 의존했던 부동산 업계가 위기를 맞게 되자 건물 가격도 급락했다. 뒤늦게 발을 뺀 투자자들은 심각한 타격을 받았고, 부동산 회사와 건설 회사들도 연이어 파산했다. 하지만 리자청은 이 위기 속에서도 거의 손실을 입지 않았다. 안정적인 발전을 추구한 전략이 주효했기 때문이다.

극단적인 요소가 조화를 이루면
최고의 효율을 얻을 수 있다

사람들은 모두 아름답게 보이는 것이 아름답다고 느끼는데, 이는 추악한 것이 있기 때문이고, 선하다고 하니 선한 줄 알지만, 이는 선하지 않은 것이 있기 때문이다. 그러므로 있는 것과 없는 것은 서로가 낳는 것이고, 어렵고 쉬운 것이 있고, 길고 짧은 것은 형태를 드러내어 서로 비교되기 때문이며, 높고 낮은 것이 서로 기울어지고, 음과 성은 서로가 있어야 조화를 이루고, 앞과 뒤는 앞이 있어야 뒤가 따르는 것이다.

(天下皆知美之爲美, 斯惡已, 皆知善之爲善, 斯不善已, 故有無相生, 難易相成, 長短相較, 高下相傾, 音聲相和, 前後相隨.)

- 《도덕경》 제2장

만물은 서로 대립하면서도 통합된다. 흑이 없으면 백이 없고, 음이 없으면 양이 없고, 선이 없으면 악이 존재하지 않는다. 흑과 백, 음과 양, 선과 악, 아름다움과 추함, 길고 짧음, 높음과 낮음 등은 상대적이고 대립하는 것 같지만, 본질적으로는 하나로 통일될 수 있다.

혁신과 비용의 관계를 보면, 혁신은 상승을 의미하면서 무형적이고 양陽의 성격을 띤다. 상대적으로 비용은 가시적이고 비교적 정태적이고 음에 속한다. 기업은 혁신과 비용을 통제해야 하는데, 혁신이 흰색이라면 비용의 통제는 흑이라 할 수 있다. 그리고 이 둘은 대립적인 흑과 백으로서 기업의 발전을 일궈낸다.

마이크로소프트는 유럽연합EU 등이 독점 행위에 대한 소송을 했을 때 잘못을 시인하지 않았다. 그러나 구글과 야후가 인터넷 검색 분야에서 주도적 위치를 차지하자 기꺼이 패배를 인정했다. 빌 게이츠는 "우리는 그때 너무 바보 같았다"라고 말했고, 스티브 발머도 공개적으로 마이크로소프트가 혁신 작업을 5년쯤 해야 구글을 따라잡을 수 있다고 밝혔다.

과거 5년 동안 마이크로소프트의 매출이 73퍼센트 증가했지만, 그에 비해 직원들의 연봉은 2배 이상 뛰어 수익은 30퍼센트 증가했을 뿐이다. 2004년에는 매출이 8퍼센트 신장에 불과했다. 마이크로소프트가 검색 엔진 개발에 신경을 쓰지 않을 동안 경쟁 회사들은 수직 상승하는 기염을 토했다. IBM, 갑골문, 소니, NetSpace와 같은 오랜 경쟁사들이 부흥을 꾀했고, 이후에는 LINUX, 구글, 야후 등이 급부상했다. 뒤이어 SAP, AOL, 파이어폭스 등이 소프트웨어 개발 분야에서 맹렬한 추격을 했다. 쟁쟁한 후발 주자들의 분발에 타격을 받은 마이크로소프트는 2000년 11월에 이르러 주가가 창사 이래 처음으로 11퍼센트나 떨어지는 수모를 당했다.

마이크로소프트와 같이 막강한 기업도 한 분야에 소홀히 하여 큰 손실을 입는 현실을 감안하면, 저력이 별로 없는 기업에게 있어 혁신은 생명줄이라 할 수 있다. 한때의 판단 착오로 5년 이상의 시간을 혁신에 매달려야 하는 대가를 치른 마이크로소프트는 그나마 나은 경우이다. 마이크로소프트보다 체질이 약한 기업이 위기를 극복하기란 그야말로 낙타가 바늘구멍을 통과하는 것처럼 힘들다.

혁신과 비용은 어느 한쪽으로 치우치지 않고 서로 보완적으로 진행되어야 한다. 어느 한쪽을 포기한다면 음양의 부조화, 오행의 막힘으로 인해 질병에 시달릴 수밖에 없듯이, 병든 기업의 난맥상을 해결하는 것은 결코 간단치 않다.

기업의 '양기'인 혁신의 중요성에 비춰봤을 때, '음기'인 비용의 통제도 결정적인 작용을 한다.

르노 자동차와 닛산 자동차는 세계적인 자동차 메이커이지만 닛산은 판매 후에도 흑자와 적자를 명확하게 파악하지 못하는, 경영 성과에 대한 의식이 부족했다. 그 결과 르노 자동차가 거액을 들여 닛산을 인수했다.

1999년 6월 닛산의 COO(업무최고책임자)에 취임한 카를로스 곤은 국내외의 지사, 공장, 연구 센터, 판매상, 하청 업체, 소비자 등을 면밀히 분석했다. 그 결과 찾아낸 기사회생의 방안은 몸집을 대대적으로 줄이는 것이었다. 그는 인원을 감축하고 생산 원가를 절감한다는 목표를 세웠다.

그는 취임한 같은 해 10월 부채를 2002년 말까지 7천억 엔으로 삭감하겠다는 내용을 골자로 한 '닛산 리바이벌 플랜NRP'을 제시했다. 카를로스 곤은 이를 위해 4,200억 엔어치의 자산(85퍼센트 해당)을 매각했으며, 전체 사원의 14퍼센트에 해당하는 21,000명의 인원을 감축했다. 또한 20개 판매 회사의 사장을 교체, 비생산적인 공장 폐쇄, 닛산에 의존하는 계열 폐지, 20퍼센트 구매 비용 삭감, 중간 관리층의 혁신적인 교체를 실시했다.

그 결과 2000년 56억 달러 적자에서 2001년에는 3,720억 엔(29억 달러) 흑자로 돌아섰으며, 1조 4,000억 엔에 달하던 닛산의 악성 부채를 모두 변제하는 놀라운 성과를 이끌었다.

그는 2001년 닛산의 CEO가 되었다. 닛산은 2003년도 결산에서 4,643억 엔의 사상 최대 순이익을 냈다.

기업들은 본질적으로 혁신과 비용 절감을 동시에 이행해야 한다. 서로 대립적이고 공존하기 힘든 요소를 결합해 출로를 찾아야 하는 것은 기업의 피할 수 없는 숙제다.

실현 가능성을 배제한 혁신은 실패할 수밖에 없다

굽으면 온전해지고, 구부리면 곧게 되며, 파여 있으면 채워지고, 해
지면 새롭게 된다. 적으면 얻게 되나, 많으면 어지러워진다.
(曲則全, 枉則直, 窪則盈, 敝則新, 少則得, 多則惑.)

– 《도덕경》 제22장

혁신은 필요하지만 모든 것을 바꿔서는 안 된다. 맹목적으로 전면적
인 변화와 새로움을 추구하는 혁신은 기업을 좌초시킬 수 있다. '과
유불급過猶不及'은 혁신에도 해당된다. 오늘날의 기업 활동은 역사에
비해 많은 발전을 이뤘다. 모든 기업은 우수한 인재를 발굴하여 군계
일학과 같은 존재가 되기 위해 고민을 거듭한다. 수많은 경영자들이
수시로 어떻게 하면 새로운 영역을 개척할 것인지, 지금 하고 있는
일이 올바르게 진행되는지, 환골탈태할 수 있는 방법은 무엇인지 등

과 같은 문제를 스스로에게 제기한다. 그래서 끊임없이 새로운 경영 방식, 경영관 등이 발굴되지만, 실제로 현실에 적용할 수 있는 것들은 얼마나 될까?

미국의 한 슈퍼마켓 사장이 매출을 늘리기 위해 벨트 컨베이어belt conveyor에 물품을 진열했다. 그런데 벨트 컨베이어가 쉴 새 없이 움직이기 때문에 손님들은 사려는 물건을 집기가 쉽지 않았다. 얼마 후 이 슈퍼마켓은 손님이 줄어 문을 닫았다. 이 슈퍼마켓에서 힌트를 얻은 다른 슈퍼마켓은 물건을 담는 카트를 제공하여 매출이 급증했고, 슈퍼마켓 경영의 혁명을 일으켰다. 이제 미국에서 카트의 수는 승용차의 숫자를 훨씬 능가한다.

기업은 자신만의 발전 모델을 개발해야 한다. 발전 모델은 과거의 모델을 토대로 하되 혁신을 가미해야 한다. IBM의 CEO였던 사무엘 팔미사노는 "혁신은 기술이 아닌 사회적 현상이다. 혁신은 발명과 통찰력이 교집합을 이루는 것이다"라고 정의했다.

헨리 포드는 다양한 창의력을 결합시켜 T형 자동차를 개발했다. "나는 새로운 신제품을 발명하지 않았다. 다만 다른 사람들의 발명을 자동차에 적용했을 뿐이다"라는 말로 T형 자동차가 혁신의 결과임을 설명했다.

비즈니스에서의 혁신이란 가치를 높이는 것이다. 경영자들은 크게 세 가지 주제를 고민한다. 매출의 증가, 변화에 대처하는 능력, 내부적 도전이 바로 그것이다. 이런 문제들을 해결하는 최상의 해답인 혁신에 대해 피터 드러커는 이렇게 말했다. "혁신은 경영의 모든 부문에서 행해져야 한다. 디자인, 품질, 마케팅, 가격, 고객 서비스, 관리 방법 등이 혁신의 대상이 될 수 있다." 그는 또한 혁신은 좀 더 나은 상품과 서비스를 제공하는 것이라고 정의했다.

중국 기업들의 혁신은 사회적인 측면에 포커스를 맞추어 시장 구조, 높은 품질과 저렴한 가격, 양질의 서비스, 브랜드 이미지 제고 등에 주력하고 있다. 중국적 혁신의 출현에는 두 가지 원인이 있다. 첫 번째는 소비자의 요구다. 두 번째 원인은 기업의 기술 수준이 대규모의 기술적 혁신을 이루기에는 역부족이라는 것이다. 하지만 기술 혁신이 사회적 혁신보다 더 높은 가치라고 말할 수는 없다. 예를 들어, 이동통신의 발명이 반드시 할부 판매 방식보다 훨씬 큰 가치를 만들어 냈다고 단정할 수는 없다. 할부 판매는 소비자들의 구매력을 높이는 데 크게 기여했다. 부동산 시장과 승용차 시장에서 할부 판매라는 혁신적 아이디어가 얼마나 큰 효과를 보았는지는 설명할 필요도 없을 것이다.

혁신과 관련해 교과서적인 경영을 보여준 맥도날드는 '혁신은 합리성의 실천'이자 '시스템을 만들어가는 과정'이라는 철학을 갖고 있다.

맥도날드의 창업자와 경영자들은 완전히 새로운 것들을 만들어 내지는 않았지만, 세계적으로 가장 뛰어난 혁신을 한 기업으로 인정받고 있다. 현대사회의 합리화 과정을 실현한 맥도날드의 경영 방식은 소비자, 근로자, 경영자들에게 효율성, 예측과 조정의 가능성, 수치화 등을 가능하게 만들었다. 합리화의 과정은 패스트푸드 업계는 물론이고 사람들의 일상생활에도 깊은 영향을 미쳤다.

자오상招商은행의 스마트카드, 광둥성 선전의 자동차 회사 BYD의 반자동 생산라인 등은 합리적인 혁신의 대표적인 사례라 할 수 있다.

발명이 거듭되면 발명은 더 이상 천재의 전유물이 아니다. 21세기 들어 발명은 '체계적이고 목적성이 있는 연구'로 그 정의가 바뀌었다. 그리고 혁신은 세심하게 기획하고 노력을 기울여 실현 가능한 결과와 높은 예측성을 획득하는 것이다.

혁신이 도달할 수 있는 정점은 합리성과 체계를 갖추는 것이고, 기업의 발전을 유도하는 가장 이상적인 나침반이라 할 수 있다.

제8장
중용의 정신이 지속적인 성공을 이끄는 해답이다

《채근담》에서는 "보통 사람들은 순조로운 환경에서 즐거움을 느끼지만 군자는 고난 속에서도 즐거움을 찾는다. 평범한 사람들은 제 마음대로 되지 않을 때 걱정하지만 군자는 일이 마음먹은 대로 될 때 오히려 근심한다"라고 했다. 훌륭한 사람은 현실을 도피하지 않고, 순조롭지 않은 상황을 단련의 기회로 삼는다. 실제로 만사가 잘 풀릴 때 위기가 숨어 있는 경우가 적지 않다. 모든 경영자는 좌절과 극복이라는 숙명을 타고났다고 할 수 있다. 변화의 속도를 가늠할 수 없이 빠르게 돌아가는 시대는 우리에게 눈앞의 위기나 과거의 영광에 심취하여 발걸음을 멈추어서는 안 된다고 말하고 있다. 기업이 가는 길에는 어김없이 가시밭길이 있다. 이 가시밭길은 전진을 방해하는 장애물일 수도, 넘어가면 눈부신 꽃밭이 펼쳐지는 일시적인 장벽일 수도 있다.

많이 베풀수록
크게 거둔다

굽으면 온전해지고, 구부리면 곧게 되며, 파여 있으면 채워지고, 해
지면 새롭게 된다. 적으면 얻게 되나, 많으면 어지러워진다.
(曲則全, 枉則直, 窪則盈, 敝則新, 少則得, 多則惑.)

- 《도덕경》 제22장

전국시대에 중산국中山國이라는 나라의 왕이 군사들을 모아 놓고 잔
치를 벌였다. 그들에게 양고기 국을 나눠 주었는데, 국이 떨어지는 바
람에 대부인 사마자기司馬子期가 먹지를 못했다. 모욕을 당했다고 생
각한 그는 홧김에 초나라로 달려가서 왕에게 중산국을 공격하라고
권했다. 그 후 전쟁에 패배한 중산국의 왕은 황급히 피란길에 올랐는
데 두 명의 사내가 뒤에서 호위했다. 왕이 어찌된 영문인지 묻자 "저
희 아버지가 굶어 죽게 되었을 때 왕께서 물에 밥을 말아서 아버지에

게 주어 살리셨습니다. 그 후 두 분이 돌아가실 때 '왕이 변고를 당하시게 되면 너희가 목숨을 다해 보답하라'는 유언을 남기셨습니다. 그래서 저희는 어떤 일이 있어도 왕을 끝까지 모시기로 결심했습니다"라고 대답했다. 중산군은 하늘을 쳐다보며 탄식했다. "타인에게 베푸는 것은 많고 적음이 문제가 아니라 상대방이 어려울 때 돕는 것이 중요하구나. 타인에게 원한을 사는 이유는 사연의 심각함이 문제가 아니라 상대의 마음을 상하게 하기 때문이구나. 내가 국 한 그릇 때문에 도주를 하는 신세가 되었지만, 밥 몇 숟가락으로 목숨을 바쳐 나를 구해 주는 사람을 얻었구나!" 중산국 왕이 말하는 '베푸는 것과 얻는 것'의 관계는 바로 노자의 "얻으려면 반드시 먼저 주어야 한다"는 가르침을 연상케 한다. 경영은 물론이고, 어떤 일을 하든지 잃는 것이 있으면 얻는 것이 있고, 얻는 것이 있으면 반드시 잃는 것이 있다. 그러니 잃을 것을 과감히 버릴 때 비로소 얻을 수 있는 것이다. 물론 잃는 것보다 얻는 것이 많아야 합리적인 경영이라 말할 수 있다.

"얻고 싶은 것을 위해서는 먼저 내주어야 한다"는 말은 삶의 지혜이자 정치적으로도 매우 유용한 교훈이 된다. 천하를 군림하는 왕에서 대군을 지휘하는 장군, 호화스러운 마차를 타는 귀족에서부터 자전거로 출근하는 소시민, 백만장자에서 무일푼의 백수에 이르기까지 누구나 이 지혜를 실천할 수 있다. 쉽게 말하면, 손 안에 들어온 꿩을 풀어 주어야만 봉황을 유인할 수 있는 것이다.

먼저 손해를 본 뒤 수익을 올리는 것은 도가에서 말하는 '얻으려면 주어야 한다(欲取故予)'는 사고를 현실에 적용하는 것이다. 실제로 머리가 좋은 경영자들은 손해를 먼저 본 다음, 더 많은 이익을 올리는 전략을 구사하는 것이 일반적이다.

항저우杭州 중야오中藥사는 '칭춘바오靑春寶'라는 제품을 개발한 뒤 홍콩 상공업협회의 종신 명예 회장인 차이더허蔡德河에게 미국 시장 진출의 방법을 자문했다. 그는 미국 대도시의 여러 호텔에 무료로 제품을 제공하여 손님들이 직접 써 보도록 하라는 답을 주었다. 펑건성馮根生 사장은 고심 끝에 칭춘바오 5만 개를 공짜로 호텔에 뿌렸다. 성공을 장담할 수 없었지만 이러한 과감한 마케팅으로 칭춘바오의 인지도가 크게 높아져 미국뿐만 아니라 45개 국가에 수출하여 수억 달러의 이윤을 거두어들였다.

1991년 말, 항저우의 음료 기업 와하하娃哈哈는 과일 우유의 출시를 앞두고 신문에 사흘 연속으로 광고를 했다. 광고의 내용은 30만 병의 과일 우유를 무료로 시음하게 한다는 것이었다. 첫날에 14만 병, 이튿날에는 20만 병의 제품을 나눠 주었다. 원래는 사흘만 행사를 하기로 했지만, 반응이 상당해서 사흘을 연장했다. 무료 증정 행사로 나눠준 과일 우유는 모두 50만 병에 달했다. 정식으로 출시가 되자 수요가 폭발해 공장 입구에 제품을 실어 나르는 차량이 장사진을 이루었다. 대리점들이 선금을 내고 제품을 받아가는 등 전국적으로 선풍적인 인기를 끌어 와하하는 막대한 수익을 기록했다.

여성 청결제 '제얼인潔爾陰'을 생산하는 쓰촨의 언웨이恩威사의 쉐용신薛永新 회장은 '선적자 후적자' 3단계 전략을 구사했다. 그는 시장을 점령하기 위해서는 반드시 3단계를 거쳐야 한다는 소신을 갖

노자, 상생경영을 말하다

고 있다. 첫 번째 단계에서는 소비자에게 제품을 알리고, 그다음으로는 제품을 이해시키고, 세 번째 단계에서 비로소 돈을 벌 수 있다는 것이다. 적자를 많이 볼수록 수익도 더 높아진다는 것이 그의 지론이다. 1991년에 언웨이사는 420만 위안을 들여 전국여성연맹 등 7개 단체와 공동으로 '언웨이배 전국 여성 위생 보건 지식 콘테스트'를 주최했다. 행사의 핵심은 수억 장에 달하는 설문지를 돌려 여성 위생에 대한 지식을 향상시키고 '제얼인'을 생활필수품으로 인식시키는 것이었다. 설문 결과 6,000만 명이 응답했고, 이를 계기로 1993년의 매출은 1990년에 비해 29배 늘어난 2억 6,000만 위안을 기록했다. 제얼인은 중국을 넘어서 태국, 말레이시아, 호주, 미국, 영국, 캐나다, 아프리카, 중동 등지로 수출되어 호평을 받았다.

"어리석은 사람은 오늘 벌고, 현명한 사람은 내일 번다"라는 옛말은 이러한 기업들의 성공 사례로 입증되었다. 더 큰 전진을 위해 손해를 감수하는 전략은 고객의 신뢰를 쌓고 시장을 확대하는 결과를 가져온다. 손해를 보는 것은 어디까지나 더욱 큰 이익을 위한 투자이기 때문이다.

결핍과 비움은 더 큰 성공을 위한 자극제가 될 수 있다

천하 만물은 유(有)에서 생겨나고, 유는 무(無)에서 생겨난다.
(天下萬物生於有, 有生於無.)

- 《도덕경》 제40장

인류가 생겨나기 전에 세계는 '무'의 상태였다. 무에서 '혼돈'의 상태가 되었으니 가장 원시적인 '유'의 단계이다. 혼돈 상태에서 맑음과 탁함의 두 개의 기가 생겨나 맑은 기운은 위로 올라가 '하늘'이 되었고, 탁한 기운은 아래로 내려가 '땅'이 되었다. 하늘과 땅, 즉 천지에서 음과 양이 생겨 작동되면서 만물이 생겨났다.

무에서 유를 창조하는 것은 매우 중요한 전략이다. 전국 시대 말기에 7개 나라가 패권을 다퉜지만 실상 군사력은 진나라가 가장 강했고, 초나라는 영토가 가장 컸으며, 제나라는 지리적으로 가장 유리했고, 나머지 네 나라는 적수가 될 만한 실력을 갖추지 못했다. 제와 초가 연합하여 대항하자 진나라의 재상이자 뛰어난 전략가인 장의張儀는 왕에게 두 나라를 이간시킨 다음 차례로 공격을 하면 된다는 건의를 했다. 왕은 장의의 생각이 일리가 있다고 인정하여 초나라에 사신으로 보냈다.

장의는 예물을 잔뜩 챙겨 가서 초나라 회왕懷王의 환심을 산 뒤 초나라가 제나라와의 연맹을 깨면 상우商于 지방의 토지 600리를 주겠다고 설득했다. 회왕은 장의의 제의에 귀가 솔깃해졌다. 영토를 넓힐 수 있는 데다 제나라 세력을 약화시키고, 강자인 진나라와 친하게 지낼 수 있는 등의 이득이 있었기 때문이다. 대신들은 장의의 저의를 의심하여 반대했지만, 회왕은 개의치 않고 제나라와의 관계를 단절하겠다고 약속했다. 회왕은 봉후축逢侯丑에게 장의를 따라 진나라에 가서 조약을 맺도록 했다. 두 사람이 함양咸陽에 이르렀을 때 장의는 술에 취해 수레에서 떨어진 척하며 부상을 핑계로 집으로 돌아갔다. 봉후축이 숙소에서 며칠을 기다렸지만 장의가 돌아오지 않자 진왕에게 편지를 보냈다. 진왕은 답신에서 약속을 지키겠지만, 초나라가 아직 제나라와 연맹을 깨지 않았으니 조약을 맺기 어렵다고 했다.

봉후축은 부하를 보내 진왕의 답신을 회왕에게 알렸다. 회왕은 진나라가 애초부터 함정을 파놓은 것을 모르고 즉시 제나라에 사신을 보내 연맹을 깨겠다고 했다. 초나라와 관계가 악화된 제나라는 진나라와 화친을 맺었다.

이때 장의는 병이 다 나았다며 봉후축을 찾아와 왜 아직 귀국하지 않았냐고 물었다. 봉후축이 진왕을 만나 상우의 땅에 관해 의견을 듣고 싶다고 하자 장의는 의외의 말을 늘어놓았다.

"그건 별일 아닙니다. 왕을 뵙지 않고 우리 선에서 결정할 수 있는 사안이죠. 내가 봉읍奉邑 땅 6리를 주겠다고 했으니 그리 아시면 됩니다."

"상우 땅 600리를 준다고 하지 않았습니까?"

"무슨 그런 말씀을! 진나라 땅은 어렵게 전쟁을 해서 얻은 것인데 어떻게 그리 쉽게 다른 이에게 줄 수 있겠소? 장군께서 잘못 들었나 봅니다."

봉후축은 발뺌하는 장의에게 변변히 항의도 못하고 돌아가 왕에게 기만당한 사실을 보고했다. 회왕은 펄쩍 뛰며 진나라를 공격하라고 명령했다. 하지만 진나라와 제나라가 협공을 펴는 바람에 초나라는 대패했고, 한중漢中의 600리 땅도 빼앗겼다. 회왕은 어쩔 수 없이 화해를 청하며 물러섰다. 회왕은 욕심을 부리다 장의의 교묘한 계책에 말려들어 국토를 빼앗기는 수모를 당한 것이다.

세상은 얻고 잃음이 반복되고, 절망적으로 가난한 사람이 거부가 되기도 하는 일이 비일비재하다. 앤드류 카네기는 일곱 살에 아버지가 실업자가 되면서부터 바느질과 작은 잡화점을 하는 어머니의 작은 수입에 기대 가난한 생활을 했다. 미국으로 이민을 한 뒤에도 가난한 삶은 여전했다. 아버지는 테이블보와 냅킨을 만들어 팔았지만 생활에 별다른 도움이 되지 않았다. 어머니는 잠자는 시간까지 아껴

노자, 상생경영을 말하다

가며 신발을 수선하는 부업을 했다.

부모의 부담을 덜어주기 위해 카네기는 어려서부터 일을 했다. 전보회사에서 아르바이트를 하면서 능력을 발휘하자 사장은 월급을 올려주며 격려했다. 11.25달러였던 월급이 13.5달러로 오르자 카네기는 인상된 월급을 저금하고, 11.25달러를 어머니에게 주었다.

이날 밤, 카네기는 동생에게 '의외의 수입'을 자랑했다. 일곱 살짜리 동생은 "비상금이 생겼네!"라며 기뻐했다. 그러자 카네기는 정색을 하며 속내를 말해 주었다. "언젠가 우리 형제가 회사 차려 돈을 많이 벌면 어머니에게 마차를 사 드리고, 신발 수선 일을 그만두시게 하자." 형제는 손가락을 걸고 약속을 지키자고 맹세했다. 카네기는 동생과의 약속을 지키기 위해 꾸준히 노력한 결과 꿈을 실현했다.

에드윈 번스는 가난했지만, 당시 발명가로 이름 높은 토머스 에디슨과 함께 사업을 하겠다는 열망을 가졌다. 그의 꿈은 후일 현실이 되었고, 에디슨의 협력자로 세인의 뇌리에 각인되었다.

에디슨과 사업을 하겠다는 에드윈 번스의 생각은 당시에는 무모하기 짝이 없는 것이었다. 그는 에디슨과 일면식도 없었고, 뉴저지의 웨스트오렌지에 사는 에디슨을 만나러 갈 기차표를 살 돈도 없었다. 아마 대부분의 사람들이라면 그러한 상황에서 아예 꿈조차 꾸지 않거나 꿈을 포기하겠지만, 번스는 마음속에 야심과 포부를 품고 자신의 꿈을 향해 한 발 한 발 다가가 결국 꿈을 현실로 이루었다.

아무것도 가진 것이 없다고 해서 그 자체가 불행한 것은 아니다. 무소유는 곧 하나의 자산이 될 수도 있기 때문이다. 가진 것이 없으면 그것을 더 높은 곳으로 가기 위한 발판으로 삼아 죽을힘을 다해 노력하는 계기로 삼을 수 있기 때문이다.

소유한 것이 없는 사람은 혁명적인 마인드를 갖게 된다. 거리낄 것이 없이 자유롭고, 무엇이든 할 수 있기 때문이다. 역사적으로 살펴보아도 태생적으로 좋은 조건을 갖추지 못해 어렵게 공부하고, 허드렛일부터 시작했지만 강한 의지와 절실한 꿈을 가지고 밑에서부터 올라와 정상의 자리에 오른 인물들이 무수히 많다.

부자나 빈자를 불문하고 역경에 처했을 때, 그 역경이 기회가 된다는 사실을 잊지 말아야 한다. 위기나 절망은 보물을 발굴할 수 있는 도구가 되기 때문이다.

또한 가지고 있는 것들을 꽉 움켜쥐고 놓지 않으려 하는 어리석음을 버려야 한다. 스스로 무소유의 경지에 이르면 가벼운 마음과 정신으로 분발할 수 있다. 지혜로운 사람들의 한가로움은 몸이 자유롭고 한가할 뿐 머리는 한순간도 쉬지 않는다. 반면, 어리석은 사람들은 머리가 한가할 뿐 손발은 바쁘다.

무소유 상태가 되면 어디에도 얽매이지 않으므로 에너지가 최대한이 된다. 농민이 도시에 나가 노동을 할 때 버리는 것은 호미 한 자루뿐이지만, 도시에서 안락한 생활을 하던 사람이 농촌이나 오지에 가서 생활하려면 많은 것을 포기해야 한다. 또는 직장에서 편안한 생활을 하던 사람이 직장을 그만두고 자신의 사업을 일구려면 편안하고 안일한 생활을 포기해야 한다. 그래서 많은 사람들이 갖고 있던 것을 버리고 창업할 용기를 내지 못한다. 아무것도 갖지 못했다는 의미는 눈에 보이지 않는 부를 소유한 것과 같다. 노력하고, 견뎌 내다 보면 오히려 오늘 가지고 있는 것보다 더 많은 것을 성취하고 소유할 수 있게 된다.

부드러움은
호의를 끌어내는 밑천이다

약한 것이 강한 것을 이기고, 부드러운 것이 단단한 것을 이긴다는
사실을 모르는 사람이 없지만, 진실로 실행하는 자는 없다.
(弱之勝强、柔之勝剛、天下莫不知、莫能行.)

- 《도덕경》 제78장

미국 역사상 가장 위대한 인물 중의 하나인 벤저민 프랭클린(1706~
1790년)은 미국인들에게 가장 유능하고 친밀한 정치가이자 외교관으
로 기억되고 있다.

그는 어떻게 강함과 부드러움을 함께 갖춘 인물이 되었을까? 그는
정치활동을 했던 50년 동안 독설을 날린 적이 거의 없다. 어눌한 말
투의 그는 때로 적당한 단어를 찾지 못해 헤맸고, 때로는 말실수를
했지만 많은 사람들로부터 지지를 받았다. 유창한 언변이 아니면서

260

도 국민으로부터 사랑을 받았던 이유는 무엇일까?

프랭클린은 "나는 스스로 하나의 규칙을 만들었다. 다른 사람의 의견에 대해 정면에서 반박하지 않음으로써 지나치게 강하다는 인상을 주지 않고, 너무 단정적인 표현을 삼가는 것이다"라고 말했다. '물론' '의심의 여지없이'와 같은 단어 대신 '내가 생각하기에는' '만약'과 같은 부드러운 느낌을 주는 단어를 사용한 것이다. 다른 사람들이 실수를 지적하면 어떤 경우에는 자신의 말이 틀릴 수 있지만 지금은 그렇지 않은 것 같다는 식으로 자신이 틀리지 않았음을 주장했다.

그는 겸손한 태도로 자신의 생각을 표현하여 분위기를 부드럽게 만들었다. 이렇게 함으로써 불필요한 갈등을 일으키지 않고, 상대방이 자신의 생각과 견해를 쉽게 받아들이게 만든 것이다.

그 또한 처음에는 자신을 낮추며 말하는 방식에 스스로도 적응이 되지 않았지만, 시간이 지나면서 저절로 습관이 되어 불편하지 않게 되었다. '부드러운 화술과 태도'는 정치인으로서의 가장 유용하고 예리한 무기가 되었다.

쑨린孫琳은 한 공장의 부공장장으로 뛰어난 능력과 행동력으로 상사들의 높은 신임을 얻었다. 하지만 성격이 워낙 강해서 동료들과 자주 부딪쳐서 '성난 사자'라는 별명을 얻었다. 그녀는 주위 사람들의 비난에 위축되기도 했지만, 싸움 뒤에는 깨끗이 잊곤 했다. 문제는 동료와 부하들은 그녀의 불같은 성격에 몹시 불편해했다. 자신의 문제를 깨달은 그녀는 부드러운 사람으로 변신하기 위해 노력하기 시작했다.

그녀는 근무하는 공장의 생산성과 근로 의욕이 떨어지자 특단의 조치를 구상했다. 그녀는 회의를 열어 과거의 오류, 직원들의 대우 문제, 새로운 대안 등을 세심하게 열거했다. 하지만 그녀가 심혈을 기울인 대책은 성공을 거두지 못했다. 상사들의 체면을 살려 주지 않고 실수를 날카롭게 비판했기 때문이다.

반성을 한 그녀는 자신의 방법이 잘못됐음을 발견하고 다시 회의를 열었다. 회의에서 그녀는 상사들에게 정중하게 좋은 해결 방법을 제시해 달라고 부탁했다. 회의가 끝난 후 그녀가 앞서 제안했던 방법들을 다시 설명하자 상사들은 흔쾌히 수용했다.

이제 그녀는 직접적으로 상대의 잘못을 지적하는 것은 문제 해결에 도움이 되지 않을 뿐만 아니라 상대에게 상처를 주고, 자신도 회피 대상이 된다는 사실을 잘 알고 있다. 부드러운 태도와 화술을 잘 살리면 뜻밖의 큰 효과를 올릴 수 있다는 값진 교훈도 얻었다.

중국에는 '강자끼리 싸우면 용감한 자가, 용감한 사람끼리 싸우면 현명한 자가 승리한다'는 속담이 있다. 여기서 현명한 사람이란 강함을 이길 수 있는 부드러운 사람을 의미한다. 현명한 사람은 뛰어난 능력의 소유자가 아니더라도 자제력과 함께 부드러움을 갖추었기 때문에 물이 바위를 뚫듯 결국에는 어려운 일도 성사시켜 최후의 승자가 되는 것이다.

노자, 상생경영을 말하다

성공의 고지에 오를수록
내리막길을 염두에 두라

명예와 목숨 중에 어느 것이 소중한가? 생명과 재물 중 무엇이 중요한가? 얻는 것과 잃는 것 중 무엇이 더 걱정인가? 이런 이유로 너무 아끼면 크게 낭비하며, 많이 쌓아 두면 크게 잃게 된다. 만족할 줄 알면 욕됨이 없고, 멈출 줄 알면 위태롭지 않으니, 이로써 오래 살며 늙지 않는다.

(名與身孰親, 身與貨孰多, 得與亡孰病, 是故甚愛必大費, 多藏必厚亡, 知足不辱, 知止不殆, 可以長久.)

- 《도덕경》 제44장

약육강식의 잔인한 법칙이 지배하는 자연계에서 약한 동물들은 언제나 '몸조심'하며 생명을 유지한다. 기업도 오랫동안 살아남으려면 신중하면서도 때때로 기민하게 반응해야 한다. 하이얼의 장루이민 회장은 지속적인 도전을 하는 이유가 무엇이냐는 기자의 질문에 이렇게 대답했다.

"중국은 예로부터 '처음 일을 시작할 때처럼 끝까지 신중하면 패배하지 않는다'는 정신이 지배적이었다. 그러나 내가 그렇게 하지 않는 이유는 수성이 아니라 항상 창업할 당시의 초심을 유지하고 있기 때문이다. 기업 경영은 산을 오르는 것과 같아서 높이 오를수록 위험성도 커진다. 한번 실수를 하면 돌이킬 수 없다는 것을 알기 때문에 나는 매일 전전긍긍하며 살얼음판을 걷는 심정으로 경영에 임한다. 스스로 완벽한 경지에 올랐다고 자부한다면 실제로는 내리막길로 치닫는다고 할 수 있다. 기업이 그 정도로 커지면 자칫 잘못하면 모든 것을 잃을 수 있기 때문이다. 마음의 평정을 잃고 명예와 이익만을 좇는다면 올바른 결정을 할 수 없다. 그렇기 때문에 나는 하루하루 최선을 다하고, 모든 일에 신중을 기한다."

중국 최고의 CEO인 장루이민이 여전히 조심스럽고 신중한 자세를 잃지 않기 위해 노력하는 것을 보면, 우리는 '신중함'의 중요성을 새삼 절감하지 않을 수 없다.

할인마트의 강자 렌화슈퍼마켓聯華超市의 왕종난王宗南 회장은 "우리는 항상 뛰어다니면서 걸어가는 방법을 배운다"라는 말로 자신의 경영 철학을 설명한다. 그가 외적 성장에 주력하는 이유는 간단하다. 기업의 규모가 커야 저항력도 크다고 믿기 때문이다. 1997년에 이르러 그는 소매유통 분야의 최고 기업이 되겠다던 목표를 달성했다. 2004년에 렌화슈퍼마켓의 매출액은 140억 위안을 돌파했다. 그러나 상하이 시는 유통업의 규모를 키우기 위해 렌화슈퍼마켓을 포함하여 몇 개의 유통 회사를 합병했다.

창업자나 전문경영인을 막론하고 경영자라면 누구나 규모를 늘리고 싶어 하는 욕구가 있다. 기업의 규모가 커져야 영향력도 커지기 때문이다.

저장折江 성에 소재한 쥔야오均瑤그룹은 2004년에 성장률이 330퍼센트에 이르는 놀라운 성과를 달성했다. 1980년대에 우유 생산으로 출범한 쥔야오 그룹은 1991년에 뜻밖에도 민간항공업계에 진출했다. 창사와 원저우 간의 운항을 시작으로 전국 50개 지역의 200개 노선을 운항하는 중국 최초의 민간 항공사를 설립했다. 1996년에 이르러서는 원저우와 홍콩 간의 운항을 시작했다. 현재 쥔야오 그룹은 여전히 유제품 생산을 하면서 다른 분야로 계속 확장하고 있다. 우한武漢 항공사에도 지분이 있고, 산샤三峽공항의 매입 등 항공과 물류로 그룹의 중심을 옮겼다.

와하하 그룹은 1987년에 직원 3명과 14만 위안의 대출금으로 시작하면서 유아용 건강식품을 주 상품으로 판매했다. 그 후 음료수와 식품 분야에 진출했고, 2004년에는 아동복 생산에도 발을 뻗었다. 현재 와하하 그룹의 1년 매출액은 70억 위안에 달하고, 중국에서 가장 유명한 식품과 아동복 회사가 되었다.

많은 기업들이 야심적으로 규모를 확장하여 고도성장을 이루고, 거대한 수익을 창출하려고 시도하고 있다. 그러나 위의 사례들처럼 큰 성공을 거두는 기업은 극소수에 불과한 것이 현실이다. 야심은 성공을 향한 추진력으로 작용하기도 하지만, 한편으로 '부실 관리'라는 부정적인 결과로 나타날 수 있다. 1990년대 초반에 싼주三株사는 콩나물 장사로 시작하여 제약 업계로 진출하는 성공을 거두었다. 이 회사는 3년에 걸쳐 매출액이 64배나 증가하여 80억 위안이라는 천문학적인 매출 기록을 세우며 승승장구했다. 그러나 창더常德에서 한 노인이 싼주의 내복약을 마시고 사망하는 사건이 일어나면서, 15만 명의 직원을 거느리던 이 거대 기업은 단번에 무너지고 말았다. 이 사건에 대해 제대로 대처하지 못한 데다 영업사원들이 공금을 횡령하는 등 회사 전체의 기강이 해이해져 기업의 운영이 순조롭지 못했기 때문이다. 싼주는 외형적 성장에만 집착하고 전혀 내실을 기하지 않아 순식간에 무너지고 만 것이다.

노자, 상생경영을 말하다

성공을 자만하지 말고
실패에 좌절하지 않아야
큰 성공에 다가갈 수 있다

근원으로 돌아오는 것이 도의 활동이고 유약한 것이 도의 작용이
다. 천하의 만물은 유에서 나오고 유는 무에서 나온다.
(反者, 道之動, 弱者, 道之用. 天下萬物生於有, 有生於無.)

- 《도덕경》제40장

홍더우紅豆 그룹의 저우야오팅周耀庭 회장은 경영자의 자질을 이렇게
말했다. "경영자는 모험가의 정신, 군사전문가의 전략, 정치가의 가
슴, 은행가의 두뇌, 산악인의 의지를 갖춰야 한다."

경영자의 자질이나 소양은 흔히 역경에 처했을 때의 태도와 행동
으로 평가된다. 보통 사람들과 군자, 즉 수행을 한 사람은 근본적으
로 역경과 고난을 대하는 자세가 다르다. 《채근담》에서는 그 차이를
"보통 사람들은 순조로운 환경에서 즐거움을 느끼지만 군자는 고난

속에서도 즐거움을 찾는다. 평범한 사람들은 제 마음대로 되지 않을 때 걱정하지만 군자는 일이 마음먹은 대로 될 때 오히려 근심한다(衆人以順境爲樂, 而君子樂自逆境中來. 衆人以拂意爲憂, 而君子憂自快意中起)"라고 했다. 훌륭한 사람은 현실을 도피하지 않고, 순조롭지 않은 상황을 단련의 기회로 삼는다. 실제로 만사가 잘 풀릴 때 위기가 숨어 있는 경우가 적지 않다. 모든 경영자는 좌절과 극복이라는 숙명을 타고났다고 할 수 있다.

사람이라면 누구나 취약한 면이 있고, 경영자도 예외는 아니다. 위기의 난국을 수습하는 것은 결코 쉽지 않은 일이고, 성공이 보장된 것도 아니다. 낙담, 실망, 분노가 교차하는 국면, 즉 직원들의 사기는 저하되어 분위기가 흉흉하고, 문제 해결의 기미가 보이지 않을 때 경영자에게는 선택의 여지가 없다. 이런 상황에서 가장 먼저 해야 할 일은 차분하게 마음을 가라앉히고 낭패스런 현실을 받아들이는 것이다.

빠져나가기 힘들 것 같은 곤경에 처했을 때는 보고, 듣고, 최악의 경우를 염두에 두면서 다시 출발해야 한다.

미래에 대한 장밋빛 환상을 버리고 냉철하게 바닥부터 시작하려는 마음을 가질 때 앞으로 나갈 수 있는 에너지를 얻을 수 있다. 조급한 마음을 버리고 평정심으로 문제를 처리할 때 비로소 불안정한 요소가 제거되고, 기회를 찾아 열세를 만회할 수 있다. 만약 경영자가 현실을 직시하지 못하거나, 당황하여 어찌할 바를 모르거나, 비관적인 태도를 떨치지 못한다면 불안감이 전염병처럼 퍼져 위기에서 탈출할 수 없게 된다.

변화의 속도를 가늠할 수 없이 빠르게 돌아가는 시대는 우리에게 눈앞의 위기나 과거의 영광에 심취하여 발걸음을 멈추어서는 안 된다고 말하고 있다. 기업이 가는 길에는 어김없이 가시밭길이 있다. 이 가시밭길은 전진을 방해하는 장애물일 수도, 넘어가면 눈부신 꽃밭이 펼쳐지는 일시적인 장벽일 수도 있다.

성공을 거둘수록 겸허하면
더 큰 성공을 불러온다

천지는 무엇에도 억매임이 없어, 만물의 성질에 따라 맞게 거느릴
수 있다. 성인은 사정에 구애받지 않음으로 사람의 특성에 따라 가
르친다. 천지 사이는 풀무 속처럼 텅 비어 있도다. 비어 있되 다함
이 없으며, 움직일수록 힘은 더욱 세게 뿜어 나온다. 말이 많으면
진리에 어긋남이 많으니 비워 고요함을 지킴만 같지 못하다.

(天地不仁, 以萬物爲芻狗, 聖人不仁, 以百姓爲芻狗. 天地之間, 其猶
橐籥乎, 虛而不屈, 動而愈出, 多言數窮, 不如守中.)

- 《도덕경》 제5장

CEO는 '꼬리를 내리고 처신해야 한다'는 말이 있다. 배짱 없이 눈치
나 보면서 행동하라는 뜻이 아니라, 늘 자신을 점검하여 교만하거나
경거망동하지 말라는 의미다. 스스로 인격을 닦더라도 타인의 의견
이나 건의를 허심탄회하게 받아들여 지혜를 모아야 한다. 그렇지 않
고 자신을 과대평가하여 안하무인으로 행동하는 사람은 스스로 위기
를 자초한다고 할 수 있다.

노자, 상생경영을 말하다

일을 할 때는 겸허한 태도를 잃지 않되 자신의 능력과 역할을 정확하게 이해해야 한다. 프랑스의 계몽 사상가 장 자크 루소Jean-Jacques Rousseau는 "위대한 사람들은 절대로 자신의 우수함을 과도하게 드러내지 않는다. 그들은 자신이 남들보다 뛰어난 점을 알고 있지만 그로 인해 겸허함을 잃지 않는다. 자신의 비범함이 대단할수록 부족함도 의식하기 때문이다"라고 했다.

겸허한 자세를 잃지 않기 위해서는 말을 하기 전에 반드시 생각을 하고 상대의 입장이나 자존심을 지켜 줘야 한다. 그리고 자신이 잘해서 얻어진 성과도 남들과 같이 나눌 수 있어야 한다.

강철왕 앤드루 카네기는 승진을 앞두고 걱정과 망설임에 어두운 표정을 짓고 있는 젊은 직원에게 충고의 말을 해 주었다. "이 자리는 자네에게 아주 적합하고, 능력이 있으니 잘 해낼 수 있을 걸세. 하지만 새로운 직책을 맡으면 곧장 문제를 해결해야 하네. 자신의 일에 최선을 다하되 뒤에 누군가 있는지 살펴봐야 해. 만약 자네 뒤를 따르려는 사람이 없다면 훌륭한 상사가 아니야. 자신이 조직에서 절대적으로 필요한 사람이라는 생각은 하지 않아야 해. 나의 행운이 기회를 잘 찾았거나 좋은 친구가 있어서, 혹은 경쟁 상대가 너무 약해서 저절로 굴러들어온 것은 아닌지 냉정하게 생각해 봐야 하네. 겸손하지 않으면 자네의 자리를 12명 정도가 대신할 수 있고, 그중의 한 두 명은 자네보다 훨씬 유능할 수 있어. 그러니 절대로 자신이 대단하다는 생각은 하지 말게."

유통업계의 거인인 월마트는 겸손하고 신중한 경영 자세를 일관하고 있다. 1962년 아칸소의 조그만 도시에 차린 잡화점으로 출발한 월마트는 지금까지 수많은 풍파와 난관을 겪으면서도 겸손함을 잃지 않는다는 경영 원칙을 지켜 왔다. 과거에 월스트리트의 한 이코노미스트는 월마트의 매출이 10억 달러를 넘어서면 원래의 경영 방식을 고수할 수 없을 것이라고 전망했다. 심지어 월마트의 매출이 100억 달러에 달하면 도산할 것이라 말한 사람도 있었다. 그 이유는 남부의 작은 마을에서 출발한 월마트의 경영 철학으로는 대규모 기업을 관리할 수 없기 때문이라고 생각했기 때문이다. 하지만 월마트는 세계 최대의 유통 업체이고, 여전히 성장세를 이어나가고 있다. 전문가들의 예상을 비웃는 듯 100억 달러 매출을 넘어선 후에도 월마트는 건재했고, 이미 3000억 달러 이상의 매출을 올리고 있다.

오만함으로 얻을 수 있는 이점은 하나도 없다. 겸손하고 신중한 자세로 기업을 경영할 때 태산처럼 우뚝 설 수 있다.

균형의 유지가
위기를 대비하는 전략이다

하늘의 도는 여유가 있는 것을 덜어내어 부족한 것을 보충하지만,
인간의 도는 그렇지 않아 오히려 부족한 것을 덜어내어 여유 있는
것에게 바친다.

(天之道損有餘而補不足, 人之道則不然, 損不足以奉有餘.)

- 《도덕경》제77장

거품 경제는 부의 편중을 더욱 심화시켜 양극화 현상을 낳는다.

옛날에 한 높은 산에 장난기 많은 새끼 원숭이가 살고 있었다. 어
느 날 밤 우물가에서 놀던 이 원숭이가 우물 속에 비친 달을 우연히
보았다. 달이 우물 속에 떨어졌다고 착각한 원숭이가 큰일 났다고 소
리를 질렀다.

새끼 원숭이의 비명 소리에 놀라 달려온 엄마 원숭이도 우물 속의
달을 보고 "달이 우물에 떨어졌으니 곧 안 좋은 일이 일어날 거야!"라

고 외쳤다.

늙은 원숭이도 엄마 원숭이의 외침에 달려와 우물에 비친 달을 보았다. 비교적 신중한 늙은 원숭이는 느낌이 좋지 않자 주변의 원숭이들을 불러 모았다. 그는 "달이 우물에 떨어진 것은 좋은 일이 아니다. 빨리 달을 건져 올리도록 하자"라고 말했다. 늙은 원숭이의 제안에 모두들 찬성했다.

우물곁의 큰 나무를 본 늙은 원숭이는 "우리가 모두 나무로 올라가서 물구나무를 서서 차례로 우물 끝까지 내려가자. 이렇게 우리가 길게 줄을 이으면 달을 건져 올릴 수 있다"라고 아이디어를 냈다.

원숭이들이 모두 나무로 올라간 다음, 늙은 원숭이가 두 발로 나뭇가지를 꼭 잡은 다음 몸을 거꾸로 했다. 그다음 원숭이가 두 발로 늙은 원숭이의 손을 붙잡고 거꾸로 매달렸다. 이렇게 원숭이들이 몸을 연결한 다음 어린 원숭이가 우물 밑까지 내려갔다.

그런데 어린 원숭이가 손을 뻗어 물 위의 달을 건지려고 하는 순간, 달이 깨져 버렸다. 원숭이들은 어린 원숭이가 경망스럽게 달을 깨뜨렸다고 야단을 쳤다.

얼마 후 우물물이 잔잔해지자 새끼 원숭이가 신이 나서 소리쳤다. "달이 다시 나타났어요!" 원숭이가 다시 손을 내밀어 달을 건지려 했지만 또다시 달은 사라졌다. 계속해서 달을 건져 올리려 했지만 뜻대로 되지 않았다.

원숭이 무리가 힘이 들어 지쳐서 포기하려고 할 때 또다시 달이 하늘에 나타났다. 원숭이들은 "달이 하늘로 도망을 갔어"라며 소리를

노자, 상생경영을 말하다

질렀다.

'물에서 달 길어 올리기'라는 말은 물속에 비친 달그림자를 손에 넣으려는 헛된 시도를 의미한다. 물에서 달을 길어 올리려는 것은 실현할 수 없는 꿈을 위해 힘을 낭비하는 어리석음에 불과하다.

물속의 달은 아름답지만 헛된 꿈이다. 경제학적 관점에서 보면, 거품 경제는 물속의 달과 같다. 이것은 표면적인 번영에 불과하므로 결국에는 거품이 꺼져 사회적 불안과 동요를 일으키고, 심하면 경제 붕괴를 불러온다.

'거품 경제'는 경제가 과열되어 비누 거품처럼 꺼져 버리는 것으로, 부동산과 주식시장이 일시에 폭등하여 정상적인 공급과 수요 시스템을 무너뜨린다. 그 결과 정상적인 정보 교환이 어려워지고, 자산 가치가 폭락하여 경제 위기가 야기된다.

재미있는 사실은, 경제의 거품 현상이 최초로 나타난 분야는 부동산이나 주식이 아닌 관상식물인 튤립이었다.

튤립의 원산지는 터키로, 서유럽으로 전파된 시기는 16세기 중반이다. 튤립의 가치를 가장 높이 평가한 나라는 네덜란드였다. 특히 튤립의 변종 재배가 가능해지자 희귀 품종의 구근은 가격이 천정부지로 올라 투기 대상이 되었다.

튤립의 교역 시장은 암스테르담의 증시에서 시작되어 네덜란드 제2의 도시인 로테르담과 레이덴으로 확대되었다. 가격이 올라가면서 튤립 재배와 직접적인 관계가 없는 사람들도 투자를 하여 하루아침에 부자가 되는 경우가 많았다. 튤립으로 일확천금하는 사람들이 늘어나자 투자자도 증가했고, 구근의 가격도 꾸준히 올라갔다. 현물 거래가 수요를 넘어서자 선물 거래도 등장했다. 선물 거래는 다시 투기를 가속화하는 현상으로 나타났다.

그러나 호경기는 오래가지 않아 튤립으로 인한 활황의 거품이 터지는 날이 왔다. 1637년 2월 4일, 각지의 주식거래소에 몰린 사람들은 튤립의 가격이 폭락하고 시장이 붕괴되는 사건에 공황상태가 되었다. 대출을 받아 매매를 하던 사람들은 순식간에 무일푼의 파산자로 몰락했다. 이 사태를 전혀 예상치 못했기 때문에 시장은 혼란스럽고, 국가 경제가 위기를 맞이했다. 역사상 최초로 거품 경제의 파괴가 나타난 것이다.

거품이 꺼지면 경제는 심각한 후유증을 겪게 된다. 대표적인 부작용은 주가와 토지 가격이 폭락하고, 부동산과 주식시장이 장기적인 침체에 빠지는 것이다. 대출금 상환 불능으로 채무가 늘어나고, 기업의 투자가 위축되고, 자금이 단기 투자와 채권으로 몰린다. 주가 하락으로 중소기업과 가계의 소비가 타격을 입고, 자금 수요의 감소로 중앙은행의 재할인율도 낮아진다.

포괄적으로 말하면, 거품 경제는 사회적 분배의 불공정을 야기한다. 쉽게 말해, 자본을 소유한 사람들은 자산 가치가 폭증하지만, 고가로 주식이나 부동산을 매입했던 사람들은 심각한 손해를 입어 빈부 격차가 현저히 벌어지는 것이다. 그다음으로 부동산 가치 하락과 채무 이행 불능으로 인한 연쇄 도산 현상으로 금융 경제가 무너지게 된다.

노자, 상생경영을 말하다

이 밖에도 거품이 꺼지고 난 뒤에는 경제 회복이 매우 늦고, 경제 조정도 결코 쉽지 않다. 거품이 잔뜩 끼었을 때는 기업의 대출이 활발하지만, 거품 붕괴 후에는 기업의 수지가 악화되어 부채가 가중된다. 따라서 거품 경제가 발생하지 않도록 국가 경제 책임자들은 만전을 기해야 한다.

나아가고 물러날 때를 아는 것은
리더의 필수 역량이다

너무 아끼면 크게 낭비하며, 많이 쌓아 두면 크게 잃게 된다. 만족할 줄 알면 욕됨이 없고, 멈출 줄 알면 위태롭지 않다.

(甚愛必大費, 多藏必厚亡, 知足不辱, 知止不殆.)

- 《도덕경》 제44장

초원에 서식하는 덩치가 큰 '대머리 독수리'를 쉽게 잡는 방법이 있다. 모래 속에 동물의 내장을 넣은 뒤 들판에 던져두면 대머리 독수리는 그 맛에 빠져 사람들이 쫓아와도 계속 먹기만 한다. 그러다가 위급한 순간이 되면 독수리는 내장을 입에 물고 초원을 달려가다 사람들에게 포획된다.

대머리 독수리는 미식의 유혹을 견디지 못해 생명을 잃는다. 사업가들도 대머리 독수리처럼 이익에만 현혹되어 잠재적 위험을 감지하

278

지 못하다가 빠져나올 수 없는 늪에 빠지곤 한다. 유혹이라는 화두는 우리가 곱씹어 볼 만한 교훈을 준다.

조직의 결정권자는 '만족함을 알면 욕되지 않고, 멈출 줄 알면 위태롭지 않다(知足不辱, 知止不殆)'는 지혜를 항상 새기면서 나아갈 때와 물러설 때를 잘 판단해야 한다. 그럼으로써 조직의 이익과 사활이 걸린 문제에 대해 현명한 선택을 할 수 있다.

일본은 '메이지 유신明治維新'으로 정치, 경제, 사회 등 전 분야를 개혁하여 작은 섬나라에서 강대국으로 발돋움했다. 메이지유신이 봉건 사회의 특성이 강한 일본에서 성공할 수 있었던 것은 막부 장군인 도쿠가와 요시노부德川慶喜가 국가 통치권을 천황에게 반환하고 평화적으로 정권교체를 했기 때문이다. 도쿠가와 요시노부는 시대의 흐름을 깨닫고 용퇴하여 평화적으로 권력 교체를 이룩했고, 각지의 완강한 보수 세력을 효과적으로 제압하여 역사 발전에 기여했다. 그가 결정적인 순간에 현명한 선택을 한 것은 나가야 할 때와 물러설 때를 정확히 알았기 때문이다. 이로써 그는 일본 역사의 영웅이 되어 길이 이름을 남기게 되었다.

예로부터 진퇴 시기를 잘 결정하는 사람은 처세의 가장 높은 경지에 올랐다는 평가를 받았다. 다시 말해, 개인적으로 성공을 위해 갖춰야 할 필수적인 지혜가 바로 진퇴의 시기를 결정하는 것이다. 언제라도 험한 파고를 맞이할 수 있으므로 경영자가 판단하기 쉽지 않은 진퇴의 때를 안다면 경영에 실패하지 않는다.

선전의 완커萬科 그룹은 중국 최대의 부동산 개발 기업이다. 30여

년의 성장 과정에서 '전진'과 '후퇴'를 겪으며 전문 업종인 부동산 개발에 주력한 결과, 오늘날의 성과를 이루었다.

1984년에서 1993년 사이에 완커는 초창기의 카메라 장비 수출입 회사에서 무역, 소매업, 부동산, 영화와 텔레비전, 광고 등 업종이 13개로 늘어나게 되었다. 이로써 다각 경영을 시도했고, 30개가 넘는 기업의 지분을 보유했다. 그러나 기업의 규모에 비해 수익이 보잘것없자 왕스王石 회장은 업종을 줄여 좀 더 전문적인 경영을 하기로 결심했다. 1993년부터 완커는 부동산 개발을 위주로 하고 다른 업무는 점차적으로 비중을 낮추는 '감량 경영'에 들어갔다. 수익이 큰 업종을 과감하게 포기하는 것은 쉬운 결정이 아니다. 하지만 완커는 2001년에 완자萬佳백화점의 지분 중 72퍼센트를 화룬華倫에 매각했다. 당시 완자의 매출은 월마트와 까르푸를 넘어서 광둥 성의 유통 업체 중 1위를 고수했다. 완자의 유통 업무를 중단한 왕스 회장은 부동산 부문에만 전념하여 중국 부동산 업계의 최강자가 되었고, 완커의 주식은 여전히 블루칩의 가치를 지니고 있다.

앞으로 나아갈 때와 뒤로 물러설 때를 정확히 아는 것은 결코 쉽지 않다. 결정적인 시기를 놓치지 않기 위해서는 결정권자의 의지와 복잡한 시장 환경이 잘 맞아떨어져야 한다. 하지만 완커의 경험은 우리에게 다음과 같은 사실을 환기시키고 있다. 경영자가 진퇴의 원칙과 도리를 제대로 지키면서 손에 넣은 것을 내려놓을 줄 알아야 궁극적으로 성공한다는 사실을.

노자, 상생경영을 말하다

제9장

구성원의 자율 존중이
인간 존중 경영이다

기업 지배 구조(Corporate Governance)의 권위자인 영국의 애드리안 캐드버리는 경영자의 역할을 다음과 같이 정의했다. "진정한 경영자는 부하들이 재능을 발휘하고 능력을 키워 나갈 수 있게 격려한다. 반면에 실패한 경영자는 부하들에게 정책 결정의 권한을 나눠 주지 않고, 두각을 드러낼 기회를 봉쇄한다. 좋은 경영자와 나쁜 경영자의 구분은 간단하다. 전자는 직원들을 위해 일하면서 발전하도록 도와준다. 후자는 직원들의 발전을 가로막으면서 노예처럼 부려 먹기만 한다."

모든 구성원이 자신의 업무를 충실히 해내면서 큰 잘못을 저지르지 않는다면 경영자는 성공의 열매를 딸 수 있다. 그러므로 경영자는 직원들의 능력과 잠재력을 고려하여 일을 맡기고 이끌면서 성과를 올리게 하면 된다.

직원의 창의성을 존중하는 분위기는 백년 기업을 일구는 원동력이다

나라는 정의로 다스려야 하고 전쟁은 기이한 계책으로 해야 한다.
(以正治國, 以奇用兵.)

- 《도덕경》 제57장

3M사는 사포(sand paper) 생산으로 세계적인 명성을 얻은 회사다. 이 회사 직원인 프랜시스 오키는 1922년 사포의 판매를 획기적으로 높일 방법을 고심하던 중 기발한 아이디어를 떠올렸다. 면도를 하다가 베이는 일을 방지하기 위해 면도날 대신 사포를 사용하는 것이다.

회사에서는 오키의 아이디어에 칭찬과 격려를 아끼지 않았다. 3M이 여타 회사들과 다른 점은 자유분방한 창의성이 언젠가는 빛을 발한다는 신념으로 직원들의 아이디어를 존중한다는 것이다. 오키는

노자, 상생경영을 말하다

면도를 할 수 있는 사포를 만들지는 못했지만, 연구 과정에서 방수 사포를 개발했다. 방수 사포는 자동차에 대량으로 사용되어 3M의 매출 1위 상품이 되면서 엄청난 수익을 가져다주었다.

3M의 창의력을 중시하는 정신은 수십 년 동안 업계에 군림하고, 포스트잇에서 심장병 치료 기기에 이르기까지 수만 종에 이르는 제품을 생산하는 원동력이 되었다. 연 매출의 30퍼센트가 최근 5년 내에 개발한 신제품에서 발생하는 것은 혁신이 얼마나 중요한지를 보여 주는 지표라 하겠다.

피터 드러커는 3M을 이렇게 평가했다. "이제 내가 깨달은 사실은, 무슨 일을 하든지 사명감과 끈질긴 열정을 잃지 않으면 성공할 수 있다는 것이다. 3M은 바로 헌신적인 정신으로 신제품을 개발하여 성공한 기업의 대표다."

《탁월한 사례를 찾아서》의 저자 토머스 피터스는 가장 이상적인 기업으로 3M을 꼽았다. 그 이유는 "내가 아는 대기업 가운데 3M은 진취적인 정신이 가장 강하기 때문이다"라고 말했다.

3M은 직원들에게 기발한 구상을 하도록 격려한다. 사규에 의하면, 제안한 아이디어가 채택되지 않을 경우 제안자는 근무 시간의 15퍼센트를 자신의 아이디어가 실천 가능함을 증명하는 데 사용할 수 있다. 아이디어를 구체화하기 위해서는 시간만이 아니라 연구비용이 필요하다. 그래서 1983년에 '제네시스 그랜트Genesis Grants'라는 벤처 기금을 만들어 지원하고 있다.

3M이 직원들에게 결과를 두려워하지 말고 시험과 연구를 하도록

적극적으로 지원하는 이유는 실패는 성공으로 가기 위해 반드시 거쳐야 하는 길이라 믿기 때문이다. 윌리엄 맥나이트 전 회장은 기업의 수장은 혁신을 지원하는 사람이라고 말했다. 그는 "나는 위기가 발생했을 때 CEO가 독단적으로 행동하거나 과도하게 질책한다면 직원들이 적극적으로 업무에 임하지 않는다고 생각한다. 잘못을 용인하여야 혁신을 이룩할 수 있다"는 말로 3M의 경영관을 피력했다.

3M의 제품 개발을 위한 작은 팀들은 자원한 직원들로 구성된다. 의욕에 넘친 자원자와 윗선에서 임명한 직원의 업무 효율은 확실히 차이가 있다. 개발 팀에는 자율권이 있으므로 많은 업무를 윗사람의 눈치를 보지 않고 결정할 수 있다. 다만 원칙적으로 한 개의 팀은 제품이 출시될 때까지 해산, 혹은 해체해서는 안 된다. 팀원들은 제품이 출시된 후에는 시장을 관찰해야 하며, 실적이 좋으면 인센티브를 받게 된다. 설령 제품 개발에 실패해도 회사에서는 개발 팀원들의 원래 직위와 대우를 보장해 준다.

3M의 보너스 제도는 타의 추종을 불허한다. 직원이 개인적으로 새로운 아이템을 발굴하여 매출을 올리면 그에 비례해 승진과 보너스를 지급한다. 예를 들어 신입 엔지니어가 개발한 제품이 1년에 100만 달러의 매출을 올리면 승진과 임금이 인상된다. 매출이 500만 달러를 넘으면 해당 제품을 개발자가 독립적으로 관리하게 한다. 750만 달러 이상의 매출을 기록한 제품의 개발자는 부서장으로 승진시킨다. 승진을 원하지 않고 연구에만 전념하기를 원하는 직원에게는 후한 보너스를 지급한다. 이 밖에도 고용 안정은 3M의 또

284

다른 자랑이다. 직원들의 타사로의 이직 비율이 4퍼센트가 채 되지 않을 정도다.

스탠포드 경영대학원의 제임스 콜린스 교수는 "만약 향후 50년 내지 100년 동안 지속적으로 성공을 유지할 수 있는 적응력을 갖춘 기업을 하나만 들라면 3M을 꼽겠다"라고 말했다.

이 모든 3M의 성공은 바로 혁신을 위한 그들의 꾸준한 노력과 독특한 경영에서 비롯된 것이다.

리더의 역할은 조직원들이 제 역할을 다하도록 이끌어 주는 것이다

서른 개의 바퀴살이 바퀴통에 모여 있으나, 바퀴통 복판이 비어 있음으로 쓸모가 있다. 찰흙을 이겨 옹기그릇을 만드니, 그 한가운데가 비어 있어 쓸모가 있다. 문과 창을 만들어 방을 만드니, 안이 비어 있기 때문에 방으로서 쓸모가 있다. 그러므로 모양이 있는 것이 쓸모가 있는 까닭은 모양이 없는 것이 뒷받침을 하기 때문이다.

(三十輻共一轂, 當其無, 有車之用. 埏埴以爲器, 當其無, 有器之用.
鑿戶牖以爲室, 當其無, 有室之用. 故有之以爲利, 無之以爲用.)

- 《도덕경》 제11장

사람은 누구에게나 장점과 단점이 있다. 누군가의 눈에는 무능하기 짝이 없어 보이지만, 다른 사람 눈에는 꽤 괜찮은 사람으로 보일 수도 있다. 한 사람의 능력을 잘 활용하기 위해서는 장점을 한껏 발휘하도록 하되 단점은 눈감아 줘야 한다. 관리학의 관점에서 볼 때, 개인의 단점은 상대적인 것이므로 장점을 살리도록 격려하면 스스로 단점을 고치고 놀랄 만한 잠재력을 발휘할 수 있다. 이것이 바로 기

노자, 상생경영을 말하다

발하고 다소 변칙적인 방법을 원칙으로 바꾸는 것이다.

경영자는 경영 목표에 따라 전공, 지식, 성격, 연령 등을 고려해 우수한 인재들을 적절히 구성하여 서로 보완적이면서도 강한 응집력을 갖도록 해야 한다. 이상적인 인사 배치는 개인의 능력 발휘에 도움이 될 뿐만 아니라 전체 조직도 1+1〉2 의 효과를 내게 된다.

특히 신제품 개발, 기술 향상과 혁신, 대형 설비의 디자인과 제조 등 공격적 경영을 할 때 합리적으로 인재들을 운용하면 전체 역량은 크게 증가된다.

팀을 구성할 때는 핵심 인물의 능력이 다른 구성원들보다 뒤져서는 안 된다. '병사 한 명이 무능하면 그 해가 자신에게만 미치지만, 장수가 무능하면 군 전체에 치명적인 해를 미친다'는 말처럼, 조직의 핵심이 되는 인물은 전체의 운명을 좌우한다. 나폴레옹도 '핵심'의 중요성을 이렇게 표현했다. "사자가 이끄는 양들의 군대는 양이 이끄는 사자 군대를 이긴다."

우수한 인력으로 구성된 팀이라도 그 존재 근거와 목표가 분명해야 한다. 그렇지 않고 서로 다른 생각과 목표를 가진 사람들이 어쩔 수 없이 한 팀이 된다면 반목, 질투, 견제 등의 부정적인 분위기로 인해 전체 효율이 떨어진다.

'경영의 신'이라 불리는 마쓰시타 고노스케는 일찍이 1945년 "회사는 모든 직원이 분발하도록 힘써야 한다"라고 천명했다. 그는 직원들에게 끊임없이 '모두가 지혜를 발휘할 수 있는 경영' '모두가 경영자'라는 의식을 심어 주었다. 마쓰시타는 "전체 직원이 몸과 정신, 그리고 자본을 투자하여 전체 역량을 키워야 한다"라는 생각으로 기업을 경영했다.

직원들에게 단체 의식을 심어 줌과 동시에 마쓰시타 그룹은 그들이 능력과 지혜를 발휘하도록 많은 노력을 기울인다. 회사의 목표를 달성하기 위해 단순히 정신 교육과 이벤트만 벌이는 것은 별 효과가 없다. 그러므로 마쓰시타에서는 좋은 아이디어를 내놓는 직원에게 후한 상금을 지급한다. 노사관계처 처장은 "참신한 아이디어로 원가를 낮추는 효과는 상금의 액수보다 13배 이상이다"라고 직원들의 아이디어 제안 제도의 효과를 설명한다. 하지만 실제로 아이디어 제안을 장려하는 가장 중요한 목적은 원가 절감에 있지 않다. 그보다는 직원들이 회사의 관리에 참여하여 자신이 매우 중요한 사람이라는 자긍심을 지니게 하는 것이다. 마쓰시타 그룹은 전체 역량의 중요성을 충분히 인식하고 있고, 경영 과정에서 이런 인식을 실천하기 때문에 직원들도 자연스럽게 자신이 회사의 주인이라는 의식을 키워 간다. 회사에서는 직원들의 아이디어 제안을 대대적으로 선전하지는 않지만, 실제로 자신의 아이디어가 실현되는 것을 아는 직원들은 언제 어디서나 아이디어를 떠올리기 위해 고심한다. 이렇듯 모든 직원이 회사 발전을 위해 헌신하도록 하는 분위기로 인해 마쓰시타는 세계적인 기업으로 성장할 수 있었다.

케임브리지 대학의 로버트 교수는《어떻게 부하의 단점을 알아낼 것인가》라는 책에서 다음과 같은 문제를 제기했다. "기업이 경쟁력을 확보하는 데 관건이 되는 것은 정책결정자의 인재 활용 여부다. 창의

노자, 상생경영을 말하다

력이 높은 직원이 능력을 펼치게 하기 위해서는 그의 단점에 집착하여 잠재력을 간과하는 실수를 범하지 말아야 한다. 창의력이 발휘되지 못하는 것은 외부적인 환경이 방해를 하거나, 잠재력이 아직 표출되지 않고 있기 때문이다. 그러므로 경영자는 군림하는 지휘자가 아니라 넓은 포용력을 지닌 인격을 갖춰야 한다. 문제는 어떻게 구태를 벗어나 새롭게 도약하는가이다."

기업은 다양한 사람들이 모이는 곳이므로 출중한 능력의 소유자가 있는가 하면, 평범함을 벗어나지 못하는 사람들도 많다. 낭중지추(囊中之錐, 능력과 재주가 뛰어난 사람은 스스로 두각을 나타내게 된다는 의미)처럼 빛을 발하는 사람이 있는가 하면, 눈에 띄지 않는 조용하고 소심한 직원들도 적지 않다는 사실을 인정해야 한다.

직원들의 장점을 키워 내는 것은 바로 경영자의 통찰력과 과감한 선택이다.

경영자가 부하들이 능력을 발휘하도록 하는 데 있어 부닥치는 첫 번째 문제는 장점과 단점 가운데 어느 쪽을 고려할 것인가 하는 것이다. 효율성을 중요하게 여기는 경영자는 고용이나 승진에서 '무엇을 할 수 있는가'를 고려한다. 다시 말해, 인력 활용에 있어 단점을 고치는 데 주력하기보다는 장점을 극대화하는 방향으로 직원들을 격려하는 것이다.

만약 어떤 직원이 갖추지 못한 능력이나 단점에 연연해서 그에게 기회를 주지 않는 경영자는 자신이 강자가 아님을 반증하는 것이다. 장점을 키워 주지 못하고 단점에만 주목하는 것은 우월한 사람은 자신을 위협한다는 잠재의식을 갖고 있기 때문이다. 그러나 유능한 부하로 인해 재앙을 당하는 경영자는 없다. 강철왕 앤드루 카네기는 "나는 나보다 능력이 훨씬 뛰어난 사람이 나를 위해 일하도록 만드는 사람이다"라는 말을 한 바 있다. 카네기의 부하들이 그보다 훨씬 뛰어날 수 있었던 이유는 사실상 카네기가 그들이 능력을 발휘할 수 있도록 만들었기 때문이다. 사실상 그들은 특정 분야나 업무에서 카네기보다 능력이 있을 뿐이고, 카네기는 그들을 지휘한 유능한 경영자였던 것이다.

직원들의 장점을 키우고
단점을 보완할 때
조직의 효율성은 배가된다

성인은 천하 사람들을 그대로 받아들이고 천하를 다스릴 때, 그 마음을 천하의 백성과 혼연일체가 되게 한다.

(聖人在天下歙歙焉, 爲天下渾其心.)

- 《도덕경》 제49장

'성인은 천하 사람들을 그대로 받아들이고 천하를 다스릴 때, 그 마음을 천하의 백성과 혼연일체가 되게 한다'는 의미를 경영자의 관점에서 해석하면 여러 사람의 지혜를 모아 이익을 극대화하고, 직원들이 열정과 능력을 십분 발휘하게 하는 것이다.

소니 그룹의 창업자 모리타 아키오는 "일류 인재만이 일류 기업을 만들 수 있다"라고 우수한 인재의 중요성을 단언했다.

CEO가 가장 고심하는 문제 중의 하나는 인재를 알아보고 선발하여 최대한 능력을 발휘하게 하는 것이다. 하이얼 회장 장루이민은 현재 기업들이 인재난을 겪고 있지는 않다고 지적한다. 인재들로 넘쳐나는 기업에서 중요한 것은 직원들이 능력과 잠재력을 충분히 드러낼 수 있도록 환경을 만드는 것이다. 그래서 하이얼은 평범한 말을 '경주마'로 조련하듯이 직원들을 키우는 데 노력을 기울이고 있다.

장루이민은 경쟁을 통해 역량을 강화하고, 역량을 발휘할 수 있는 업무를 맡기는 것이 직원들의 잠재적 능력을 계발하는 최상의 방법이라 주장한다. 개인이 기업에서 자신의 가치와 위상을 인정받게 하는 것이 곧 회사의 발전과 이어지는 것이다.

사람의 능력은 차이가 있으므로 인력 관리를 위해서는 사전에 직원들의 능력을 철저히 비교 검증해야 한다. 비교를 통해 능력의 차이를 알 수 있고, 차이에 따라 인사를 배치해야 효율성을 높일 수 있다. 기업이 가장 피해야 할 것은 본말이 전도된 인사 정책이다. 유능한 사람에게 사소한 업무를, 무능한 사람에게 중요한 업무를 맡겨서는 곤란하다. 업무의 성격에 따라 적합한 인력을 배치하는 것도 매우 중요하다. 적재적소의 원칙이 지켜질 때 업무가 순조롭게 진행되기 때문이다.

경영자는 효율성 향상의 법칙을 숙지해야 한다. 모든 사람은 장단점을 갖고 있기 마련인데, 장점과 단점을 모두 활용할 때 효율성은 배가된다. 모름지기 CEO는 직원들의 장점을 키우고 단점을 보완하면서 개인의 능력을 최대한 발휘하도록 해야 하며, 구성원들끼리 진정한 협력을 하도록 유도해야 한다.

292

경영자가 몸을 낮출수록
직원들의 충성심은 높아진다

발꿈치를 땅에 대지 않고 발돋움하면 오래 서 있지 못하고, 큰 걸음으로 걸으면 멀리 가지 못한다. 자기를 내세우면 부각되지 않고, 자기가 옳다고 하면 드러나지 않는다. 공을 자랑하면 공도 없어지고, 혼자 우쭐대면 오래가지 못한다.

(企者不立, 跨者不行, 自見者不明, 自是者不彰, 自伐者無功, 自矜者不長.)

－《도덕경》 제24장

경영자는 '시혜施惠'의 의미를 깨달아 부하들에게 베풂을 생활화해야 한다. 이기적이고 혼자서 공을 가로채는 경영자의 부하들은 아무리 열심히 일을 해도 정당한 대우를 받지 못한다고 생각해서 애사심을 잃게 된다. 회사에 애정이 없는 부하들이 마음에 없이 고개를 숙이면서 속으로 불만과 분노의 감정을 가진다면 상당히 위험한 상태라 할 수 있다.

경영자는 공로를 아랫사람들의 몫으로 돌릴 때 스스로 성취감을 느낄 수 있고, 다음 행보에서 많은 도움을 받아 성공할 수 있다. 경영자와 직원들의 성공은 고리처럼 맞물려 있다는 사실은 분명히 현실로 입증된다.

《삼국지》를 보면 조조가 "내가 의로운 병사를 모아 세상을 어지럽히는 자들의 진압에 나선 지 어언 19년이 되었다. 그동안 거둔 성과를 어찌 나의 공이라 할 수 있겠는가! 이는 모두 어진 선비와 대부들의 힘을 빌렸기 때문이다. 천하가 아직 안정을 찾지 못했으니 나는 그들과 함께 앞날을 도모해 나갈 것이다"라고 말하는 대목이 나온다. 그는 혼자서 승리의 과실만을 즐긴다면 어찌 마음이 편하겠느냐며 공신들에게 큰 상을 내렸다. 이 밖에도 그는 "예로부터 현명하고 능력 있는 군주는 현명한 인물들과 더불어 천하를 다스렸다. 재주가 있는 이를 천거하면, 나는 다른 것은 상관하지 않고 등용해 쓰겠다"라고 천명했다.

동한 말기에는 제후들이 난립하여 중원을 차지하고자 각축을 벌이는 어지러운 세상이었다. 조조의 부하들은 점차 실력을 쌓아 가면서 반대 세력들을 평정하고 북방을 통일하는 역사적 쾌거를 이룩했다. 그러나 조조는 승리에 도취하지 않았고, 자신의 공을 과시하지 않으면서 '어진 선비와 대부들의 힘을 빌렸다'며 몸을 낮출 줄 알았다. 조조의 업적이 뛰어난 용인술이나 군사 전략에서 비롯되었다는 분석을 하기에 앞서 인정하지 않을 수 없는 사실이 있다. 그것은 바로 조조가 넓은 마음으로 모두를 포용했다는 점이다.

최고 경영자는 자신에게 부여되는 위상과 권력에 우월감과 만족감을 쉽게 느끼게 된다. 중국의 가전 기업 TCL의 위안신청袁信成 부회장은 경영인으로서 성공하려면 어떻게 행동해야 하는지 언급한 바 있다. 그중에서 특히 주목을 끄는 것은 부하, 동료, 상사와의 관계 설정이다. 그는 직원들과는 이익을 다투지 말고, 부하와는 권한을 다투지 말고, 동료와는 공로를 따지지 말고, 상사와는 명예에 대해 다투지 말아야 한다고 했다. 이와 동시에 조직에 충성을 다하면서 타인의 성장을 도와주는 정신을 잃지 않아야 한다. 한마디로 요약하면 '덕德'을 갖춘 리더가 되어야 하는 것이다.

기업 지배 구조(Corporate Governance)의 권위자인 영국의 애드리안 캐드버리는 경영자의 역할을 다음과 같이 정의했다. "진정한 경영자는 부하들이 재능을 발휘하고 능력을 키워 나갈 수 있게 격려한다. 반면에 실패한 경영자는 부하들에게 정책 결정의 권한을 나눠 주지 않고, 두각을 드러낼 기회를 봉쇄한다. 좋은 경영자와 나쁜 경영자의 구분은 간단하다. 전자는 직원들을 위해 일하면서 발전하도록 도와준다. 후자는 직원들의 발전을 가로막으면서 노예처럼 부려 먹기만 한다."

모든 구성원이 자신의 업무를 충실히 해내면서 큰 잘못을 저지르지 않는다면 경영자는 성공의 열매를 딸 수 있다. 그러므로 경영자는 직원들의 능력과 잠재력을 고려하여 일을 맡기고 이끌면서 성과를 올리게 하면 된다.

스웨덴의 세계적인 이동통신장비 업체인 에릭슨은 임직원이 10만 명에 달하고, 140여 개 국가에 지사와 공장이 있다. 다년간 업계 정상의 자리를 지킨 에릭슨이 거친 풍랑을 헤쳐 나가며 부동의 위상을 지킨 노하우는 무엇일까?

에릭슨의 CEO는 기업이 거대한 해양과 같은 환경에서 안전히 항해하기 위해서는 반드시 선장을 비롯한 전체 구성원이 끈끈한 팀워크를 이뤄야 한다는 사실을 잘 알고 있다. 이를 위해 그는 효율적인 인력 자원의 관리 모델을 개발해 냈다. 에릭슨이 만든 '경영자=업무 경영자+운영자+능력 개발자'라는 공식은 경영에 그대로 반영되고 있다.

경영자는 우선적으로 업무에 모든 힘을 기울이면서, 동시에 단결 협력하는 분위기를 만들어 내야 한다. 이보다도 더욱 중요한 일은 경영자가 직원들의 능력과 관리 수준을 높이는 것이다. 구체적으로 말하자면, 경영자는 직원들의 개인적 자질과 업무 경험을 바탕으로 전체가 실현해야 할 목표를 제시하고 격려해야 한다. 이 과정에서 부하들에게 책임과 권한을 위임하고, 달성 여부를 면밀히 체크해야 한다. 직원들의 협조 정신에 힘입어 에릭슨은 사업 계획과 관리 목표를 달성하고, 업계 최고의 위치를 확보했다.

노자, 상생경영을 말하다

유연함은 모든 것을 대처할 수 있는 만능열쇠다

세상에서 가장 부드러운 것이 세상에서 가장 견고한 것을 부린다.
(天下之至柔, 馳騁天下之至堅.)

- 《도덕경》 제43장

노자의 스승으로 알려진 상용商容은 학문에 조예가 깊은 인물이었다. 임종을 앞둔 상용이 노자를 불렀다. "선생님께서는 이 제자에게 남기실 말씀이 있으십니까?" 노자의 질문에 상용이 입을 벌려 보여준 뒤 "내 혀가 아직 있느냐?"라고 물었다. 노자가 "당연히 있습니다"라고 대답했다. 상용이 또 물었다. "그러면 치아는 있느냐?" 노자가 "다 빠지고 없습니다"라고 대답하자 상용이 "왜 그런지 아느냐?"라고 물었다. 노자가 잠시 생각을 한 뒤 "너무 강한 것은 쉽게 약해지지만 부드러운 것은 오래도록 생명을 유지하는 것 같습니다"라고 말했다. 상용은 고개를 끄덕이며 웃음을 지었다. "세상의 많은 이치가 너의 말과 같으니라." 노자는 스승의 마지막 가르침에서 부드럽고 약한 것이 강한 것을 이긴다는 도리를 깨달았다.

경영자는 자신을 극복하고 부드러움이 강한 것을 이기는 지혜를 체화해야 한다. 부하와 생각이나 의견이 엇갈릴 때 자신의 권력으로 눌러서는 안 된다. 힘으로 상대를 제압하려 하면 부하는 강한 용수철처럼 반발하고 튕겨져 나갈 뿐이다. 현명한 경영자는 인내하고 부하에게 예를 갖춰 설득한다. 경영자의 이런 태도에 부하는 부끄러움을 느끼고 진심으로 존경심을 갖게 된다. 너그럽고 인내하는 자세로 '말한 마디로 천 냥 빚을 갚는' 화술을 구사한다면 부하들의 마음을 사로잡을 수 있다.

다롄大連 산요(三洋, SANYO)에어컨 회사는 '자아 향상을 지향하는 유연한 관리(Soft Management)'로 유명하다. 유연한 관리란 선진적인 생산 기술과 매뉴얼에 기초한 관리로 외부 환경의 변화에 적극적으로 대처하면서 우수한 제품과 서비스를 제공하는 것이다. 간단히 말해, 모든 방면에서 강한 적응력을 갖추는 것이다. 산요의 유연한 관리가 추구하는 것은 직원들의 욕구 만족과 자질 향상이다. 직원들의 욕구는 생리, 안전, 사교, 존중, 자아실현의 5단계로 나눌 수 있다. 일본과의 합자 기업으로서 특유의 경영 시스템과 시장 경제의 특성을 결합하고, 직원들의 가치관을 반영하여 경제적 욕구(생리, 안전), 정신적 욕구(사교, 존중, 자아실현)를 충족시켜 줌으로써 회사에 대한 애사심과 단결심을 고취하는 것이 바로 '유연한 관리'의 최종 목표인 것이다.

국내외 시장에서의 경쟁이 갈수록 격화되면서 기업들은 변화에 대처하는 능력을 강화하고, 소비자의 다양한 요구를 만족시키는 제품을 생산하기 위해서는 학력, 가치관, 사고방식, 행동방식 등이 제각각인 직원들을 효율적으로 관리해야 하는 과제를 안고 있다. 그래서 산요 에어컨은 창립 초기부터 고도의 기술 관리, 과학적이면서도 엄격한 관리 제도, 세심하고 분명한 신상필벌 제도를 도입했다.

자아 향상을 지향하는 유연한 관리의 전제가 되는 것은 자질이 뛰어난 직원들을 확보하는 것이고, 엄격한 관리로 변화에 대처하는 능력을 높이는 것이다. 그러기 위해서는 단순하게 강압적으로 관리하는 방식을 과감히 청산하고 직원들의 자율성을 높이면서 탄력적인 업무 환경을 만들어야 한다. 그리고 수동적인 사후 검사와 관리 방식을 사전에 예방 효과를 갖는 상호 협력과 감독 시스템으로 바꾸고, 직원들의 자아실현이 회사 발전과 일치한다는 의식을 갖도록 해야 한다.

산요에어컨은 1993년에 '엄격한 관리, 품질 향상, 원가 절감, 세계 일류 기업으로의 도약'을 표방했다. 이중에서도 최우선으로 목표했던 엄격한 관리는 일종의 수단이고, 실제로 가장 중시한 것은 직원들의 자기 관리였다. '자기 관리'는 직원들이 합자 기업이라는 환경에서 주체적으로 위상을 확보하기 위해 자신의 가치를 최대한 발휘하는 것이다.

품질 관리 면에 있어 산요에어컨은 '품질은 생산자가 아닌 직원들이 좌우한다'는 원칙이자 지침을 만들었다. 품질 관리 제도의 중요성 강조, 직원들의 품질에 대한 의식 강화와 더불어 이 회사에서는 독특한 '3체크' 시스템을 만들었다.

'3체크' 시스템은 품질 검사 부서와 전문적인 검사원을 두지 않는 대신 직원 모두가 '생산, 가공, 품질 검사'의 몫을 해내게 하는 것이다. 이 시스템을 통해 직원들은 생산 매뉴얼을 충실히 지키면서 스스로를 엄격히 관리하는 훈련을 하게 된다.

'3체크'의 구체적인 내용을 살펴보면 다음과 같다. 첫째, 앞의 공정에서 나온 반제품을 검사하여 하자 여부를 확인한 뒤 문제가 생기면 검사한 직원이 책임을 진다. 둘째, 생산자는 도면과 기술적 요구에 따라 작업을 한 뒤 품질 합격 여부를 스스로 점검한 뒤 다음 공정으로 넘긴다. 셋째, 한 단계 공정이 끝난 뒤 다음 공정의 작업자는 품질을 확인한 뒤 새로운 사이클의 공정으로 진입한다.

품질 확인의 '3체크' 방식이 중점을 두는 점은 검사자의 책임 소재를 명확히 하되 다른 사람의 흠을 잡아내기보다는 발생 가능한 오류를 잡아내어 불량품이 나오지 않게 하는 것이다.

품질은 사후 검사와 관리보다는 생산자의 품질에 대한 경각심과 의식에 달려 있고, '3체크' 시스템은 불량품 방지에 적극적으로 참여하도록 하는 효과가 크다.

자율과 존중이
가장 강력한 보상제도다

잘 가는 사람은 지나간 흔적을 남기지 않고, 말을 잘하는 사람은 말에 흠이 없으며, 계산을 잘하는 사람은 계산기 따위를 쓰지 않는다. 문을 잘 닫는 사람은 빗장을 걸지 않아도 열리지 않게 하고, 잘 묶는 사람은 매듭을 짓지 않아도 풀어지지 않게 한다. 그러므로 무위의 성인은 사람을 구하여 잘 살려 나가며 어떤 사람도 버리는 일이 없고, 항상 물건을 잘 다스려 쓰되 어떤 물건도 버리는 일이 없다. 이것을 밝은 지혜를 몸에 지니고 있다고 한다. 착한 사람은 착하지 않은 사람이 본받는 스승이 되고, 착하지 않은 사람은 착한 사람의 반성에 도움이 된다. 스승을 귀히 여기지 않고 내 몸을 귀히 여기지 않으면, 지혜로운 사람이라도 알 바를 전혀 모르게 된다. 이것을 신비한 진리라고 하는 것이다.

(善行, 無轍迹, 善言, 無瑕謫, 善數, 不用籌策, 善閉, 無關楗而不可開, 善結, 無繩約而不可解, 是以聖人常善求人, 故無棄人, 常善救物, 故無棄物, 是謂襲明, 故善人者, 不善人之師, 不善人者, 善人之資, 不貴其師, 不愛其資, 雖智大迷, 是謂要妙.)

- 《도덕경》 제27장

노자는 인위적인 것을 반대하면서 자연스럽고 무위로 일을 이루어야 한다고 주장했다. 기업에서의 무위란 사람을 근본으로 생각하여 인재를 중용하고, 협력을 이끌어 내면서 이익을 나누는 것이다.

휴렛패커드(약칭 HP)를 설립한 빌 휴렛과 데이브 패커드는 창업 후 수년간의 악전고투를 거듭한 결과 재미있는 '관리 공식'을 찾아냈다.

첫 번째 공식은 '인재 = 자본 + 지식 = 재부'다.

그들은 인재가 곧 자본이라는 인식에 도달한 것이다. 인재는 지식을 소유하는 주체이자 기업이 소유할 수 있는 거대한 자본이 된다. 따라서 휴렛패커드는 직원들에게 자신이 매우 중요한 일을 하는 존재라는 사실을 각인시키는 노력을 아끼지 않는다. 이를 위해 업무를 감당할 만한 직업 훈련을 지속적으로 실시하고, 최대한 만족할 만한 경제적 이득을 보장한다. 예를 들어, 회사 창업 후 어려운 상황에서도 생산량이 목표치에 도달하면 보너스를 주는 등 직원들에 대한 격려 제도를 꾸준히 실행했다. 물질적인 보장 이외에도 우수한 인재들이 다른 직장으로 이직하지 않도록 하기 위해 번거로운 제도와 시스템을 제거하여 자유로운 업무 환경을 만들었다.

두 번째 공식은 '박사 + 차고 = 회사'다.

빌 휴렛은 "회사는 직원을 존중하고, 그들은 모두 휴렛패커드의 박사다"라고 말한 바 있다. 실제로 박사 학위를 받지 않았더라도 모든 직원을 박사인 듯 존중하고, 충분히 역량을 발휘하도록 뒷받침한다는 의미다. 직원의 가치를 높이 사는 전통은 휴렛패커드를 지탱하는 중요한 힘이라 할 수 있다. 구체적으로 보면, 개인의 자유와 적극성을 보장하기 위해 회사의 간섭을 최소화하고, 공동의 목표와 팀워크 달성을 위해 '목표 관리' 정책을 실시하고 있다. '목표 관리' 정책의 실현을 위해 모든 직원은 융통성 있게 자신의 책임을 다하면서 회사의 성장 목표 달성에 힘을 모은다.

'목표 관리'를 위해 휴렛패커드는 '함께 나누는' 원칙을 고수하고 있다. 경영진부터 일반 직원에 이르기까지 각자가 책임을 다하는 책임의 공유, 회사의 이익과 주식을 나누는 이익의 공유, 개인과 회사의 발전과 위기에 함께 대처하는 공감대의 형성 등이 그러하다. 팀워크를 향상하기 위해서는 '차고'에서 출발한 회사 설립 초기의 끈끈한 동료의식을 강조하고 있다.

'차고'에서 몇 명의 직원들이 고군분투했던 역사를 자랑스럽게 여기는 휴렛패커드는 지금도 개인 사무실을 두고 있지 않다. CEO조차도 개인 집무실을 갖고 있지 않다. 각 부서는 큰 사무실에서 함께 일함으로써 상급자와 하급자 간에 격의 없는 협력을 이끌어 낸다. 또한 회장, 사장, 임원들도 직함이 아닌 이름을 부름으로써 평등하고 친밀한 분위기를 유지한다.

차고 정신, 개인의 자유와 능동성 존중, 일치된 목표의 설정은 휴렛패커드 특유의 융화와 협력에 밑거름이 되고 있다.

제10장

조화와 상생이
경영의 답이다

옛사람들은 '덕이 천지와 일치하고, 밝기는 해·달과 일치하고, 질서는 사계절과 일치하기'를 바라는, 인간과 자연의 조화를 꿈꿔 왔다. 이익, 경쟁과 같은 파괴적인 가치에 함몰된 경영자들은 옛사람들의 순수한 이상을 배워 기업의 생명을 영구하게 이어 나가는 노력을 해야 한다. 또한 사회적 책임을 다하는 것이 손해가 아니라, 오히려 이미지를 높인다는 사실을 철저히 인식해서 기업의 이익을 사회에 환원해야 한다. 인재 개발에 투자하는 기업은 보다 많은 창의력을 보유할 수 있고, 사회적 책임의 이행은 더 많은 수익과 발전을 불러온다. 사회적 책임을 망각한 채 이익에만 혈안이 된 경영은 시대의 흐름에 역행하는 처사라 할 수 있다. 경영의 새로운 흐름은 조화와 상생을 목표로 하는, 더 높은 차원을 지향하는 것이다.

경쟁보다는 상생이 결과적으로
더 많은 이익을 얻게 한다

성인은 자신을 위해 쌓아 두지 않고 남을 위하기 때문에 더욱 있게
되고, 남에게 무엇이나 다 주지만 그로 인해 더욱 풍요로워진다.
하늘의 도는 이롭게 하지만 해치지 않고, 성인의 도는 일을 행하여
다투지 않는다.

(聖人不積, 旣以爲人, 己愈有, 旣以與人, 己愈多. 天之道, 利而不害,
聖人之道, 爲而不爭.)

- 《도덕경》 제81장

시장에는 항상 경쟁자가 존재한다. 경영자가 일반적으로 범하는 착
오 중의 하나가 경쟁자의 일거수일투족에 신경을 쓰느라 자신의 방
향을 잃는 것이다.

　사자와 늑대가 작은 사슴 한 마리를 발견하고는 함께 잡아먹기로
약속했다. 늑대가 사슴을 공격하여 쓰러뜨리자 사자가 단번에 숨통
을 끊어 놓았다. 그런데 늑대와 사슴을 나눠 먹기가 싫어진 사자가

노자, 상생경영을 말하다

늘대를 물어뜯었다. 늘대는 완강히 저항했지만 사자에게 목숨을 잃었다. 하지만 사자도 중상을 입는 바람에 사슴 고기의 맛을 즐길 수 없었다. 사자가 욕심을 부리지 않았다면 늘대와 사자 모두가 즐거웠을 것이다.

시장의 규모는 워낙 크기 때문에 아무리 수완이 뛰어난 사업가라도 이익을 독식할 수 없다. 경쟁자에게 양보할 것을 양보하며 훗날을 기약할 수 있는 경우가 있으므로, 비즈니스 세계에서 절대적이고 영원한 적수는 없다.

자신과 경쟁자가 함께 이기는 윈윈 전략은 현대에 개발된 것이 아니다.

청나라 시대의 거상 호설암은 사업을 할 때 인연을 가장 중요시했다. '인연'은 내부적으로는 직원이 기업에 대해 충성심을 잃지 않는 것이고, 대외적으로는 같은 업계의 사람들과 서로 돕고 보살피는 것이다.

호설암이 자신을 돕는 사람들에게 자주 한 말이 있다. "세상의 밥을 한 사람이 다 먹을 수는 없다. 동종 업계 사람들과 관계를 맺으면서 나를 따라오게 해야 제대로 일을 할 수 있다. 그러므로 다른 사람들의 형편을 보아 가면서 장사를 해야지, 그렇지 않으면 남의 몫을 빼앗게 된다. 역지사지의 심정으로 상대를 이해하면서 배려하는 자세가 중요하다."

호설암은 말하는 것에서 그치지 않고 실제로 경쟁자들의 사정에도 눈을 감지 않았기 때문에 상도덕을 넘어서 '상도商道'의 경지에 올랐다고 지금까지도 칭송을 받고 있다. 그는 눈앞의 이익보다는 동료 상인들의 사정을 우선시했기 때문에 '너 죽고 나 살기'식의 치열한 경쟁을 펼칠 때에도 상인으로서는 하기 힘든, 상대의 밥그릇을 뺏는 행동은 결코 하지 않았다.

호설암이 도제로 일하던 신화信和전장에서 독립하여 부강阜康전장을 열 준비를 한 뒤 주인인 장반자張胖子에게 사정을 알렸다. 장반자는 아무렇지 않은 듯 "잘됐다"고 말했지만 속으로는 불안감을 떨치지 못했다. 그의 불안감에는 분명한 이유가 있었다. 호설암이 해운국의 왕유령王有齡에게 도움을 주었던 덕분에 상하이 해운국의 조운(漕運, 현물로 거두어들인 각 지방의 조세를 선박으로 베이징까지 운반하던 제도)을 수주할 수 있었다. 그런데 호설암이 독립하여 전장을 차리면 해운국이라는 큰 고객을 잃을 것이 뻔했기 때문이다. 장반자의 우려를 불식시키려는 듯 호설암이 태도를 분명히 했다.

"걱정 마십시오! 제가 해운국과 거래를 할 일은 없을 것입니다. 해운국 일은 그대로 신화에서 하고, 저는 다른 길을 찾아보겠습니다."

장반자가 의심을 거두지 못하고 물었다.

"어떻게 장사를 하려는 건지 말해 보아라!"

"이 자리에서 말씀 드리기는 좀 어렵습니다. 한마디로 말씀 드리자면, 제가 신화전장의 길을 막을 일은 없을 것입니다."

호설암이 부강전장을 차린 뒤 약속을 지키자 장반자는 자연스레 의혹을 해소하게 되었다. 장반자는 호설암의 의리에 감동하여 힘든 일이 있으면 꼭 돕겠다고 장담했다. 이후 호설암은 거상으로 성장할

노자, 상생경영을 말하다

때까지 신화전장으로부터 많은 도움을 받았다.

큰 이익이 나는 무기 거래를 할 때도 호설암은 '돈을 포기할망정 동종업자들에게 원망을 사는 일은 하지 않겠다'는 소신을 반드시 지켰다. 무기를 거래하는 사업은 이윤이 큰 대신 위험성도 크고, 진입하기도 쉽지 않은 것이었다. 하지만 호설암은 상인으로서의 실력을 갖춘 데다 조운 업계의 세력에 힘입어 무기 사업에서 일인자로 올라서게 되었다.

어느 날 호설암은 외국 무기상이 성능이 뛰어난 무기를 들여온다는 정보를 얻었다. 탐문을 해보니 판매권을 따면 막대한 수익이 보장된다는 사실을 알게 되었다. 그래서 호설암은 즉시 협상에 들어갔다. 그동안의 실적과 뛰어난 수단, 신용과 명성 등이 작용해서 호설암은 무기 판매권을 따냈다.

그러나 호설암은 성공적인 거래에 흡족해하던 차에 업계에서 부도덕하다고 손가락질한다는 이야기를 듣게 되었다. 원래는 외국 무기상이 호설암보다 낮은 가격을 제시했던 상인과 계약을 했는데, 호설암이 높은 가격으로 거래를 가로챘기 때문에 비난을 받은 것이었다.

사정을 알게 된 호설암은 자신의 성급한 행동이 부끄럽게 느껴졌다. 그는 거래에 실패한 상인을 찾아가 자신이 어떻게 만회하면 되겠냐고 물었다. 그러나 큰 영향력을 가진 호설암에게 밉보였다가는 사업에 지장이 생길 것이라 생각한 상인은 지난 일은 개의치 않고, 앞으로 잘 봐 달라는 말만 했다.

이로써 거래를 가로챘다는 오해는 풀어졌지만, 호설암은 오히려 자진해서 판매권을 넘겨주었다. 상인은 외국 무기상에게 원래 사려 했던 금액을 치렀고, 부족한 금액은 호설암이 보태 주었다. 이 일로 호설암은 다른 무기 중개상들의 존경을 받게 되었다.

손해를 무릅쓰고 상도덕을 지킨 호설암은 업계에서 좋은 평판과 명망을 얻어 위상이 높아지고 영향력이 커져 더 큰 성공을 거둘 수 있었다. 또한 지금까지도 중국 최고의 거상으로서 존경을 받고 있다.

사람과 사람의 힘이 모이면
그 합의 이상이 나온다

나라는 정의로 다스려야 하고 전쟁은 기이한 계책으로 해야 한다. 하지만 천하는 행하지 않음으로 얻을 수 있다. 내가 그것을 어떻게 아느냐 하면 이것에 의해서다. 세상에 규제하는 것이 많을수록 백성은 가난해지고, 백성에게 문명의 이기가 많을수록 나라는 혼란에 빠지고, 사람들이 기교를 많이 부릴수록 기이한 물건이 많이 나오고, 법령이 많이 정비되면 될수록 도둑은 더 많아진다. 성인이 말하기를, 내가 무위로 대하면 백성은 감화되고, 내가 고요히 있는 것을 좋아하면 백성이 바르게 되고, 내가 무위무사하면 백성은 저절로 풍족해지고, 내가 욕심을 부리지 않으면 백성은 통나무처럼 순박해진다고 하였다.

(以正治國, 以奇用兵, 以無事取天下, 吾何以知其然哉, 以此, 天下多忌諱, 而民彌貧, 民多利器, 國家滋昏, 人多伎巧, 奇物滋起, 法令滋彰, 盜賊多有, 故聖人云, 我無爲而民自化, 我好靜而民自正, 我無事而民自富, 我無欲而民自樸.)

– 《도덕경》 제57장

예측 불허의 기발한 아이디어를 경영에 도입하는 것은 성공하는 경영자들의 '필살기'라 할 수 있다. 남들이 생각지 못한 개성 있는 제품, 광고, 마케팅, 관리 등은 성공의 문을 여는 열쇠가 된다.

기업의 성공은 '3할은 기술, 7할은 관리'에 달려 있다. 세계적으로 막강한 경쟁력을 자랑하는 기업들은 관리를 통해 성장했다. '기묘한 전략이 성공을 보장'한다는 말처럼, 세계적인 기업들은 자신만의 독특한 '필살기'를 가지고 있다.

'한 가지 특기만 있으면 어디서든 먹고살 수 있다'는 말이 있다. 물론 '특기'는 누구나 지닌 것이 아니다. 성공한 기업들은 자신만의 독특하고도 월등한 관리 방식을 갖고 있다.

예를 들어 〈포브스〉지가 매년 선정하는 세계 500대 기업 랭킹에서 상위권을 벗어나지 않는 월마트는 '직원을 회사의 파트너로' 생각하며 '고객에게 최대한 싼값으로 판매하는' 정책으로 유통 부문의 '제국'을 일궈냈다. IBM은 '출장 보고서를 관리에 반영'하고, 'IBM은 서비스 그 자체'라는 정신으로 다른 기업과 차별화하여 '블루 자이언트(IBM의 파랑색 로고에서 나온 별명)'가 되었다. 마이크로소프트는 '우수 두뇌들을 유치'하여 최고의 대우를 해 주는 경영으로 빌 게이츠를 세계 최고의 부호로 만들었다.

관리상의 기발한 아이디어는 전진, 진화, 발전을 의미한다.

기업과 경영자의 입장에서 볼 때, 가장 효과적인 경영 방식은 교과서적인 틀에 박힌 아이디어가 아니라 사람들의 허를 찌르는 기발한 발상을 실천하는 것이다. 특히 위기에 처했을 때 발 빠르게 대처하고

312

이를 역이용하면 제품의 브랜드 이미지, 인지도, 신용을 한층 높일 수 있다.

기발한 전략으로 승리하는 것이 죽기 살기식의 경쟁을 의미하지는 않는다. 시장은 거대한 무대이고, 그곳에서 모든 기업은 자신만의 역할을 하게 된다. 배우들이 하나가 되어 극중 상황에 몰두할 때 공연은 성공을 거두게 된다. 기업 간의 협력도 연극을 하는 것과 다르지 않다. 적극적으로 소통하면서 불리한 여건을 극복하고 이윤을 함께 나누면서 각기 발전 가능성을 열어 가야 효과는 배가된다.

소프트웨어 분야에서 1위를 달리는 하오제豪傑사는 음료 분야의 1위인 와하하와 제휴하여 2002년 8월에 대규모 판촉 활동을 벌였다. '최고의 즐거움으로 여름을 날려 보내자'라는 주제로 벌인 이 행사는 와하하의 아이스티를 사면 하오제에서 새로 개발된 게임 소프트웨어를 증정하는 것이었다. 업계의 1위인 기업들이 협력 마케팅을 벌인 결과, 양측은 만족할 만한 매출 신장을 기록했다.

구이린桂林의 경치, 황귀수黃果樹 폭포, 윈난성의 시솽반나西雙版納, 샹그리라 등은 절경을 자랑하는 지역으로 원래는 경쟁적인 위치에 있었다. 하지만 서남부 지역에 위치한 이점을 살려 관광 수입을 올리기 위한 협력 체제를 구축했다. 이 지역들을 관광하는 '남국6주南國六珠'라 불리는 여행 패키지 상품은 인기리에 판매되고 있다.

은행과 보험회사는 각기 대출과 경제적 위험(risk)을 담보하여 이익을 창출한다. 그러나 날로 치열해지는 경쟁에서 살아남기 위해 은행과 보험회사들은 상대의 우위와 공동의 이익을 위해 협력을 모색하고 있다. 보험사들이 볼 때 은행의 우위는 지점이 많고 고객의 수준이 비교적 높은 것이다. 은행은 보험 상품을 대리 판매함으로써 고객에 대한 서비스를 확대하고, 커미션이라는 이익을 얻는다.

남들 눈에는 별것 아닌 것도 잘만 이용하면 큰 자산이 될 수 있고, 각자의 분야에서 장점이라 할 수 없는 것들도 협력하면 시너지 효과를 낼 수 있다.

노자, 상생경영을 말하다

공감대의 형성은
자원의 낭비를 줄이고
효율성을 높인다

같은 용기일지라도 앞으로 나아가는 용기는 내 몸을 망치고, 뒤로
물러서는 용기는 내 몸을 살린다.

(勇於敢則殺, 勇於不敢則活.)

－《도덕경》제73장

일반적으로 시장의 불안정을 야기하는 원인 중의 하나는 시장 상황
의 결과와 경쟁자들의 결과에 대한 기대의 불일치다. 이런 상황에서
많은 기업들은 기만술로 시장을 교란해 악성 경쟁을 부추긴다. 이럴
때 문제를 해결하는 방법 중의 하나는 공동의 인식, 즉 컨센서스를
형성하는 것이다. 컨센서스가 형성되면 싸움을 피할 수 있는 까닭은
경쟁자들이 안정적인 결과를 원한다는 사실에 암묵적으로 합의가 이
뤄지기 때문이다. 다시 말해, 싸움을 벌이면 모두가 손실을 입는다는

사실을 잘 알고 있는 것이다. 공감대를 형성한 뒤 대안을 마련하면 불안한 적대적 경영을 피해 갈 수 있다. 컨센서스는 합리적 가격, 일정 비율에 따라 가격을 책정하는 방법, 지리적 혹은 소비자의 대략적인 시장 점유율 등에 따라 결정된다. 그리고 컨센서스는 합리적이라 인정하는 수준에서 결정되고, 대기업들은 이 점을 잘 인지하고 있으므로 모두가 손해를 보지 않는 선에서 원만한 타결을 할 수 있다.

기업들은 경쟁이 일어날 가능성이 있다고 판단되면 다음의 세 가지 조건을 만족시키는 컨센서스를 찾아야 한다. 첫째, 기업은 최대한 빨리 모두가 받아들일 수 있는 컨센서스를 찾는다. 컨센서스를 빨리 형성할수록 비용은 절감된다. 둘째, 가격 결정의 시간을 최대한 단축하면 컨센서스는 빨리 형성된다. 셋째, 컨센서스를 형성하면 모두에게 유리하므로 모든 기업은 가능한 방법을 동원한다. 기업의 리스크를 가장 작게 만드는 경영 방식에 대해서는 컨센서스를 형성하는 것이 좋다. 그래서 공동 체제를 취하면 더 많은 이윤을 창출할 수 있다.

기업이 내부적으로 공감대를 형성하는 것은 무엇보다도 중요하다. 내부적으로 경쟁 체제를 만들면 안일하게 '철밥통'을 지키는 직원들에게 큰 자극이 된다. 경쟁 시스템이 없이 모든 구성원이 동등한 대우를 받는다면 근무 의욕이 사라져서 대충 시간 때우기 식으로 업무에 임하게 된다. 경쟁을 통해 상과 벌을 분명히 하면 직원들의 적극성과 창의력이 향상되어 조직 전체가 활력을 유지할 수 있다. 다른 각도에서 보면, 모든 경쟁은 부작용을 안고 있으므로 경쟁을 펼치기 전에 먼저 내부적으로 공감대를 형성하여 경쟁이 과열되지 않도록

노자, 상생경영을 말하다

해야 한다. 과도한 경쟁은 단결을 막는 폐해가 있고, 더 중요한 사실은 생산성을 크게 떨어뜨린다는 것이다. 그러므로 경영자는 직원들 간의 암투를 감지하면 신중하게 대처해야 한다. 경쟁에서 이기기 위해 비열한 행위를 하는 직원은 엄중히 제지해야 한다. 예를 들어 지름길로 쉽게 가기 위해 사실을 왜곡하거나 수치를 변조하는 등의 행동은 공정한 경쟁 시스템을 파괴하는 것이다.

경쟁에는 스트레스가 따르지만, 스트레스는 동력이 되고, 동력은 활력으로 승화될 수 있다. 경쟁 시스템을 도입할 때는 직원들에게 경쟁의 필요성을 주지시키고, 건전하게 경쟁을 하도록 유도해야 한다. 이런 면에서 볼 때 경쟁에 대한 컨센서스는 기업 발전에 매우 중요한 기능을 한다. 한 기업의 활력은 기본적으로 모든 직원의 발전 욕구, 업무에 대한 성실함, 개인의 활력 등이 합쳐진 결과다. 따라서 경영자들은 직원들이 활기차게 업무에 임하도록 일에 대한 자부심과 상승 욕구를 북돋워 주어야 한다.

건강한 조직은 구성원 간의
조화와 협력에 의해 만들어진다

다스림이 관대하면 백성은 순박하고, 다스림이 세밀하면 백성이
약아진다.
(其政悶悶, 其民淳淳, 其政察察, 其民缺缺.)

- 《도덕경》 제58장

인간은 환경의 영향을 받고, 직원들의 행동방식은 기업 제도에 의해
좌우된다.

옛날 한 나라의 밀림에 '공동의 운명'이라 불리는 머리가 둘인 새
가 있었다. 이 새의 머리들은 서로 운명을 함께해야 하므로 먹이를 찾
거나 둥지를 틀어야 하는 등의 일이 생기면 함께 상의하여 행동했다.

어느 날, 머리 한 개가 다른 머리를 오해하는 바람에 원수가 되었다.

한 머리는 예전처럼 사이좋게 지내고 싶었지만, 다른 머리는 화해

노자, 상생경영을 말하다

할 생각이 전혀 없었다.

얼마 후 두 머리가 먹이 문제로 크게 다투었다. 선량한 머리는 건강한 먹을거리로 체력을 키우자고 했지만, 다른 머리는 독초를 먹어 상대 머리를 없애려고 했다. 의견의 일치를 보지 못한 두 머리는 각자 좋아하는 것을 먹었다. 결국 새는 독이 있는 먹이를 너무 많이 먹고 숨을 거뒀다.

성공적인 경영자는 적극적으로 고객의 요구를 이해하고, 내부적인 단합을 이끌어 내면서 사람들의 개성과 차이를 존중한다. 경영관리에서 중요한 기능 중의 하나는 직원들의 다양한 차별성을 포용하면서 의도적 혹은 자연스럽게 차별성을 강화하여 다양성이 인정받는 유연하면서도 협조적인 조직을 만드는 것이다.

영국의 자유당 당수였던 데이비드 스틸은 "협력은 모든 조직의 번영을 일궈 내는 토양이다"라고 말했다.

2003년 말, 미국 메이저리그의 시애틀 매리너스 팀의 스타 알렉스 로드리게스는 많은 구단들의 스카우트 대상이 되었다. 그는 연봉 2,000만 달러 이외에도 훈련장에 자신만의 펜스를 설치해 주고, 전용기를 달라는 등의 특별 대우를 요구했다.

그러나 로드리게스는 자신에게 각별한 정성을 들였던 뉴욕 메츠 구단이 스카우트를 거둬들이는 뜻밖의 결정에 당혹했다. 뉴욕 메츠는 로드리게스의 조건을 수용할 수는 있지만 그로 인해 구단에 미치는 악영향을 고려하지 않을 수 없다고 발표했다. 그의 조건을 모두 들어준다면 25명의 선수들이 하나가 되지 못하고, 24명의 선수와 특별한 선수 1명으로 구성된 조화롭지 않은 팀이 된다는 것이 거절 이유였다.

협력은 단순히 인력을 더하는 것이 아니라 복잡 미묘한 관계를 조정하여 일치단결하게 만드는 것이다.

한 사람의 능력이 1이라면 10명의 협력 결과는 10이상이 되어야 하지만, 때로는 1보다도 작아질 수 있다. 에너지가 각기 다른 동물인 사람이 서로 힘을 모으면 상상 이상의 힘을 발휘할 수 있지만, 서로를 배척하면 어떤 일도 성사시킬 수 없다.

협력체제가 원활하게 작동할 때 복잡한 일을 단순화할 수 있고, 단순한 일을 더 쉽게 만들어 효율성을 높일 수 있다. 협력은 기업의 복잡성을 해결하고, 전문화와 표준화를 앞당긴다.

기업의 발전을 이끌어 내는 데 성문화된 관리제도와 팀워크가 차지하는 비율은 각기 30퍼센트, 70퍼센트다.

팀 내에서 구성원들은 장단점을 가지고 각자의 역할을 수행한다. 이들이 서로 보완 관계에 있을 때 협력은 시너지 효과를 볼 수 있다.

조직 내에서의 협력은 인체의 혈관과 유사하다. 혈관이 튼튼해야 생명 활동이 잘 이뤄지듯이, 구성원이 서로 협력할 때 조직도 건강을 유지할 수 있다. 협력이 제대로 이뤄지지 않으면 조직은 제대로 돌아가기 힘들고, 심한 경우 무너지게 되는 것이다.

공정한 경쟁은
조직의 활력소가 될 수 있다

사람이 태어날 때는 부드럽고 약하지만, 죽을 때는 딱딱하고 굳게
된다. 모든 풀과 나무가 날 때는 부드럽고 연하지만, 죽으면 마르
고 딱딱하게 된다. 그러므로 단단하고 강한 것은 죽음의 성질이고,
부드럽고 약한 것은 삶의 성질이다. 그리하여 군대가 강하면 이기
지 못하고, 나무가 강하면 부러진다. 강하고 큰 것은 아래에 처하
고, 부드럽고 약한 것이 위에 자리 잡는다.

(人之生也柔弱, 其死也堅强, 萬物草木之生也柔脆, 其死也枯槁, 故堅
强者死之徒, 柔弱者生之徒, 是以兵强則不勝, 木强則兵, 强大處下, 柔
弱處上.)

- 《도덕경》 제76장

많은 기업들이 경쟁 상대를 '냉혹하게 공격하여 소멸시켜야' 한다는
태도를 취한다. 경쟁자를 죽이는 것은 영구불변의, 정당한 철칙이라
생각하는 것인데, 이런 관념은 시장을 파괴하고 기업 발전을 가로막
는 장벽이 된다.

요즘에는 세계 어디서나 개성 있고, 고품질에 저가의 상품을 발견할 수 있다. 이제 자본력, 차별화, 전문화 전략으로 경쟁에서 이기기도 힘든 형편이다.

일부 기업과 공급업체들은 전통적인 경계를 무너뜨리고 공동의 이익을 위해 서로의 역할과 활동을 조정하고 있다. 어떤 기업들은 고객과 공급업체에게 이익을 보장하여 자사에 대한 충성도를 높인다. 개방적인 기업들은 과거와 달리 핵심 기술과 정보를 제외한 모든 정보와 자료를 공개하여 고객과 공급업체가 공동의 이익을 위해 협력하도록 유도한다. 이 밖에도 상생을 위한 협력 관계를 맺어 생산성을 끌어올리는 기업들이 있다.

경쟁에 대한 인식과 관점은 제각각일 수 있는데, 미래 지향적인 경영자들은 전통적인 기업과 소비자, 기업과 공급업체 간의 협력 관계가 비효율적이라 생각하기 때문에 새로운 경쟁 전략을 내놓고 있다. 즉, 협력과 경쟁을 병행하면서 함께 이익이라는 '파이'를 키워 수익을 높이는 것이다.

협력 관계 속에서 경쟁을 벌이는 양상은 기업 내부에도 존재한다. 경영자는 직원들에게 경쟁력의 중요성을 적절히 설명하여 생산성을 높이는 것이 바람직하다.

심리학에서는 경쟁이 개인의 창의력을 50퍼센트 이상 향상시킬 수 있다고 말한다. 사람은 누구나 자기향상욕구, 자존심, 뒤처지지 않으려는 심리를 갖고 있다. 그런데 경쟁은 향상욕구를 자극하는 가장 효과적인 수단이고, 직원을 격려하는 최상의 수단이 될 수 있다. 경

노자, 상생경영을 말하다

쟁이 없다면 조직이나 개인은 잠재적 역량을 발휘할 수 없다.

현재 중국의 많은 기업들이 겪고 있는 생산성 하락, 직원들의 나태함, 무사안일주의 등의 현상은 기본적으로 경쟁 부재로 인해 나타난 것이다. 그래서 문제의 심각성을 파악한 경영자들은 할 수 있는 모든 방법을 동원해 경쟁 시스템을 운용하려 한다.

경쟁의 형식은 다양하다. 예를 들어 경합의 방식은 판매, 서비스, 기술 비교 등에 적용할 수 있다. 공개 투표, 직위 경쟁, 공통 과제를 통한 연구 경쟁, 난제의 해결 방식에 대한 평가 등도 좋은 경쟁이 된다. 이 밖에도 정기적인 실적 공개, 우수 직원 선정 등의 '보이지 않는' 경쟁 방법도 있다. 경쟁의 형식은 회사의 상황에 따라 그때그때 합당한 것을 선택하면 된다.

경쟁 체제를 도입할 때는 경쟁의 규칙이 과학적, 합리적이면서 공정한지 세밀히 따져봐야 한다. 부정한 경쟁이 일어나지 않도록 하기 위해서는 단체정신을 키워야 한다. 어떤 방식들은 직원들을 고무하기는커녕, 오히려 사기를 떨어뜨리거나 좌절감을 맛보게 한다. 만일 경쟁에서 우수함이 인정된 직원이 야유를 받는다면 경쟁 규칙에 문제가 있는 것이고, 참여자들도 승복할 수 없다.

불공정한 경쟁은 축구 시합에서 심판이 한 팀을 일방적으로 싸고도는 것과 같다. 또 다른 비유를 하자면, 이사 자리를 놓고 몇 명이 각축을 벌이고 있는데 사장이 일찌감치 내정한 사람이 있는 것과 같다. 그렇다면 나머지 사람들이 열심히 일할 의욕이 생기겠는가? 판매 경쟁을 했을 때 임무를 완성하지 못한 직원에게도 상을 준다면 경쟁은 의미가 없어진다. 공정함을 잃으면 경쟁이 무의미해지므로 공정해야만 경쟁의 목적을 달성할 수 있다.

정당하지 못한 경쟁을 하지 않으려면 먼저 팀워크를 견고하게 해야 한다. 경쟁의 목표가 단체의 발전을 위한 것이지, '내상'을 겪게 하는 것이 아님을 확실히 알려야 하는 것이다. 그다음으로는 전체를 격려하는 공동의 목표를 확실하게 천명해야 한다. 세 번째로 주의해야 할 점은 경쟁의 내용과 형식을 개혁해서 대항적이고 상대를 해치는 경쟁적 요소를 제거하는 것이다. 네 번째 원칙은 공동의 적을 찾아내 직원들의 대항 의식을 없애야 한다. 마지막으로 주의해야 할 사항은 서로 비난하고 비협조적인 행동을 하지 못하게 방지하고, 협력을 이끌어 내면서 정당한 경쟁을 벌이도록 분위기를 조성하는 것이다.

경쟁은 양날의 칼과 같아서 잘 다루면 회사 전체의 실적을 높일 수 있고, 직원들의 적극성을 이끌어 낼 수도 있다. 만약 경영자가 내부 경쟁을 거부한다면 직원들의 발전과 성취욕을 꺾을 수도 있다. 경쟁을 하기 전에는 누구도 결과가 좋을지 나쁠지 알 수 없다. 그러나 협력을 하면서 경쟁을 한다면 경쟁의 부정적인 영향을 최소화할 수 있다.

관용과 엄격함이 조화를 이룰 때 성공적인 경영이 이루어진다

하늘의 도는 마치 활을 당기는 것과 같다. 높은 것은 누르고, 낮은 것은 올리며, 넉넉한 것은 덜어내고, 부족한 것은 보탠다. 하늘의 도는 넉넉한 것을 덜어내어 부족한 것에 보태는 것이다.
(天之道, 其猶張弓與, 高者抑之, 下者擧之, 有餘者損之, 不足者補之.)

- 《도덕경》 제77장

월마트의 창립자 샘 월튼은 복잡한 관리 제도를 한 단어로 압축하면 '소통'이라고 했다. 위성통신을 이용하여 매주 토요일에 회의를 하고, 샘 월튼과 중역들이 1주일에 며칠을 비행기를 타고 다니며 각 지역의 매장을 시찰한 목적은 소통을 위해서였다. 월마트의 성장으로 매장 수가 급격히 늘어난 결과 모든 매장의 책임자들이 아칸소 주의 벤턴빌에 있는 본사와 직접 대화를 나누기가 쉽지 않았다. 문제를 해결하기 위해 지역마다 대표를 선발하여 본사에서 회의를 하고, 그 결과는 지역 매장의 책임자들에게 알렸다.

회사 규모가 커지면 권한을 효과적으로 분산하는 것이 중요하다. 샘 월튼은 권한을 부여함과 동시에 자율성과 통제가 균형을 이루도록 주의를 기울였다. 한편으로는 각 매장들이 회사의 규정을 준수하게 하고, 다른 한편으로는 점장들이 고객의 요구에 맞춰 책임지고 경영을 하도록 용인했다. 샘 월튼은 월마트의 성장세와 비례해 더 많은 유능한 인재들을 확보해 역량을 펼치도록 했다. 실제로 이들은 샘 월튼이 익숙하지 못한 분야, 예를 들어 배송 시스템과 데이터 처리 시스템 등을 개발하여 큰 기여를 했다.

대기업들은 부지불식간에 조직이 비대화되는 고질병을 앓는다. 불필요한 조직의 확대는 발전을 가로막고, 더 나아가 경쟁에서 낙오되는 비극을 초래하기도 한다. 샘 월튼은 이런 문제를 일찍부터 간파했기 때문에 조직을 정예화하는 데 많은 노력을 기울였다. 1960년대 말에 샘 월튼은 이미 월마트 매장 12개, 프랭클린 매장 15개를 소유했지만 관리직은 본사의 임원 1명, 직원 3명, 그리고 각 매장의 매니저뿐이었다. 이에 앞서 1960년대 초반, 매장이 5개에 불과했을 때 샘 월튼은 회사의 사무비용은 매출의 2퍼센트를 초과하지 못하게 규정했다. 1990년대에 이르러 월마트의 사무비용은 30년 동안 2퍼센트 이하를 유지했다. 여기에는 전산망과 매장의 유지비용도 포함되어 있다.

월마트의 관리는 대체로 1개 분점에 1명의 매니저와 최소 2명의 부 매니저가 36명의 상품 매니저를 거느리는 방식으로 구성되었다.

326

이러한 관리 구조는 기본적으로 창업 초기의 단순하고 소수 정예로 효율성을 추구한다는 원칙과 별반 다름이 없다.

샘 월튼은 합리적이고 체계적인 관리로 조직의 비대화, 권한과 책임 소재의 모호함을 야기하지 않으면서 조직 전체의 효율성을 높여 왔다.

관리학의 시각에서 볼 때 유머는 단순히 아이들의 장난이나 농담을 일삼는 것이 아니라 생산성을 높이기 위한 경영자의 목적성을 갖고 있다. 유머가 있는 관리 방식을 채택하는 이유는 무엇일까? 날로 극심해지는 경쟁, 불안한 경제 상황, 직원들의 심각한 스트레스 등에서 답을 찾을 수 있다. 회사의 입장에서는 안정적인 발전을 위해서는 믿음직스런 직원들이 필요하다. 그래서 직원들의 책임감과 사기를 높이기 위해서는 창의성을 자극하는 것이 무엇보다 중요하다.

한 회사의 CEO가 신입 직원들에 대한 오리엔테이션을 하면서 회사에 대한 질문과 건설적인 제안을 하도록 했다. 얼마 후 비서가 몇 장의 메모지를 갖고 왔고, CEO는 일일이 대답을 했다. 마지막 메모지를 보니 '바보'라는 두 글자만 적혀 있었다. CEO는 순간적으로 불쾌했지만 마음을 진정시키고 웃으면서 이렇게 말했다. "신입 직원들의 오리엔테이션을 하면서 실행 가능한 건의를 많이 받았습니다. 그런데 오늘은 자기의 이름만 쓰고 의견을 쓰지 않은 쪽지를 받았습니다."

만약 이 CEO가 버럭 화를 냈다면 분위기는 완전히 달라졌을 것이다. 하지만 그의 여유 있는 유머로 인해 그 '바보'는 머쓱해졌고, CEO의 인간적인 매력이 더욱 돋보이는 결과를 낳았다.

누구나 유머를 구사할 수는 없다. 세상사에 달관하고 부드럽고 포용력이 있어야 유머도 생겨난다. 가끔씩 부하들과 말씨름을 하여 친밀감을 높이는 것도 일종의 유머다. 근무 시간이 아닐 때에는 부하들과 수직적인 관계를 벗어나 자유롭게 대화를 하여 서로를 이해하는 것이 바람직하다. 세계적인 다국적 기업들 가운데 유머의 중요성을 인식하여 일상적인 경영과 직원 훈련에 활용하는 경우가 적지 않다. 직원 관리에 있어 유머를 활용하면 딱딱한 지시 일변도의 경영이 얼마나 비효율적인가를 깨닫게 될 것이다.

갈등의 해결은
건강한 조직을 위한 필수요소다

싸우지 않으니 천하가 싸움을 걸 수 없다. 예로부터 굽으면 온전해진다 한 것이 어찌 빈말이겠는가. 진실로 온전한 것은 도로 귀의한다.

(夫唯不爭, 故天下莫能與之爭. 古之所謂曲則全者, 豈虛言哉, 誠全而歸之.)

- 《도덕경》제22장

기업 안에서 발생하는 긴장과 갈등을 해소하려면 사람들의 보편적인 심리를 존중하면서 이성을 찾게 하여 스스로 해결하도록 유도하는 것이 좋다. 부정적인 감정이 심리에 미치는 영향을 생각한다면, 갈등 해소를 위해서는 화목하고 평화로운 분위기를 조성하는 것이 매우 중요하다. 소니(SONY)사가 만든 '5개의 화를 식히는 방'은 재미있게 갈등을 해결하는 방식으로 큰 효과를 얻었다. 갈등의 당사자인 직원들이 다섯 개의 방을 거치면서 문제를 풀게 하는 것이다.

첫 번째 방은 '하하 거울의 방'이다. 화가 잔뜩 난 직원 두 명이— 경우에 따라서는 더 많을 수도 있다—이 방에 들어가서 거울을 보면 우스꽝스럽고도 기괴한 자신의 모습을 보고 웃음을 참지 못한다.(얼굴을 과장되게 변형시키는 특수 거울을 걸어 놓았다.) 소리 내어 웃는 동안 자연스럽게 고민과 괴로움이 가라앉는 효과를 볼 수 있다.

두 번째 방은 '오만의 방'이라 불린다. 방 안에는 건방지고 상대를 무시하는 듯한 표정의 고무 조각상이 놓여 있다. 방에 들어간 직원들은 이 조각상을 힘껏 때리며 분노를 방출한 뒤 마음의 평정을 얻게 된다.

세 번째 방은 '탱탱볼 방'이다. 화가 난 사람이 벽에 걸린 탱탱볼을 잡아 당겼다가 놓으면 튕겨져 나온 공에 맞고, 옆에 있던 직원이 "아파요?"라고 물으면서 서로의 고충을 나눈다. '뉴턴의 법칙'을 이용하여 분노가 자신을 해친다는 사실을 깨닫게 하는 것이다.

네 번째 방은 회사, 즉 사용자가 직원들을 어떻게 생각하고 관심을 쏟고 있는지를 알려 준다. 네 개의 방을 거쳐 다섯 번째 방에 들어가면 사장이 기다리고 있다.

다섯 번째 방은 '대화의 방'이다. 네 개의 방을 거치면서 직원들은 스스로 갈등을 해소할 방법을 깨닫게 되고, 허심탄회하게 비판을 받아들일 마음의 자세를 갖게 된다. 그래서 다섯 번째 방에서는 사장이 갈등을 빚고 있는 직원들이 화해하게 하고 격려를 한 다음 상을 준다.

한 회사에 근무하다 보면 직원들끼리 어쩔 수 없이 신경전을 벌이

노자, 상생경영을 말하다

거나 충돌하지만, 충분히 사전에 피할 수도 있다. 이럴 때 가장 효과적으로 문제를 해결하는 방법은 서로 이성을 찾아서 '전쟁 직전'의 상황을 '데탕트' 무드로 전환하는 것이다. '인화'는 기업의 존립에 있어 그 무엇보다도 중요하다.

직원의 발전이
기업의 발전을 이끄는 동력이다

사람을 잘 부리는 이는 자신을 남보다 낮춘다.
(善用人者爲之下.)

- 《도덕경》 제68장

경영자가 자신을 낮추고 겸허한 자세를 보이는 것은 사람들의 마음을 얻는 일종의 수단이라 할 수 있다. 주공(周公, 기원전 12세기에 활동한 주周의 정치가. 성은 희姬, 이름은 단旦이다)이 입에 넣었던 밥을 세 번이나 뱉으면서 자리에서 일어나 현인을 맞아들였다는 '일반삼토포一飯三吐哺'의 고사는 인덕이 높은 사람이 얼마나 겸허하게 처신하는가를 보여주는 전형으로 유명하다. 주공은 무왕이 죽은 후 어린 성왕成王을 보필했다. 나라를 안정시키고 영토를 넓히기 위해 주공은 현명한 인재들을 백방으로 초치하여 극진하게 대접했다. 아들 백금伯禽이 봉지인 노나라의 왕으로 가게 되었을 때 주공은 의미심장한 어투로 말했다. "이 애비는 출신, 권력, 지위 어느 하나 남보다 뒤떨어지지 않는다. 누가 나보다 더 높은 위치에 있다고 말할 수 있겠느냐. 하지만 나는 천하의 인재들을 얻기 위해 목욕을 하다가 젖은 머리 채로 뛰어나갔다. 밥을 먹을 때 인재가 찾아오면 몇 번이나 젓가락을 내려놓고, 입 안의 밥을 뱉고 공손하게 그들과 대화를 나누었다. 그렇지만 나는 아직도 천하의 어진 사람들이 내가 교만하고 존경스럽지 않다고 생각할까 두렵고, 믿음을 잃을까 걱정한다. 너는 노나라의 임금이 되어도 절대로 권력을 믿고 사람들을 얕보아서는 안 된다. 언제나 마음에서부터 우러나서 현인들을 아끼고 중시해야 한다."

이렇듯 주공이 어진 인재들을 존중한 일화는 후대 사람들에게 큰 교훈을 주었다. 조조는 '단행가短歌行'라는 시에서 '산은 높은 것을 마다하지 않고 바다는 깊은 것을 마다하지 않네. 주공은 씹던 음식마저 뱉고 손님을 맞이하였기에 천하의 마음이 그에게 돌아갔다(山不厭高, 水不厭深, 周公吐哺, 天下歸心)'라고 읊었다. 주공이 높은 자리에서도 겸손하게 인재들의 마음을 얻으려고 했던 노력을 본받겠다는 의지를 표현한 것이다.

명실상부한 유능한 경영자가 되려면 우수한 인재를 골라 회사 발전을 위한 동력으로 만들어야 한다. 인재의 중요성을 인식한 다음에는 관리에만 국한하지 않고 기술, 마케팅, 홍보 등 각 분야에 필요한 인력을 골고루 선발, 배치해야 한다. 또한 당장에 필요한 인재만이 아니라 장기적으로 기업에 필요한 사람들을 키워 나가야 한다. 다양한 분야에 장기적으로 육성한 인재들을 보유할 때 기업은 최대한의 역량을 발휘할 수 있다.

경영의 대가라 불리는 톰 피터스는 기업이나 비즈니스에 있어 진정한 자원은 오직 인간이고, 경영은 인력 자원을 개발하는 것이라고 설파했다. 따라서 인재를 발굴하고 양성하는 것은 기업과 국가의 중요 의제가 되어 꾸준히 이행되어야 한다. '경영학의 아버지'인 피터 드러커는 현대의 기업들은 '학습형 조직'에 머물지 않고 '가르침과 배움이 병행되는 조직'이 되어야 한다고 역설했다. 기업의 구성원들이 즐겁게 배우고 서로 경험과 기술을 공유하면서 원활한 소통을 하는 문화가 정착되어야 한다는 것이다. R. 칸트 교수는 이제 기업은 "훈련으로 신뢰 관계를 형성하고, 신뢰로 인사 평가를 대신해야 한다"는 말로 교육과 훈련이 직원들의 커리어와 자질 향상에 얼마나 중요한지를 강조했다.

많은 경영자들이 인력 양성에 드는 비용이 막대한 데 비해 짧은 기간 내에 효과를 볼 수 없다고 생각한다. 이런 사고방식은 대단히 잘못된 것이다. 1980년대에 모토로라가 실시한 조사에 의하면, 직원들에게 1달러의 직업 훈련을 하면 3년 내에 40달러의 생산 효과를 볼 수 있다고 한다. 그러나 많은 기업들이 훈련의 중요성과 효과는 의식하지 못한 채 일방적으로 직원들에게 업무 효율성과 제품의 질을 향상시키라는 요구를 한다. 문제는 낡고 진부한 지식과 기능만으로 버티는 직원들이 다수를 차지하는 회사의 제품의 질과 생산성이 높아

노자, 상생경영을 말하다

질 수 있겠는가 하는 것이다. 더욱이 많은 관리자들이 직원 훈련의 효과를 이해하지 못하고 자금과 인력 부족을 구실 삼아 직원들의 재교육에 무관심하고, 심지어 직원들의 자발적인 학습에도 부정적인 태도를 보인다. 최악의 경영자는 바로 직원들의 자질 향상 노력이 언젠가 자신의 자리를 위협하는 칼날로 돌아올 수 있다는 비뚤어진 인식을 소유한 사람이다.

사회가 숨 가쁘게 빨리 변화하는 만큼 각 분야의 지식도 하루가 다르게 새로워지고 있다. 이런 상황에서 직원들이 새로운 지식을 익히지 않는다면 낙오될 수밖에 없다. 직원들이 교육과 훈련을 받아야 하는 이유는 새로운 지식과 기능을 습득하고 기존의 업무 능력을 향상시켜야 하기 때문이다. 만약 직원들이 새로운 지식과 사상으로 무장하지 않으면 새로운 지식을 행동으로 옮길 기회를 얻을 수 없고, 우수한 직원도 첨단의 기술을 익혀서 전문가로 성장할 수 없다.

직원의 자질을 향상시키는 교육과 훈련은 경영자가 책임져야 할 중요한 업무다. 일본의 일부 기업들은 CEO는 직원을 육성해야 하는 책임과 능력을 갖춰야 한다는 규정을 명문화하고 있다. CEO는 직원 교육을 회사의 미래에 대한 투자로 생각하는 경영 마인드를 가져야 한다. 과거 몇 년 동안 많은 회사의 CEO들이 직원들의 재교육을 전략적 목표로 설정했다. 이들은 장기적인 비전을 찾는 것이 중요하지만, 직원들의 지식과 기능을 향상시키는 기획을 하지 않으면 비전의 실현은 요원하다는 인식을 했기 때문이다. CEO는 직원들이 언제나 도전을 받아들일 준비를 하면서 의욕이 충만하도록 장려해야 한다.

그러면 직원들은 기꺼이 새로운 지식을 공부하고, 이를 통해 기업은 꾸준히 발전을 이룰 수 있다.

인재를 적소에 배치하여 능력을 발휘하도록 하고, 적절한 보상과 함께 객관적으로 상과 벌을 확실하게 하면 구성원들은 자기 계발을 게을리하지 않는다. 조직과 직원 개인의 노력이 합쳐질 때 안정적이고 발전 지향적인 기업 정신이 뿌리내리게 된다.

기업의 사회적 책임은
선택이 아니라 원칙이다

이름과 경계가 없으면 세상은 내면에 잠겨 있을 것이며, 명칭과 경계가 나타나면 만물이 생겨서 커져 가는 것이다. 그렇기에 언제나 없음으로 그 근원을 보고, 언제나 있음으로 그 드러남을 봐야 한다. 없음과 있음은 하나에서 나온 두 가지 이름이라, 이를 현묘하다고 한다. 현묘하고 현묘하니, 모든 오묘함의 문이 된다.

(無名, 天地之始, 有名, 萬物之母. 故常無欲, 以觀其妙, 常有欲, 以觀其徼. 此兩者, 同出而異名, 同謂之玄. 玄之又玄, 衆妙之門.)

- 《도덕경》 제1장

우리는 노자가 '도道'를 경건하게 섬겼음을 알 수 있다. 노자의 도에 대한 경외심은 자연과 자연의 법칙에 대한 믿음에서 비롯된 것이다. 그가 생각하는 도에는 우주와 인생에 대한 심오한 관찰과 강렬한 직감, 그로 인한 깊은 깨달음과 체험이 녹아들어 있다.

기업의 생존과 발전은 '도'와 불가분의 관계를 맺고 있다. 기업은 발전 과정에서 많은 문제와 갈등을 일으키게 되지만, 궁극적으로 사회 발전, 환경 변화와 같은 요인들과 조화와 통합을 이룰 수밖에 없기 때문이다.

관리의 시각에서 볼 때 기업은 기본적으로 경제 조직이지만 다양한 요구, 환경, 사회, 윤리와 도덕성, 관습 등에 적응해야 하는 사회적 조직이기도 하다. 만약 사회적 규율이나 요구에 부응하지 못한다면 기업은 존립 기반을 잃게 된다.

닝샤寧夏의 제지 업체들이 배출하는 공장 폐수의 79퍼센트는 황허黃河로 흘러 들어간다. 장기간 불법적으로 배출한 수천 톤의 폐수로 인해 60만 킬로그램에 달하는 어류가 죽었고, 인근 지역의 주민들은 하는 수 없이 수돗물 공급을 거부하고 안전한 물을 찾아다녔다. 이익만을 추구하는 기업들로 인해 환경이 심각하게 파괴되고, 주민들이 불안에 떨자 정부에서는 조사에 들어갔다. 제지업체들은 뒤늦게 사후 처방을 하거나 공장이 폐쇄되는 조치를 당했다.

마쓰시타 고노스케와 함께 '경영의 신'이라 불리는 이나모리 가즈오 교세라 명예회장은 회사의 역할을 이렇게 정의했다. "회사는 경영자 개인의 꿈을 좇는 곳이 아니다. 회사는 전체 구성원의 물질적, 정신적 행복을 추구하는 동시에 사회 발전을 위해 기여해야 한다."

'이윤 추구'는 기업의 중요한 목표이지만, 전제 조건을 망각해서는 안 된다. 과도한 이익 추구는 발전을 가로막는 '걸림돌'이 된다는 사실을 말이다.

경제의 글로벌화가 가속화하면서 상당수의 다국적 기업이 생산 공장을 개도국으로 이전하자 개도국들은 경제 발전을 이룩하게 되었다. 하지만 환경오염과 노동자들의 인권 침해 등이 심각한 문제로 불거지면서 다국적 기업의 이미지와 성장은 큰 타격을 받고 있다. 장기적으로 보면, 이런 현상은 지속 가능한 발전에 큰 지장을 초래할 것임은 자명하다.

기업은 사회의 일부이므로 생존을 계속하기 위해 반드시 지켜야 할 원칙들이 있다. 그중에서도 '조화調和와 상생相生'은 기업이 간과해서는 안 되는 중요한 원칙이다.

기업이 발전을 지속하게 하기 위한 '조화와 상생'은 일찍이 옛사람들이 깨달은 바다. 《주역》에서는 대인은 '덕이 천지와 일치하고, 밝기는 해·달과 일치하고, 질서는 사계절과 일치한다(與天地合其德, 與日月合其明, 與四時合其序)'라고 했다.

이익, 경쟁 등과 같은 파괴적인 가치에 물든 경영자들은 고대의 지혜를 통해 사람, 자연과 조화를 이룰 방법을 모색해야 기업의 생명을 오래 유지할 수 있을 것이다.

한 대기업에서 벽촌 소년들의 스포츠 활동을 적극적으로 지원했다. 이렇게 사회적 책임을 이행하는 것은 기업 경영에 영향을 줄 뿐만 아니라, 이미지를 높이는 데에도 도움이 된다. 독일의 세계적인 미디어 그룹 베텔스만의 라인하트 전임 회장은 "사람들의 삶을 향상시키는 데 기여하고자 하는 기업은, 그런 마인드로 인해 창의력과 생산력이 높아지는 수확을 얻게 된다"라고 강조했다. 사회적 책임을 분담하는 기업들이 더욱 많은 이윤을 획득하고 발전한다는 점은 많은 연구와 조사를 통해 입증되었다.

기업이 사회적 책임을 회피하면서 이익만을 좇는 시대는 이미 지나갔다. 새로운 개념의 경영은 '다각적인 사고를 기반으로 변증법적인 방식을 채택하여 조화와 상생을 목표'로 하는 것이다. 철학적이고 이성적인, 과거보다 훨씬 높은 수준의 경영관이 등장한 것이다.

독일 최대 전기 · 전자기기 제조 회사인 지멘스Siemens는 '고객 중심'의 캐치프레이즈를 실현하기 위해 서비스 개선과 확대에 많은 노력을 기울인다. 지멘스 사업 자동화 사업 본부(지멘스 A&D)는 그룹 내의 핵심 사업을 담당하고 있는데, 중국에도 전국적인 서비스 네트워크를 구축하고 있다. 서비스센터는 고객이 전화를 하면 궁금한 사항에 대답을 해 주고, 현장 서비스, 수리 방법 안내 등의 서비스를 제공한다. 지멘스의 적극적인 서비스는 중국에서 시장 점유율을 높이는 역할을 했다.

지멘스 A&D의 최고재무책임자(CFO)인 마티아스 플래쳐는 다음과 같이 중국에서의 위상과 성과에 대해 만족감을 표시했다. "우리 그룹은 중국에서 아주 좋은 표지(標識, sign)를 가지고 있다. 지멘스 A&D의 A와 D를 세로로 놓으면 한자 '合'과 같은 모양이 된다. 이는 중국과 지멘스 A&D가 끈끈하게 결합하고 있다는 뜻으로 해석할 수 있다. 지멘스 중국 주식회사는 통상적 의미의 외자 기업이 아니라 전형적인 중국 회사가 되었다. 그 이유는 우리가 중국의 경제, 사회에 깊이 뿌리를 내렸기 때문이다."

기업 발전을 위한 기본적인 덕목은 다름 아닌 '조화와 상생' 정신이다. 기업은 사회를 구성하는 세포이고, 사회도 기업의 적극적인 참여와 상생을 통해 발전한다. 가정, 조직, 민족, 국가 등은 평화로운 상생이 필요하고, 기업은 인간, 자연과 더욱 친밀한 어울림과 조화를 꾀해야 한다.

노자, 상생경영을 말하다

샹루 지음 | **황보경** 옮김

발 행 일   초판 1쇄 2013년 7월 18일
          초판 3쇄 2015년 5월 7일
발 행 처   평단문화사
발 행 인   최석두

등록번호   제1-765호 / 등록일 1988년 7월 6일
주   소   서울시 마포구 서교동 480-9 에이스빌딩 3층
전화번호   (02)325-8144(代)   FAX (02)325-8143
이 메 일   pyongdan@hanmail.net
I S B N   978-89-7343-381-0 (03320)

ⓒ 평단문화사, 2013

* 잘못된 책은 바꾸어 드립니다.

이 도서의 국립중앙도서관 출판시도서목록(CIP)은 서지정보유통지원시스템 홈페이지(http://seoji.nl.go.kr)와
국가자료공동목록시스템(http://www.nl.go.kr/kolisnet)에서 이용하실 수 있습니다.
(CIP제어번호: CIP2013009498)

저희는 매출액의 2%를 불우이웃돕기에 사용하고 있습니다.